现代高校体育教学理论与实践研究

轩苏磊　著

中国言实出版社

图书在版编目(CIP)数据

现代高校体育教学理论与实践研究 / 轩苏磊著 . --
北京 : 中国言实出版社, 2024.1
ISBN 978-7-5171-4711-4

Ⅰ.①现… Ⅱ.①轩… Ⅲ.①体育教学—教学研究—
高等学校 Ⅳ.①G807.4

中国国家版本馆 CIP 数据核字 (2024) 第 008838 号

现代高校体育教学理论与实践研究

责任编辑：郭江妮
责任校对：王蕙子

出版发行：中国言实出版社
　　地　　址：北京市朝阳区北苑路180号加利大厦5号楼105室
　　邮　　编：100101
　　编辑部：北京市海淀区花园路6号院B座6层
　　邮　　编：100088
　　电　　话：010-64924853（总编室）　　010-64924716（发行部）
　　网　　址：www.zgyscbs.cn　　电子邮箱：zgyscbs@263.net

经　　销：新华书店
印　　刷：河北万卷印刷有限公司
版　　次：2024年8月第1版　　2024年8月第1次印刷
规　　格：710毫米×1000毫米　　1/16　　15.25印张
字　　数：235千字

定　　价：78.00元
书　　号：ISBN 978-7-5171-4711-4

前　言

　　大学生是未来祖国现代化建设的人才。健壮的体魄、良好的心理素质、高尚的道德情操已成为 21 世纪对人才的基本要求。大学生正处于身体发育的后期，因此树立健康第一的思想、培养良好的体育锻炼习惯、掌握科学的体育锻炼方法，对于提高大学生个人身体素质，进而提高全民族体质，具有特别重要的意义。

　　高校体育教学是我国高校教育和体育教育的重要组成部分，在促进我国体育和教育事业发展、促进大学生健康全面发展方面发挥着重要作用。改革开放以来，随着高等教育与体育事业的发展，高校体育在实践中涌现出了许多新的现象，与普通中小学体育相比较，其特殊性日渐突出。正如社会的急剧发展带给学校教育的深刻影响一样，高校体育课程带给大学生的也不能仅仅局限在对现实体育生活的满足中。随着个体生活环境的变化、身心特点的变化、对体育价值的认识的变化以及体育运动内容的不断创新与开发，人们需要进行终身体育学习、需要发挥体育学习的潜力、需要具备体育自主学习的能力。在高校体育教学工作中，既需要进行体育教学，又需要保证运动训练。体育教学和运动训练虽然在性质、形式上存在相通之处，但是在教学目的、教学手段以及管理方面又完全不同。在高校体育教学工作中，将体育教学和运动训练有效结合，进行优势互补，有助于提高体育教学工作高效进行。

　　我国高校体育教育肩负着培养体育教师的重任，体育教学作为高校教学中的一个重要组成部分，必须以学生全面发展为中心，牢固树立"健康第一"的指导思想，强化"终身体育"意识，逐步使学生养成终身体育锻炼习惯，使教育目标朝着多元化、科学化、人性化方向发展，培养符合社会需要的复合型体育人才，促进《全民健身计划纲要》得到更好的实施。

虽然我国多次进行了教育教学改革，但高校体育课堂教学的基本形式并未发生本质的变化，传统的班级授课制依然占据主导地位，教师讲、学生听这种以教师为中心、忽视学生主体地位的灌输模式并没有得到改观，学生的兴趣、爱好、个性、心理以及创新能力等依然没有得到有效发展，学生喜欢体育却不喜欢上体育课的现象依旧普遍存在。可见，传统体育教学模式已经满足不了当前我国人才培养的要求。对此，要把改革创新作为发展教育的强大动力，把提高质量作为教育改革的核心任务，把坚持德育为先、能力为重、全面发展看作教育改革和发展的战略主题。

在国家提出的"健康中国"理念以及"全民健身"战略的号召下，我国大部分学校对学生的体育教学与发展投入了更多的关注与重视，体育教学也随之得到了一定的发展和进步。随着体育教育水平的提升，体育教育工作者逐步认识到运动训练与体育教学之间的紧密联系，运动训练与体育教学是相辅相成的。在信息化社会的今天，在教育教学改革持续推进的情况下，为了适应社会需求、改进人才培养的方式，促进普通体育教育教学工作更快、更好的发展，我国对高校体育教学的改革还会持续进行。

正是基于以上背景，笔者对现代高校体育教学进行了研究，主要包含了现代高校体育的角色定位与功能、高校体育教学课程的设计、现代高校体育教学方法的探讨与应用、高校体育教学环境对体育教学实践的影响、多媒体网络技术在高校体育教学中的应用实践、现代高校体育教学的创新发展策略等内容，以期对高校体育教学的研究提供一定的借鉴和参考。

由于成书时间紧促，书中如有在不足之处，恳请广大读者批评指正。

目　录

第一章 现代高校体育的角色定位与功能

第一节 高校体育发展的历史变迁

人类发展的历史表明，一个急剧变革的社会，必然要求教育及时变更或适度超前发展。《中共中央国务院关于深化教育改革全面推进素质教育的决定》（以下简称《决定》）的颁布和《决定》中"学校教育要树立健康第一的指导思想"的表述，标志着我国的素质教育进入了整体推进阶段。

当前，我国的市场经济体制已初步确立。为了适应经济体制的转型，体育的功能、学校体育的功能也必然随之变化。随着社会的发展，用纯生物学的观点来解释体育越来越让人陷入迷茫。这是由于体育的社会属性决定了它必将随着国家经济体制的变革而变革，并发展成为一个社会性的精神生产和文化消费高度统一的动态过程，同时它将向着"三维体育观"（也称为"人文体育观"，即生物、心理、社会体育观）不断发展。随着"健康第一"的指导思想在学校教育中的逐步确立，学校体育也必将从以前的单纯追求体质的发展和技术的传习，转变为在新的健康观指导下的体育教学。当今的健康理念已经是涉及人的生理（身体）、心理和社会适应（含道德品质等）的全方位的概念。新的健康观，即世界卫生组织对健康的定义——"健康不仅是没有疾病，而且是生理的、心理的健康和社会适应方面的良好状态"，是整个学校教育工作的指导思想。

体现着指导思想的重要方面就是学校体育。

体育活动本身就是一种充满竞争的社会文化现象。而这种社会文化现象在刚刚步入新世纪的历史时刻，在全面推进素质教育的进程中，必定要受到具有中国特色的社会主义的政治、经济的制约并为它服务。高校体育中的各种工作和活动，也不可避免地要与德育、智育、美育发生交叉、碰撞，自然形成共架立交桥的大趋势。这不仅是素质教育的需要，也是教育科学发展的规律，更是迎接知识经济到来的时代要求。因此，更新思维、创新工作方法，进行学校教育和学校体育的改革，并逐步形成我国学校体育工作自身的特色，既是新世纪赋予我们的历史使命，也是建设中国特色社会主义的要求。虽然这个特色会随着社会的发展而逐步变化，但在我国社会主义初级阶段，在全面推进素质教育的进程中，这一特色是高校体育改革必须正视的历史现实。

传统的高校体育偏重于竞技方面，无论是对教学内容和运动项目的选择，还是对教学、教育方法等方面的要求，都偏重于对人体生物潜能的挖掘，这不利于青年的全面健康成长。同时它又秉承传统教育的要求，偏重于对知识传授、动作规范的追求，以及"乖"和"听话"品质的培养等，这也一定程度地束缚了青年的个性，限制了思维的发展。在知识经济推动整个社会变革的时代，高校体育同样有"从知识传授型向素质型教育转变"的任务。高校体育教学内容的选择，既要考虑高素质人才知识层次的需要，要有一定的系统性和完整性，又不能单纯追求这种系统性与完整性，因为体育知识的学习具有相对的非阶梯性和跳跃性。体育教学的这个特点，可以在教学过程中给学生留下较多的思维空间。应充分利用这一特点，去发挥高校体育在知识经济时代对现代大学生成才应起的作用。

体育是当代大学生提高生活质量的重要手段之一。高校体育有课内外之区别，课外体育教学不仅是课内教学的补充和延伸，同时它又以其生动灵活的方式，在满足青年的求知欲和生理、精神上的需求后，使他们在强体、健心两方面同时受益。可贵的是，这种受益是在不知不觉中实现的。例如，运动对意志品质的磨砺；严格的规则对纪律性的锻炼；

不吃苦便不能成功的锤炼；不团结合作就不能取胜的教训，以及成功的经验、失败的打击等，都可以在潜移默化中促进他们个性的发展、成熟，达到情商训练的目的。高校体育是在智力教育和非智力教育上共同发挥作用的有效的育人形式，是品德素养的养成和能力培养的"隐性课程"。随着社会的发展，高校体育必将发展成为在强体健心的同时传播体育文化的有益的情商训练课堂。因此，在我国社会主义初级阶段的建设中，绝不能忽视高校体育的课外体育教学。强调教育系统的完整性和学校体育系统的完整性，正是高校体育在这一历史阶段中的特色。

现代大学最根本的任务是培养全面发展的高素质优秀人才，而时代对于这一任务的要求是，要以增强学生的社会适应性为重点，为大学生毕业后尽快成才构建合理的知识体系，并教会他们学习、做人、做事。面对这个任务要求，德育、智育、体育、美育都不可能独立完成，只有共同结合才能完成这一系统工程，才能培养出全面发展的高素质优秀人才。现代大学生不仅把体育看成是强健体魄的手段，而且他们更重视体育在促进身心健康、提高生活质量方面的作用。鉴于当代大学生的体育价值观，学校体育要在完成体育教学任务的同时，运用集体活动的"亲和力"和"内聚力"促进学校道德品质教育的成果转化。

一、新中国初期的高等学校体育

1949年新中国刚刚成立，党和政府就采取了一系列措施，除了加强对高校体育工作的领导和管理，还根据当时的高校体育现状，制定了合乎规范要求的高校体育基本目标和高校体育教学大纲及有关规章制度，使学校体育很快进入了正常的发展轨道。

1949年中华人民共和国成立，1949—1956年是我国从新民主主义革命向社会主义革命过渡的历史时期，也是新中国高校体育初步创下基业时期。新中国的高校体育是在接受和改造基础十分薄弱的旧高校体育基础上开始起步的。新中国成立初期由于全面引进以凯洛夫教育学为理论基础的苏联教育体系，因而高校体育也顺理成章地全盘照搬苏联学校体育的模式，高校的课外体育锻炼也以参照苏联模式而制定的《准备劳动与卫国体育制度》为主要内容而开展。蓬勃开展的学校体育使得各类高级体育人才纷纷从学校诞生，许多高水平的运动员就直接来自学校。这一时期我国的高校体育以体育课和课外体育活动（锻炼、训练、竞赛）为主体，为政治与生产、国防服务的目的性较强。

（一）高校体育工作的组织与领导

学校体育是国民体育的基础，作为国家体育事业的重点，它对于促进学生身心健康发展，增强体质，进行共产主义品德教育，培养建设社会主义的合格人才具有重要作用。因此，新中国诞生初期，党中央就表示出了对学校体育工作的特殊关注。1950年、1951年，毛泽东先后两次写信给当时的教育部长马叙伦，提出学生健康问题必须引起注意，应采取行政步骤具体解决，并指出："要各校注意健康第一，学习第二"的方针。后又进一步强调指出："我提出健康第一，学习第二的方针，我以为是正确的。"他在接见新中国新民主主义青年团代表时，号召全国青年要"身体好、学习好、工作好"。这体现了毛泽东对学校体育工作的高度重视。1951年7月，中央人民政府政务院又专门通过了《关于改善各级学校学生健康状况的决定》，要求各级人民政府教育行政部门及各级学校纠正对学生健康不负责任的态度，"切实改进体育教学，尽可能地充实体育娱乐的设备，加强学生体格的锻炼"，规定"学生每日体育、娱乐活动或生产劳动时间，除体育课及晨操或课间活动外，以一小时至一小时半为原则"。从而更加规范化了对学校体育的组织、领导等。

1952年，中华人民共和国教育部开始设置体育处，进一步将学校体育的改革纳入议事日程。1953年，全国各省、市、自治区教育行政部门也相继设立体育结构，负责各级学校体育的管理，颁布各种有关学校体育的规定，检查和监督学校体育工作执行情况。到1956年，国家体委会同教育部、卫生部①和团中央发出了《关于加强领导，进一步开展一般高等学校体育运动的联合指示》，要求积极进行学校体育改革，将高校体育逐步纳入正轨。从中央到地方，在有关职能部门的组织和领导下，各

---

① 现为卫健委。

地的高校体育课逐渐开始建立了常规课堂，改变了旧中国遗留下来"放羊式"教育的弊端，加强了学生的组织纪律性，同时也发挥了教师的主导作用。高校体育从此走上了有组织、有领导的全面建设的道路。

1956 年发出《关于加强领导，进一步开展一般高等学校体育运动的联合指示》，强调各高校必须加强措施，把体育运动作为学校活动的重要方面，还要求对体育活动实行校（院）长负责制，使各高校初步建立起体育活动制度；同时又制定《高等学校普通体育课教学大纲》，使高校体育教学活动有了统一的规范要求，从而为高校体育的发展奠定了基础。

（二）高校体育工作的初步规范

1952 年，教育部和国家体委联合颁布了《学校体育工作暂行规定》，明确指出我国学校体育的基本目标是"促进学生身心发展，增强体质，并对学生进行道德品质的教育，使他们很好地完成学习任务，从事社会主义建设和保卫祖国"。教育部在制定的《各级各类学校教育计划》中正式规定：从小学一年级到大学二年级，均开设体育必修课，体育课每周两学时，以保证学校体育目标的实现。

为了提高学校体育的组织、教学水平，统一标准要求，教育部于1953 年组织专家翻译了苏联《十年制学校体育教学大纲》作为参考，着重要求学校的体育课要从增进学生健康、促进学生全面发展出发，内容要生动活泼、丰富多样，符合学生的特点，以引起学生兴趣，达到教育的目的。1956 年 7 月，高等教育部制订了第一个全国统一使用的《高等学校普通体育课教学大纲》和第一本《体育课教学参考书》。体育教学大纲的颁布，使各级各类学校的体育教学工作有了统一的规范要求，并初步建立起了我国学校体育教学课堂常规，学校的体育工作进一步规范化了。

二、社会主义建设初期的高校体育

新中国成立初期，我国的体育教育多是参照苏联的经验进行的。从学术思想到具体教学形式、课程设置等一律照搬苏联模式，没有突出本民族特色。在这种情况下，有关部门根据我们党和国家制定的"调整、巩固、充实、提高"的方针，对新中国成立以来的高校体育教育工作进行了整顿，逐步完善了体育教育体制，使我国的高校体育教育事业在这一时期的曲折历程中，又有了一定程度的发展。总之，1966年以前，许多学校通过采取积极措施，加强领导，在提高体育课教学质量的同时，也推动了课外活动和运动竞赛的开展。在以"两课、两操、两活动"为中心的高校体育格局初步形成的基础上，整个体育教育工作出现了新的令人可喜的局面，这也促进了我国体育事业的全面发展。

1957年政府提出了"我们今后的教育方针，应该是培养有社会主义觉悟的、有文化的、身体健康的劳动者"。这为学校体育作出了不仅仅是一门课程，而是培养全面发展人才的教育中一个不可缺少的组成部分的定位。高校体育在总结学习苏联的经验和教训基础上批判了教条主义，开始摸索自身发展的道路。改革首先从纠正学校体育单纯重视知识技能的片面倾向入手，提出了增强体质的指导思想，"为祖国健康活动50年"广为传颂；在体育课的教学内容上，将具有中国特色的武术正式列为教材内容。

新中国成立前的国家高水平竞技体育运动员队伍中，很多运动员都来自普通高校，普通高校作为国家竞技体育的直接参与者，对旧中国竞技体育做出了很大贡献。解放初期，大学也一如既往参与国家层面的竞技体育，如蒋南翔在清华提出"学校也是出体育人才的地方"，清华当时就出现了一批德智体全面发展的高水平学生运动员；特别是围绕1959年的第一届全运会，普通高校着手重点抓课余运动训练和竞赛活动，各省市对一些运动项目作统一布局，并落实到各高校使其形成特色，部分运动员也享受"特招"待遇、纷纷进入普通高校学习，成为运动队的骨干力量，提高了普通高校的运动水平，很多高校的运动队已挤入省市级运动会和全国比赛的行列，也有优秀运动员被输送到体工队甚至国家队，大学生中涌现了一批运动健将和全国冠军，普通高校的运动训练和竞赛水平相对是比较高的。

虽然新中国成立后这一比较短的时期内，高校体育相比新中国成立前取得了不小的进步。然而，在这以后，在全国"体育大跃进"的左倾思想影响下，高校体育脱离了学生的实际，依据"劳卫制""等级运动员"的规定，过高地提出了诸如"四红"等任务指标，虽然一度曾在校园内掀起了轰轰烈烈、夜以继日的锻炼热潮，但由于缺乏扎实的基础，又违背了体育锻炼循序渐进的规律，在一定程度上损害了学生的健康，打乱了正常的教学秩序；同时为了追求高指标，也导致了虚报的浮夸风气。1958年活动中的错误和紧接着的3年自然灾害制约了高校体育的发展，致使高校体育处于暂时的低谷状态，学生体质普遍下降，至"大跃进"之后才逐步得以恢复，并纳入全面发展的教育方针指引的轨道。

1960年教育部制定了《高等学校体育活动暂行规定》，颁发了《高等学校普通体育课教材纲要》，编写出版了《高等学校普通体育课教学参考书》，使高校体育教学的内容和要求得到统一，从而将高校体育导向到提高体育课的教学质量上；1962年4月21日，教育部发出了《对当前学校体育活动的几点意见》，对学校早操、课间操、体育课和课外体育活动提出了要求；到1963年，大部分学校恢复了每周2节体育课，并坚持早操、课间操，适当开展课外体育活动，逐步建立了我国自己的教材体系，并把教材划分为基本教材和选用教材，增加了基本知识。

20世纪60年代由于印度、苏联分别在边界挑起事端，台湾当局叫嚣反攻大陆等，面对复杂的国际环境，中国人民不得不随时准备抗击敌人，游泳、射击、投掷、登山、军事野营、武术等军事体育内容又逐渐在学校体育课中得以广泛开展。1966年开始"文化大革命"，全国高校处于停课闹"革命"的无序状态，新中国学校体育的成就和经验被全盘否定，方向被扭曲，教学秩序被打乱，师资队伍被拆散，场地器材被摧毁，学生体质大幅度下降。高校体育也遭破坏，损失惨重，至1973年开始恢复招生才复课。由于当时工农兵大学生来自各条战线，体育基础差，年龄参差不齐且总体偏大，以及受当时社会背景影响和各方面条件的制约，尽管各高校努力地把体育教学活动恢复到有序的轨道运行，从而使高校体育活动取得了一定程度的复苏，但离实现教学目的、完成教学任务仍有一定距离，教学质量也难以得到保障。

这一阶段有两个问题值得注意，其一：这个阶段学校体育的发展一方面整体上遭到了极为严重的破坏，但另一方面，相对于学校教育的其他方面，体育课和课余体育训练却在一定程度上受到了重视，客观上这种现象反映了当时学校体育作为政治和军事斗争的一种工具性特征，"军国民体育"在此阶段有所抬头，体育课一度改为军体课；其二：从 1965 年第二届全运会后，由于始于 20 世纪 50 年代初建立的竞技体育"举国体制"的逐步强化，除极少数大学外，大学基本不再开展高水平的竞技运动训练与参加高水平的竞技比赛。

三、改革开放以来的高校体育

1978 年 12 月召开的中国共产党第十一届三中全会，做出了把重心转移到社会主义现代化建设中来和实行改革开放的战略决策，使我国国民经济和各项事业都进入了良性发展的轨道，开创了我国社会主义事业发展新时期的伟大起点，高校体育由此迎来了新的转机。在改革与开放的主旋律中，我国高校体育呈现出和社会、政治、经济、文化、教育、体育等事业发展相应的变化态势，在法治建设、指导思想、体育课程教学改革与群体活动、高水平竞技运动、学科建设、师资队伍建设、场馆设施建设、对社会体育服务等方面均取得了长足的进步。

在体育课程教学改革和群体活动方面，1975 年经国务院批准实施新《国民体育锻炼标准》；1978 年 8 月 26 日国家体委、教育部、卫生部发布了《关于进行中国青少年、儿童身体形态、技能素质调查研究的通知》，决定于 1978—1980 年对我国青少年、儿童的身体形态、技能、素质进行调查研究；1979 年 1 月教育部颁发《高等学校普通体育课教学大纲》（试行草案），1985 年 8 月，国家教委在大连市召开部分高等学校座谈会，讨论修订《高等学校普通体育课教学大纲》；1990 年 9 月 1 日，国家教委颁发《大学生体育合格标准》及《大学生体育合格标准实施办法》；1991 年 3 月 4 日国家教委印发《关于开展普通高等学校体育课程评估活动的通知》；1992 年国家教委印发《全国普通高等学校体育课程教学指导纲要》，高校体育活动得到进一步规范；1993 年在原全国高校体育专业教材编审委员会基础上，成立了全国高校体育教学指导委员会，它作为国家教委直接领导的业务参谋机构，为国家教委宏观管理提供经常性的咨询意见，进一步加快了高校体育改革的步伐；2002 年新的《全国普通高等学校体育课程教学指导纲要》和新的《学生体质健康标准》开始实施，围绕课堂教学"三自主"（学生自主选择上课教师、时间和内容）和学生自主的课外体育锻炼，各校课程改革成果频出。这期间，为了互通信息，交流经验，开阔视野，促进改革与发展，跨省市的学术交流频繁，国际性学术活动增多，各种全国性培训班讲习班相继举办，使高校体育改革不断深化，内容涉及指导思想、目标、内容、管理、教法、模式和评价标准等各个方面。

在高水平竞技体育方面，1982 年 8 月在北京举行了首届大学生运动会，极大地鼓舞了高校业余体育训练与竞赛的热情。除了规范化、制度化的全国大学生运动会之外，高校业余体育训练与竞赛活动的一个突出的变化就是在原有业余体育训练和竞赛体系中增加了一个新目标与对象、活动模式乃至性质上几乎全新的内容—高校高水平运动队建设：1985 年底，国家教委和国家体委在山东掖县联合召开了"全国学校课余运动训练活动座谈会"，做出了在部分高校和中学试办高水平运动队的战略决策。1987 年，53 所高校启动了试办高水平运动队的活动，在首先引进高水平运动员人才的基础上，"体教结合"，逐步形成校体联办、厂矿企业联姻、"小学—中学—大学"三级训练网对口衔接的条龙"等多种模式，培养德智体全面发展的高水平运动员（包括学生运动员和运动员学生），推动了高校竞技运动水平的提高，部分高校运动队已具备一定的实力，开始走出国门参加国际比赛；2003 年，教育部开始正式接手自行组队参加世界大学生运动会的活动；2005 年，清华大学真正的学生运动员胡凯获得当年世界大学生运动会百米冠军，是高校高水平竞技运动史上一个具有历史意义的突破；至 2006 年初，全国已有 235 所高校招收高水平大学生运动员；"体教结合，培养德智体全面发展的高水平学生运动员"的理念逐步得到认同。

在高校体育学科建设方面，为了加强科研活动，1983 年召开了第一次全国性学校体育论文报告会；1986 年后，陆续成立了中国高等教育学会体育研究会、中国体育科学学会学校体育研究会等群众性学术团体，对促进学校体育学术活动的开展、加快学校体育的改革起到了积极作用。1992 年的第四届大学生运动会第一次增设了学术论文报告会的内容（这实际上是我国首次全国普通高校体育科学报告大会），并规定以后举行的大学生运动会都要同期召开学术论文报告会，这无疑对尚处于起步阶段的高校体育科研起到了促进作用。在学科建设发展方面还有一个重要的表现就是：继专门体育院校和师范院校之后，其他综合性普通高校从 1986 年也开始设置体育学硕士点、博士点，并且设置点和设置学校数量呈加速度上升。

在场馆设施建设方面，改革开放以来，由于国家经济的快速发展，对高等教育投入加大，大学的财政状况有了不同程度的改善，许多大学开始着眼于新的体育设施的建设，1992 年原国家教委下发指导性文件《普通高校体育场馆设施、器材配备目录》，极大地促进了高校体育场馆设施现代化建设，近年来，教育部对高校进行的质量评估，也加速了高校体育场馆设施建设。煤渣跑道变成了塑胶跑道，风雨球场变成了体育馆，一定程度上能反映基本条件变化的新设项目也层出不穷，如清华大学就拥有中国大学最丰富的体育课程，有赛艇、跳水、射箭、飞镖、射击、沙滩排球、艺术体操、拳击、跆拳道、柔道、空手道、定向越野、网球、垒球、乒乓球等 50 多个项目供同学们选择。有学者感叹："场地设施上，高校体育场馆设施普遍更新，优于省市体工队训练场馆条件的大学比比皆是"。

在师资队伍建设方面的变化，集中体现为高职称、高学历体育教师的数量和比例得到了很大的提高，充实了高校体育师资队伍力量。以体育教师学历为例，由于中国社会、经济、文化发展对高学历体育人才的需求不断增加，体育学研究生培养数量也相应扩大，培养学校也由单一的体育院校扩展到师范院校及其他综合院校。在这个发展过程中，1998 年高校开始扩招，中国高等教育大众化进程急剧加快，高校教师需求量急剧增加，以及对高校体育教师文化素质、学术水平要求的不断提高，加速造成了高校体育教师学历结构的新局面："许多大学通过培养和引进相结合的途径提高体育教师中研究生的比例，一些大学的体育教师已经获得了硕士学位，有的甚至取得了博士学位。在高校体育领域，以往普遍存在的由本科毕业生教本科生的状况正在迅速地发生着变化。"

在对外体育服务方面，在 20 世纪 90 年代以后，随着高等教育的迅速发展，高校体育设施的极大改善，高校体育利用其场馆及人才、技术等资源优势逐步与如火如荼的全民健身运动相结合，服务社会大众体育，有限度地进行体育产业开发，并且随着国家体育总局、教育部决定从 2006 年 8 月开始，在全国开展学校体育场馆向社会开放试点活动的推进，对外体育服务正逐步尝试走向制度化。

另外，2008 年北京夏季奥运会的高校科技为奥运服务提供了一个难得的历史契机，也在一定程度上从一个侧面反映出高校体育角色的内涵变化。

纵观高校体育实践角色的历史变迁，发现其扮演的角色主体虽然始终是面向普通学生的体育教育，但同时随着社会环境的变化，也扮演（过）体育教育之外的其他角色，在承担除增强学生体质、传授体育"三基"、提高学生思想道德水平的体育教育任务之外，还有如培养体育高层次专门人才、参与国家高水平竞技体育、高水平的体育科学研究、对外体育服务等任务。这其中有些是在新中国成立前后就曾扮演过的角色和承担过的任务，虽然在 20 世纪 50—60 年代后一段比较长的时期出现了萎缩，但在新时期新的社会环境下，又重新发展起来，虽然在一定程度上表现为一种角色回归，但在本研究看来，它更多地应该理解为一种在新的环境下、新的起点上的高校体育的角色拓展。

第二节　新时期高校体育角色定位的选择

一、高校体育的传统角色定位及其视角选择

为什么高校体育理论长期零散地夹杂在以中小学体育教育理论为主的"学校体育理论"之中，并没有被独立成章地论述和区别对待？高校体育与中小学相比，究竟有没有区别和有没有特殊性？如果有，又有没有必要在学校体育理论中强调或突出这种特殊性，进而进行专门、独立的高校体育研究呢？如果有必要，就说明以往选择与中小学体育同一视角进行的高校体育角色定位出现了问题，非转移视角不可。因为，学校体育理论研究的发展已经说明，与中小学体育同一视角下的高校体育角色定位问题是没有必要在学校体育理论中专门、独立地进行探讨的。

反过来，如果发现传统视角下的高校体育角色定位出现了非转移视角而不能解决但又不可忽视、必须解决的问题，就能说明有必要考虑高校体育的特殊性，把高校体育作为特殊研究领域的现实意义，从而为转移视角，重新探讨高校体育角色定位提供有力的支持。

高校体育角色定位在新时期高校体育新的发展形势下存在着严重的缺失，许多因为原来规模太小，或不受重视，或实际很少出现，但现在已不能忽视的高校体育"新"内容在这种角色定位中找不到应有的位置或者处于在整体逻辑上显得非常"别扭"的位置；也正是因为这种视角的选择，导致了当高校体育的实践发展整体已超越了学校普通体育教育视域的时候，一直夹杂在以中小学学校体育为主的学校体育理论中的高校体育理论不能对此做出合理的解释和有效的指导；同时，也正是这种视角的选择，才导致与中小学体育有着显著差别的高校体育，其理论也应该但至今却还没有系统性区别于普通中小学校体育理论（表1-1、表1-2）。新的形势下，要解决以往学校体育理论中关于高校体育角色定位的缺失问题，非转移视角不可。

可以从对传统视角下高校体育角色身份的辨析中证明以上论断。因

为如果一旦能够在理论反思和现实检审中说明这种视角下的高校体育角色身份确实已经不合时宜，就可以肯定其角色定位的视角选择存在问题，从而说明更新视角，重新进行高校体育角色定位的必要性。

表1-1 普通高校体育课程教材综合评价前10名的书籍情况

序号	书名	编者	出版社 / 出版时间
1	体育与健康	季浏等	华东师大出版社 2000.6
2	体育与健康理论教程	编委会	高等教育出版社 2001.9
3	高校体育课程系列教材	编委会	南京大学出版社 2002.8
4	高等学校体育选项课系列教材	编委会	浙江大学出版社 2003.2
5	高校体育与健康	潘绍伟等	人民教育出版社 2002.12
6	大学生体育与健康	丁英俊等	河南大学出版社 2002.8
7	体育与健康	许砚田等	天津大学出版社 2003.8
8	高校体育与健康教程	王达等	北京大学出版社 2001.9
9	高校体育理论与实践教程	黄茂武等	中山大学出版社 2003.8
10	高校体育实践教程	薛德辉等	天津大学出版社 1999.6

表1-2 学校体育理论教材、高校体育教材中关于高校体育的角色定位

角色定位	内容阐述
高校体育的地位与意义	1.体育是高等教育的重要组成部分，是培养德、智、体全面发展的现代化高级人才的一个重要方面，是大学素质教育的基本内容； 2.高校体育是学校体育的最后阶段，是学校体育的最高层次； 3.高校体育是大学生在将来活动中有所作为的重要保证； 4.高校体育肩负着提高当代青年体育文化水平的使命，是在智力教育和非智力教育上共同发挥作用的有效的育人形式，是品德素养和能力培养的"隐性课程"，必将在强体健心的同时，成为传播体育文化的有益的情商训练课堂

角色定位	内容阐述
高校体育的功能	1.有利于完善大学生的生长发育； 2.促进大学生个性的全面和谐发展； 3.提高大学生思维的均衡性、灵活性； 4.提高大学生审美情趣
高校体育目的	以育人为宗旨，引导和教育大学生主动积极地锻炼身体，掌握现代体育科学的基本知识、技能、技术和锻炼身体的方法，有效增强大学生体质，促进身心和谐发展；帮助大学生建立正确的体育意识、观念，提高体育文化素养，获得独立从事体育的基本能力，培养"终身体育"的兴趣和习惯，为自身的全面发展打下良好的基础；帮助大学生在校期间能顺利地完成学习任务，并为将来的活动与生活奠定良好的身心素质与体育基础，使其能更好地为社会主义现代化建设和保卫祖国服务
高校体育任务	1.增强大学生的体质、增进大学生身心健康； 2.使大学生掌握体育的基本知识、技能、技术，培养大学生体育锻炼、运动的意识、能力和习惯，奠定终身体育基础； 3.提高学生的运动技术水平，为国家培养优秀的体育人才； 4.培养良好的思想品质、提高道德修养和社会适应能力
高校体育组织形式	1.体育课程（或体育教学或体育课或课堂教学）； 2.课外体育锻炼（或活动）； 3.课余运动训练（运动队训练）； 4.课余体育竞赛（运动竞赛）； 5.《大学生体育合格标准》

二、高校体育传统角色身份的理论反思与现实检审

（一）学校体育的传统角色身份

关于学校体育的传统角色身份，我们可以概括出如下结论：学校体育是学校教育的重要组成部分，是培养德智体全面发展的社会主义建设者与接班人不可或缺的活动之一，同时也是国民体育的基础。因为在习惯上，学校体育理所当然地被认为包括高校体育在内，则高校体育的角色身份虽

然没有非常明确地专门说明，但却可以推演为：它是大学教育的重要组成部分，是培养德智体全面发展的社会主义建设者与接班人不可或缺的活动之一，同时，在整个国民体育事业中，既是相对独立的学校体育的重要组成部分，也是群众体育和竞技体育的基础（就是常说的国民体育的基础）；也可简称为：大学教育的重要组成部分，同时，也是国民体育的基础。这么推测，是因为这种观念已经得到广泛认同并在实践中付诸行动。

其中，"大学教育的重要组成部分"意义很明确，"国民体育基础"在实践中的真实含义却有所专指，需要特别说明。

国民体育意即全体国民的体育。中国国民体育的管理体系曾经历了这样一个历程：1952年，在政务院设立了中央人民政府体育运动委员会，以后改为国务院管辖的中华人民共和国体育运动委员会（简称国家体委），现在称国家体育总局。当时，它由高教、教育、卫生、文化、民委、青联以及体育界的代表组成，这个体系的活动主要有两大项，一是群众体育：包括学校、厂矿企业、机关事业、农村、军队，以及青年、妇女、民族等人群的体育活动；二是运动训练，就是专业运动队部分；以后又增加了"国防体育"，就是普及军事知识，为解放军陆海空各技术兵种培养社会后备人才的活动。这样形成的三大块结构的大体育体系，是在新中国成立以后，为适应计划经济及其社会体制的需要，主要根据政治管理的需要，建立起来的一个由国家统一管理的组织系统，这个体育管理体系在后来的历史条件下，发生了两次大的变化。

第一次大的变化是在"文革"前后，由于军事训练的发展，不需要再搞社会性的军事技术培训，取消了结构中的"国防体育"，同时把群众体育分为学校体育和社会体育，把运动训练改为竞技体育，形成新的三大块。取消了"大体委"的委员制，改成了以专业体育代表组成的专业性体委。

第二次结构性的大变革，发生在20世纪末和21世纪初，随着改革的深入，体育体系原有三大块中的学校体育，从体育体系中被分离出来，划归教育系统。这样，原有体育体系的结构只剩下社会体育和竞技体育两大部分，而其中又是以竞技体育为主体。

从这个变化历程中，可以明确一点，站在学校体育的角度说学校体育是国民体育的基础，其中国民体育基本上就是指称体育体系中的社会体育和竞技体育，现由国家体育总局管理。

整个国民的体育，从年龄层次上讲，包括儿童、少年、青年、中年、老年人的体育；从普通人成长的时序上讲（以一般在学校求学的标准），包括学前体育、学校体育、社会体育；从管理部门来讲，学校体育的直接主管部门是教育部，国家体育总局虽然是主管全国体育的最高行政单位，但其实际活动重心主要是竞技体育和不包括学校体育在内的社会体育。一般来讲，竞技体育专门人才的培养不在普通学校（包括大学）内，在管理体制与机制上，通过组织设置与资源配置，普通学校（包括大学）被人为地"规定"为国民体育系统输送人才的机构，成为竞技体育的基础、后备力量；社会体育是指离开学校后的体育，所以，学校体育就在管理机构与成长时序上被认为是竞技体育、社会体育的基础，在整个国民体育体系中，属于基础阶段。

在以往高校体育理论认识中，就这样把上述"国民体育的基础"理解为同中小学体育一样，是学校体育之外的"国民体育"的基础，为国家高水平竞技体育培养和输送后备人才，为社会体育夯实基础。进一步的解释就是国民体育的基础阶段在学校系统，而其效益发挥则在学校后或在学校外的体育和其他系统，学校体育对国民体育是一种间接服务关系。这种关系又往往明显表现在竞技体育上。

体现"大学教育重要组成部分，国民体育基础"这种角色身份的高校体育也因此在长期的实践中，基本上只履行如下的职责：绝大部分的活动在面向全体普通大学生的体育教育上，比如体育课、课外体育活动、课外业余训练和比赛、体育教育科研等；与国民体育的关系仅仅限于对社会体育和竞技体育的基础性间接服务，并且在实际活动中由于制度上的规定，基本上没有参与国家体育总局所主管的竞技体育和社会体育活动（除了教职工体育之外），高校体育角色身份实际上只主要表现为"大学教育的组成部分"。

首先必须承认，传统高校体育的角色身份是适应当时社会环境的、历史的产物。但是在新的时期，社会环境已经发生了极大的改变，高校体育的身份是不是也应该有变化呢？具体一点，高校体育的角色身份能否还可以继续用"大学教育的组成部分"就能概括呢？高校体育与国民体育的关系现在或将来还是这个实际上并不存在的"基础性"的间接服务关系吗？以下对此进一步进行分析。

（二）高校体育传统角色身份辨析

1.高校体育与大学教育有从属关系的部分，但又不只限于从属关系

高校体育传统的角色身份反映：高校体育只是大学教育的组成部分，二者的关系基本上是一种从属关系。本研究认为，从理论上分析，高校体育—大学组织实施的体育及相关活动与大学教育的关系有从属关系的部分，但又不只仅仅限于从属关系。

（1）学校的职能根本上是教育，但又不完全仅限于教育关于"教育"，在顾明远主编的《教育大辞典》总结：教育是传递社会生活经验并培养人的社会活动。通常认为：广义的教育，泛指影响人们知识、技能、身心健康、思想品德的形成和发展的各种活动。产生于人类社会初始阶段，存在于人类社会生活的各种活动之中。狭义的教育，主要指学校教育，即根据一定的社会要求和受教育者的发展需求，有目的、有计划、有组织地对受教育者的身心施加影响，把他们培养成一定社会（或阶级）需要的人的活动。是人类社会发展到一定阶段的产物。特指义的教育，指有计划地形成学生一定的思想政治观点和道德品质的活动，与德育同义。

学校是人类社会生产力水平达到一定高度，教育需要制度化和体制化的情况下出现的一种传递社会知识文化，有目的、有计划、有组织地为一定社会培养所需人才的社会组织（或机构），如早期的"青年之家"、"血缘家庭"、古希腊的"体育馆"、我国古代的"成均、党、庠、序"等，都是萌芽状态的学校。

"学校不是与教育同时产生的，而是社会发展到一定历史阶段的产物，出现于奴隶社会初期。学校的出现标志着人类教育活动开始进入一个自觉自为的历史时期"。

学校的产生和发展开创了人类教育的新纪元，有了正规的学校以后，人类社会的教育活动逐渐走上了正规化和制度化。

学校教育作为教育的特殊形态存在于学校，历史的发展使得教育越来越由专门的学校来组织实施。作为社会事业的学校教育，不仅为社会政治、经济生活所需要，且在推动社会发展的作用上亦越来越显著。但是，值得注意的是，教育只是学校存在的必要条件，不是充分条件。教育也不只发生在学校，学校也不只具备教育职能。学校作为一个以学校教育为固有职能的社会组织，必定会在学校教育作用不断向社会扩张的进程中，不断地发挥自己的优势，扩大自己的社会关系网络，发挥更多的作用，体现更多的价值。长此以往，学校在包括教育在内的更为广泛的社会结构中，作为一种社会的有机组织，其承担的就可能不全是教育的职能（尽管其根本仍然是教育）。比如大学，其职能就从最初的培养人才发展到人才培养、科研、社会服务三大职能，并且其职能目前仍在以人才培养为根本的基础上，处于不断扩展之中。

（2）大学职能决定了高校体育的"跨教学性"。大学职能反映大学"应该干什么"，它是大学组织行为的直接动力。关于大学的社会职能，有多种认识，但一般认为现代高等学校具有三种职能：培养专门人才，发展科学知识、为社会服务。与之相应的活动是教学、科学研究、多种形式的社会服务活动等。如1998年8月29日第九届全国人民代表大会常务委员会第四次会议通过的《中华人民共和国高等教育法》第5条规定："高等教育的任务是培养具有创新精神和实践能力的高级专门人才，发展科学技术文化，促进社会主义现代化建设。"第三十一条规定："高等学校应当以培养人才为中心，开展教学、科学研究和社会服务，保证教育教学质量达到国家规定的标准。"

显然，这里的"以培养人才为中心，开展教学、科学研究和社会服务"是大学在践行以上职能过程中的具体化活动。

"培养高级专门人才"是高等教育的本质功能，大学是专门实行高等教育的组织机构之一。在组织职能上，大学尽管是实施高等教育的机构，它在现代社会中所践行的多种多样的职能行为尽管仍以培养高级专门人才为中心，却并不一定全部都直接从属于大学里所进行的高等性、专业性的教育范畴，比如科学研究、社会服务等。

尽管关于大学应该干什么，仍然众说纷纭，但这并不妨碍作这样的推断：大学作为高等教育体系中的一个特殊组织机构，必须体现高等教育培养高级专门人才的本质功能，但作为整个社会结构中的一种有机存在，还不得不完成自己多样化的社会职能。

因此，可以这样认为：大学是实施高等教育的机构之一，但大学教学并不是大学职能行为的全部，高校体育—大学组织实施的体育及相关活动，随着大学职能的拓展，也不只是以普通大学生为对象的体育行为，而且还可以不只是教学行为！高校体育在践行大学职能的过程中可以包含一些"跨教学"的职能行为。因此，从理论上说，高校体育与大学教育关系不能仅从从属关系来认识，高校体育从属于包括大学教育在内的、更高一层的大学组织行为系统。

当然，从大学践行其组织职能的组织行为出发来认识和实践高校体育，其所能发挥的作用，应该大于普通体育教育视角下的高校体育，更符合现代大学的社会角色要求。

进一步，可以做出这样一个推断：如果大学组织在一定社会条件下，在践行其所有职能的实践中对体育这个具有多功能、广泛社会关系、重要价值的社会事业都可以甚至已经有所作为的话，就不应该把高校体育仅仅理解为大学教育的一部分，理论上缩小高校体育的服务范围，从而在实践中限制高校体育功能的发挥，降低高校体育的社会价值；在这种情况下，高校体育理论（包括角色定位）则完全应该跳出大学普通教育的传统视域，从大学践行其全部职能的组织行为视角，去进行研究和讨论。

从大学组织行为视角分析高校体育的角色身份，高校体育具有"跨教学性"，从这一点看，传统高校体育角色定位选择"普通体育教育"视角存在着不足，因为一旦有条件让高校体育实践实现了这种"跨教学性"，这种视角下的高校体育角色定位显然就不能给出合理的解释。

2.高校体育不应只是"体育——高等教育"的单向结合

大学作为承担高等教育的一种机构，其办学思想深受高等教育哲学观影响。传统视角下的高校体育，因为其全部任务几乎都受制于体育教育上，往往只考虑用体育的知识、方法等为大学完成培养人才的职能做什么，从而在高等教育系统与体育系统的关系处理上，基本忽略了大学为体育做什么，表现出单向的"一元性"高校体育，这与现代高等教育所倡导的，大学在高等教育系统与社会其他系统之间的双向互动中谋求发展的思想是不相符合的。高校体育可以并且也应该不仅仅从属于大学教育，高校体育应成为"体育—高等教育"双向互动的一种媒介，反映高校体育社会关系属性的角色身份应该还要反映出这种特点（图1-1）。

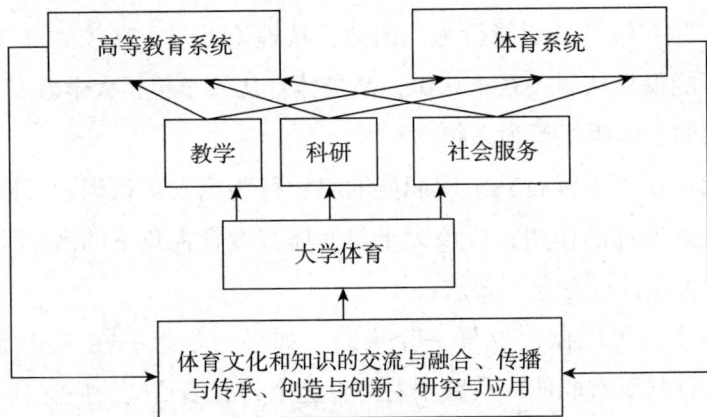

图 1-1　高校体育可成为高等教育与体育事业双向互动的联系点

那么，新的社会环境下，社会是不是也提出了这种需要和提供了实践的可能条件呢？从新时期高等教育与体育改革与发展的现状与趋势来看，答案是肯定的。既然高校体育可以也应该不仅仅属于大学教育，可以走出校园，直接为社会服务，那它与国民体育的关系就不仅仅是"国民体育的基础"这样一种简单的关系。

3.高校体育不只是国民体育的基础

从以上分析中得知，高校体育在理论上可以通过践行大学组织的社会职能，除了完成普通体育教育活动之外，还可以为学校以外的国民体育服务。在这种服务关系上，传统的学校体育理论认为高校体育同中小学体育一样，也是国民体育的基础，即为未来的社会体育打基础、为竞技体育培养后备人才。本研究认为，就普通中小学而言，这种认识基本上是符合实际的，但是对于大学则并不太适用。

目前高校体育活动的主要面对的对象、构成成分以及对象的年龄结构都发生了很大的变化，而中国竞技体育的"举国体制"内部也在发生变革，高校体育不是作为"基础"而是直接参与其中已经是一种现实存在和发展趋势。

传统认识中学校体育是国家竞技体育的基础有两种含义：其一是从竞技体育人才的年龄上讲的"基础"。竞技体育人才培养的规律中，除了少数项目，如体操、跳水等运动员成才的年龄较小之外，其他大多数项目的运动员取得好成绩的年龄都在中小学适宜学龄之外（中小学生的年龄一般在 6—18 岁），从这一点上讲，普通中小学校体育可以被认为是竞技体育的基础，大学显然不是这样（大学生的年龄一般在 18—28 岁）；其二是从管理体制上讲的"基础"。从 20 世纪 50 年代初建立起来的、计划经济条件下高度封闭、独立的我国竞技体育体制，人为地通过资源配置、竞赛等机制把体育系统"规定"为竞技体育的专门机构，其他机构只能完成向其输送人才的任务，而成为它的基础或后备。

大学竞技体育是国家竞技体育的基础，显然更多的是从管理体制上讲的"基础"，因为，从年龄上讲，除少数项目之外，高水平竞技运动员与普通大学生已不是"未来—现在"的基础性间接服务关系。

传统的竞技体育人才培养体制在长期实践中，在全面育人上存在着许多难以在原有体制内进行弥补或愈合的缺憾，比如其中一个突出表现就是过早的专业化训练，致使运动员在文化、知识的学习积累上远远达不到退役以后二次就业的基本文化素质要求。在社会主义市场经济体制下，竞技体育的"举国体制"应该是开放、多元的体制，具有多种实现形式，但受到自身既得利益和长期形成的思维定式、传统习惯的影响，竞技体育体制改革将很难在没有体制外其他力量的帮助、催促下通过自身努力迅速取得突破。也就是说，竞技体育体制改革的进一步深入一定程度上需要体制外的力量！

因此，在这种社会有需要，体制又可能允许的情况下，可以这样认为：时隔多年，部分大学陆续重新直接参与国家竞技体育，既是对过去大学竞技体育的一种继承，也是对国外大学竞技体育的一种借鉴；既是对提高自身竞技水平的要求（比如要代表国家参加世界大学生运动会），更是通过培养德、智、体全面发展的高水平运动员（包括学生运动员和运动员学生），作为市场经济条件下竞技体育"举国体制"多种实现形式的其中一种，有益补充"举国体制"的一次国家视野层面上的尝试，这是高等教育主动为体育发展服务的一种体现，体现出大学对国民体育事业可持续发展的一种责任和使命，表达了对体育回归教育的一种期待。

时下，随着大学高水平运动队的发展，世人关注的焦点问题已不是高校体育"是否可以"或者"是否应该"培养高水平竞技体育人才的问题，而是高校体育"是否能够"和"如何"培养出高水平竞技体育人才的问题，因为这直接影响高校体育能否真正实现培养体育优秀人才，直接参与国家高水平竞技体育的美好愿望。但这已经不妨碍高校体育不应作为"基础、后备"，间接参与国家竞技体育，而应是国家竞技体育直接参与者的判断了。

这样看来，高校体育的服务对象应该是受其管辖的全体在校人员，主要包括学生和教职工，这种对象结构就使得高校体育包含有对象为学生的、传统意义上的学校体育和对象为教职工的社会体育，这样就导致理论上的高校体育不只是学生体育和社会体育的基础。

三、新时期高校体育角色定位的视角选择

（一）高校体育是一个有别于中小学体育的特殊领域

与中小学的普通教育相比，大学教育是培养高级专门人才的高等教育，在性质、任务和教育对象上都有自己的特殊性，高校体育作为大学教育的组成部分，自然也不例外。

大学是高等教育机构，具有培养人才的基本职能，新中国成立后我

国曾提出要求高校"密切结合教学，逐步开展科学研究工作，综合性大学既是教学机构，又是科研机构"，20世纪80年代，又明确了"教育必须为社会主义建设服务，社会主义建设必须依靠教育"的办学指导思想，大学发展科学、直接服务社会等职能得以迅速发展，在组织职能上，大学组织与中小学相比，具有特殊性！大学是高校体育的组织者和管理者，高校体育工作也理所当然要体现大学的组织特性，高校体育也要践行大学职能。

因此，相对于中小学体育而言，主要是以上两个方面的原因导致高校体育是学校体育中一个特殊的领域，更具体的表现如下：

第一，从传统的普通体育教育视角看，根据教育的内部与外部规律，体育教育对象身心发展特点上的特殊性和高等教育基本性质、任务的特殊性，必然导致高校体育的特殊性。

第二，从实施体育活动的组织考虑，高校体育与中小学体育相比，其特殊性可能更多地表现在其组织的特殊性上。高校体育与中小学体育因为各自所属组织性质的显著不同而可能比学生身心发展特征的区别导致更大的差异，这种差异性如果在一定条件下逐渐壮大，不可再予以忽略，就可能导致高校体育在学校体育理论中不得不要按类型、从分析问题的视角上根本性地予以专门的区别对待。问题在于高校体育中除体育教育这个主体活动之外的其他活动的实际价值，或者意义是不是被人承认不可忽略，其组织差异有没有必要予以强调和突出。

第三，从以往学校体育理论中关于高校体育理论的总体处理方式看，对高校体育不专门分类，只作细节上区分的处理方式，显然是缘于高校体育和中小学体育都是对普通学生进行普通体育教育的同一类现象（或主体上相同，其他现象可暂时忽略），这种系统内的细微区别还不至于把高校体育理论从传统学校体育理论中专门独立出来的认识。所以，高校体育在组织上的特殊性是没有或暂时没有必要予以专门分类、系统处理的。采取这种处理方式的原因，本研究认为是由于传统管理体制上的影响和这种影响下的习惯思维！是这种影响导致了高校体育与中小学体育在各自所属管理组织上的差异性在实践中长期没有得到很好的体现，相应的高校体育理论也就被认为没有必要作专门处理。

高校体育的特殊性在新时期得以日益彰显，它还能不能用以往同样的方式来处理呢？先撇开高校体育的实践发展现状不谈，根据社会学的"结构—功能"理论，当社会结构在发生变化的时候，就会产生相应的功能变化；功能又反作用于结构。在新的时期，随着经济体制的转轨，体育和高等教育管理体制在不断发生变革，中国体育结构正在不断分化和重新整合，相应的学校体育结构也要随之发生变化，高校体育正在面临着一次新的功能选择。可以说，在新的时期，当外部管理体制的束缚逐渐解除的时候，大学有了一定的办学自主权以后，高校体育与中小学体育在其各自所属管理组织上的区别是有必要强调与突出的，高校体育重新进行功能选择的依据的主要变化应该体现在高校体育所属组织的特殊性上（因为原来基本上没有考虑）。正因为如此，如果仍然采取不专门分类处理的办法来对待高校体育的特殊性，就不足以体现高校体育在新的时期、新的社会环境下由于其所属管理组织的不同所导致的、担任的角色和承担的任务与中小学体育应有的区别；而要想体现这种区别，充分说明高校体育的特殊性，就必须采取不同于以往的理论研究视角！因为显然不能在主要针对普通大学生体育教育的既定框架之内去讨论框架外已有相当现实意义、不可小视的现象。

（二）新时期高校体育角色定位的视角选择

改革的经验告诉我们，如果一个模式的基本框架有严重缺陷，探讨其构成要素的优化问题是没有太多意义的，即在整体框架不合理的情况下，充其量只能做到局部求优。在变革与发展中，有些局部的东西原来看来微不足道，在思考当时的主流发展以及主体框架等问题的时候，可以暂时予以忽略，但当这些事物随着时代的发展成为一种潮流的时候，就不能等闲视之。如果这些事物已经超越了原定的基本框架，所谓的"路径依赖"就可能成为新事物前进道路上的绊脚石，我们只有突破旧的思维框架，大胆的自我审视，才有可能为新事物的进一步发展提供正确的理论指导空间。

经过以上分析，可以这样认为：当肯定大学生与中小学生身心发展特点的区别时，就会部分地承认高校体育理论的特殊性；当肯定大学与中小学组织上的区别时，就可能会近乎全部地承认高校体育理论的特殊性、专门性！

高校体育理论与实践都必须与高等教育和体育的改革与发展相适应。传统高校体育的角色定位主要是依据普通体育教育的视角来确定，其理论上的内容、任务只表现出现代大学职能中的一部分，这种受计划经济体制下体育和高等教育管理体制制约而选择的"普通体育教育"视角，直接造成了目前学校体育理论教材中关于高校体育的部分，并没有充分表现出高校体育与中小学体育在所属管理组织上的差异性，没有充分体现高校体育的特殊性，已经不适应在新的社会环境下，为了适应高等教育与体育的改革与发展，已经先行一步，活动内容已从高校体育教育扩大到包括体育教育在内的、更广阔的大学组织行为范畴的高校体育实践。本研究认为，对新时期高校体育发展而言，探讨其理论的视角在层次上高于传统的大学普通体育教育视角，从践行大学部分职能的教育行为层面转移到践行大学全部职能的大学组织行为层面，在学理上是成立的，也符合实践发展的要求和时代发展的要求。也就是说，从大学组织行为的新视角来重新审定高校体育的角色定位，相比传统视角，可以更加充分地体现高校体育的特殊性，可以表现出与社会发展需求更强的适应性和更适合大学所扮演的社会角色的要求，也能在更高的层次，更为合理地在理论上统领、解释新时期高校体育种种新的实践发展，进而指导其进一步的实践发展。

第三节　现代高校体育的角色身份辨识

一、高校体育的内涵与外延

（一）高校体育的内涵

高校体育概念的定义，需要从其活动内容中概括提炼出高校体育的特有属性。但是关于高校体育的内容，如同纽曼笔下的大学只是"一个居住僧侣的村庄"、弗莱克斯纳眼中的大学是"一座由知识分子垄断的工业城镇"、克拉克·克尔心目中的大学"则是一座充满无穷变化的城市"一样，随着大学与社会关系的日益密切，大学职能的日益丰富，将会越来越丰富，很难准确划定它的界限。尽管如此，它们所共有的特有属性，至少包含三个方面的内容：

（1）高校体育是一个有组织的、有目的的行为系统，是大学的组织行为在践行现代大学职能过程中在体育方面的具体体现，是由大学组织内个体、群体所产生的体育行为，以及大学组织与外部环境在体育方面的交互作用，包括用体育来维护组织自身良好的运行状态。很显然，它是一套由大学组织作为行为主体的、由大学自身办学理念和自身组织职能作为内在动力的、复杂的行为系统。

（2）高校体育往往表现为具有较高文化水平层次的体育及其相关活动。首先，这里所指的体育活动包括体育教育、群众体育、竞技体育在内，是广义上的体育活动；其次，因为现代大学的本质是传承、研究、融合和创新高深学问的高等学府（或者按一般说法，以传播文化、创造知识、推进文明为宗旨），所以高校体育也应表现为围绕体育文化而进行的传承、融合、创造、应用等活动，并且这些活动还应具有较高的体育文化水平层次，否则，将无法与"大学"或"高等教育"相匹配；同时，这些活动也才成为高等教育与体育相结合的纽带。

高校体育是高等教育与体育的结合，对高等教育和体育系统都具有一定的、独特的价值（图1-2）；如果把它理解为一个社会角色的话，其角色内涵就是：在高等教育和体育两个系统双向互动中占据一定的位置，并表现出符合社会要求的一系列行为模式。

根据以上分析，本研究把高校体育的特有属性总结归纳为以下几个方面：

（1）以大学组织为行为主体，直接隶属于大学的组织行为；

（2）以具有较高文化水平层次的体育及其相关活动为表征；

（3）以彰显大学理念、践行大学职能为内在动力；

（4）体现了高等教育系统与体育系统之间的双向互动的关系；

（5）符合一定时期的社会期望和要求。

经过与有关学者再三讨论，对高校体育概念曾作出了如下几种定义设想：

——大学在践行其职能过程中，组织实施的有关体育的教育文化活动。

——大学遵循其办学规律，在践行其培养人才、发展科学、社会服务等职能中，有关以体育为客体（对象）的实践与认识活动。

——以践行大学职能为基本导向；以培养全面发展人才为核心理念；以普通学生为主要服务对象；以身体教育、竞技运动、身体锻炼与娱乐等实践活动或认识活动（教育文化活动）为客体的大学组织行为。

——大学组织遵循其办学规律，从践行现代大学职能及维护与构建大学组织自身的文化出发，结合社会、组织及组织成员的发展需要，以体育教育、竞技体育、群众体育为对象的实践和认识活动。

——高校体育是大学在其办学理念的引导下，以培养全面发展的人才为根本，以具有较高文化水平的体育及其相关活动为载体，通过践行（或服务）大学职能而表现出来的、符合一定时期社会期望和要求的组织行为。

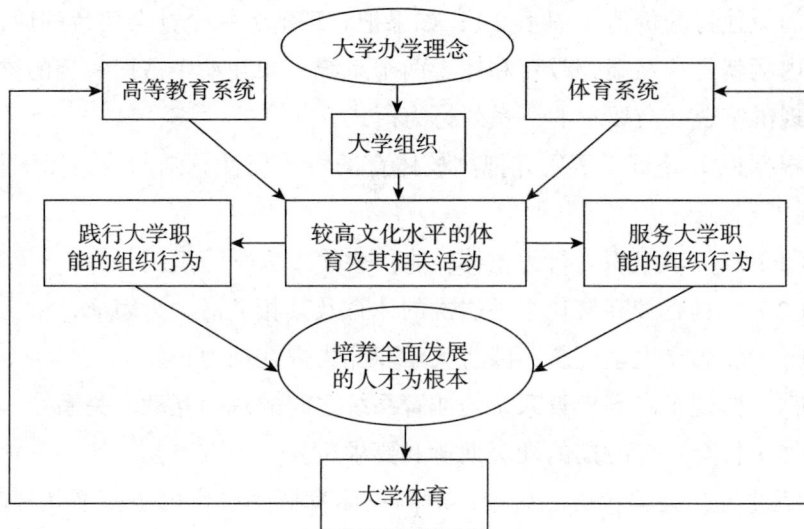

图1-2　高校体育内涵示意图

（二）高校体育的外延

为了进一步明确高校体育的概念，还需要对高校体育的外延进行划分。划分外延，实质上就是对内容进行分类。高校体育外延划分有多种标准，如按活动目的可划分为：体育教学活动、竞技体育活动、群众体育活动，体育科研活动、体育管理活动、体育后勤活动等，按服务对象可划分本科生体育、研究生体育、教职工体育、社区群众体育等。按形式逻辑，划分的规则有三条：①划分的各个子项应当互不相容；②各子项之和必须穷尽母项；③每次划分必须按统一标准进行。根据这些规则，上述的划分都有比较明显的子项相容或子项不穷尽的问题。

如图1-3所示，高校体育按服务大学职能的作用不同可分为两大类活动，一是直接参与大学职能的活动，二是间接参与大学职能、辅助性的活动。前者根据大学职能可分为培养人才（包括体育人才）、发展体育科学、直接为社会体育服务三类活动，后者的类型较多，根据本研究观察的现实影响作用和有关资料揭示的高校体育可能的影响作用，这类活动可分为参与培育大学组织文化、协助改善大学公共关系、促进大学组织成员健康生活、帮助筹集大学办学经费等四类活动。

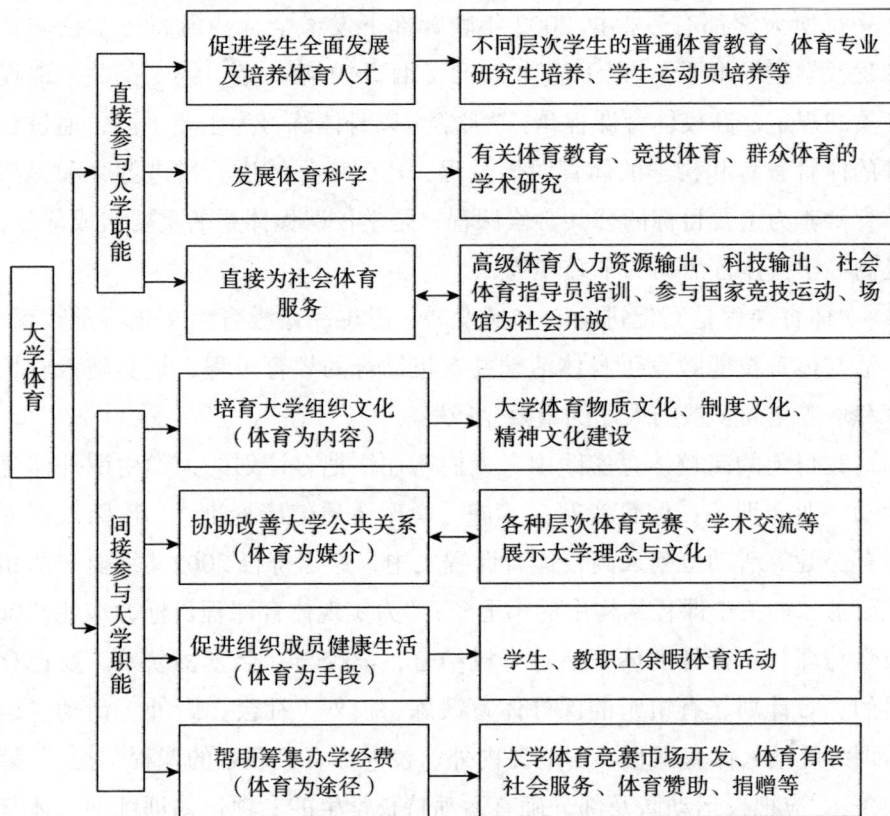

```
                  ┌─ 促进学生全面发展 ──→  不同层次学生的普通体育教育、体育专业
                  │   及培养体育人才       研究生培养、学生运动员培养等
         直接      │
         参与  ────┼─ 发展体育科学  ──────→  有关体育教育、竞技体育、群众体育的
         大学      │                        学术研究
         职能      │
                  └─ 直接为社会体育 ←────→  高级体育人力资源输出、科技输出、社会
                      服务                   体育指导员培训、参与国家竞技运动、场
                                            馆为社会开放
  大学
  体育
                  ┌─ 培育大学组织文化 ───→  大学体育物质文化、制度文化、
                  │  （体育为内容）         精神文化建设
         间接      │
         参与      ├─ 协助改善大学公共关系 ←→ 各种层次体育竞赛、学术交流等
         大学      │  （体育为媒介）         展示大学理念与文化
         职能      │
                  ├─ 促进组织成员健康生活 →  学生、教职工余暇体育活动
                  │  （体育为手段）
                  │
                  └─ 帮助筹集办学经费  ───→  大学体育竞赛市场开发、体育有偿
                     （体育为途径）          社会服务、体育赞助、捐赠等
```

图 1-3　高校体育的外延示意图

1.高校体育课程建设

"课程"是一个正在不断发展的概念，有多种定义，如：课程是一种行动计划，或一种书面文献；课程是儿童在教师指导下所获取的所有经验；课程即研究领域；课程即学科内容……，课程研究的发展趋势表明，课程已不局限于只是各种科目静态的集合，而应该包括动态的学习过程，课程是静态的课程设计与动态的课程实施的相互结合。在这种思想下，有学者这样给课程下定义："课程是根据教学目标，把可以作为教学内容的文化财富与受教育者的发展阶段相适应的结构化教育活动方案及其实施过程。"

本书认同这样的界定。高校体育课程是目前高校体育的主体部分，几乎每所大学都有。根据 2002 年教育部下发《全国普通高等学校体育课程教学指导纲要》（以下简称 2002《纲要》）第一条、第二条关于课程性质的规定，高校体育课程是："大学生以身体练习为主要手段，通过合理的体育教育和科学的体育锻炼过程，达到增强体质、增进健康和提高体育素养为主要目标的公共必修课程；是学校课程体系的重要组成部分；是高等学校体育活动的中心环节。"

"体育课程是寓促进身心和谐发展、思想品德教育、文化科学教育、生活与体育技能教育于身体活动并有机结合的教育过程；是实施素质教育和培养全面发展的人才的重要途径"。

在目前的高校体育实践中，人们还往往把有计划的大学生课外体育活动、业余训练、体育竞赛、实施《学生体质健康标准》、特殊人群的体育保健等活动也列入高校体育课程之中，这也符合 2002《纲要》的相关要求，如关于课程结构中的第七条："为实现体育课程目标，应使课堂教学与课外、校外的体育活动有机结合，学校与社会紧密联系。要把有目的、有计划、有组织的课外体育锻炼、校外（社会、野外）活动、运动训练等纳入体育课程，形成课内外、校内外有机联系的课程结构。"第十条："应把校运动队及部分确有运动特长学生的专项运动训练纳入体育课程之中。对部分身体异常和病、残、弱及个别高龄等特殊群体的学生，开设以康复、保健为主的体育课程。"

按照 2002《纲要》的要求，高校体育课程的内容就包括了体育课、课外体育活动（或称群体）、课余训练和竞赛、高水平运动队、特殊学生体育等内容，几乎包括了学生所有的体育活动。本书认为形成全体、全过程、全面进行体育教育的广义体育课程观是有道理的，符合素质教育指导思想下体育课程的改革方向，但体育课程的基本特点在于"计划性、规范性"，它是一种结合知识和受教育者身心特点的结构化、规范化的培养模式，体育课程相比其他学校体育活动，突出的特点就是计划、规范，它是一种专门的体育教育设计与实施过程，以体育课为主要组织形式，鉴别学生的体育活动是否属于体育课程的组成部分应该有一定的划分标准，不应该"泛化"体育课程，如所谓广义体育课程就包括正规的体育学科课程、非正规但由学校列入课程计划的校内活动课程、体育社会实践课程、学生自主体验课程，甚至包括家庭体育、社会体育，这对实际工作中的课程管理显然是有较大难度的。

本书认为，可以按以下标准进行划分：体育课程是指以促进全体普通学生的身心健康为首要目标，由学校相关部门有目的、有计划、有组织地开展的"教育教学"特征比较强的体育活动。这样，体育课程就主要包括两类：正规的体育学科课程和正式的活动课程，主要指向围绕课程目标、有计划的课内外体育活动以及体现"在普及的基础上提高，在提高的指导下普及"思想的课余训练、竞赛活动。那些学生在余暇时间自主进行的、未列入学校课程计划的体育锻炼与娱乐活动（也就是所谓社会实践课程和自主体验课程等）以及针对有特殊任务的体育特长生进行的专门训练工作就不应包括在内。

高校体育课程建设包括课程的主体活动（课程设计与实践）及其围绕着课程所进行的保障、管理、研究、改进等活动，如课程目标、课程内容设计，课程实施，课程评价，场地设施、器材等物质建设，师资队伍建设，课程改革，课程研究等。

很显然，目前的高校体育课程建设包含上述对高校体育所划分的七大类活动的很多部分，如：培养人才、发展体育科学、培育大学组织文化、促进大学组织成员健康生活等活动内容。

2.高校体育学科建设

学科作为一个概念，在现代社会生活中运用得相当普遍，但对学科含义的理解至今仍是众说纷纭，不同国家、不同学者都有各自的解释。

学术学科：当科学发展到某一阶段，人们会把某些具有内在联系的、相关的事物或现象归结在一起，形成一个信息群，构成一个统一的领域，把这特定的领域作为科学研究的对象，便形成了学科，即人类知识体系中的门类，亦即专门化、系统化的知识。因此，这个意义上的学科是按科学分类得出的，是相对独立的知识体系，它的基本特征是学术性、系统性和内在逻辑性。

学校学科：即学校教育中的教学科目，或者说是学校教育中的主要的教育内容的门类，英文称谓是 subject 或者 school subject。学校教育内容包括知识、技能、道德以及许多现实的活动等，将学校教育内容按照一定的方式分门别类地组织起来，每一个门类构成一个大的教育内容"模块"，就是学科。对教育内容的分类，是从教育的视点出发精选知识、技能，从心理学的视点出发加以系统化。因此，学校学科的划分是服务于传递知识的目的的。其形成并不是简单地将学术学科挑选出来进行教学，还有一个对学术学科进行融合的过程。我国周代学校中的"六艺"，西欧早期学校的"七艺"，当代学校开设的语文、数学、自然、历史、政治、地理等课程均属于学校学科的范畴。

除了上述两类理解之外，也有学者把学科解释为专门化组织，如伯顿·克拉克所述："学科明显是一种联结化学家与化学家、心理学家与心理学家、历史学家与历史学家的专门化组织，它按学科，即通过知识领域实现专门化"。

二、高校体育的角色身份

大学组织行为的直接动力来自其组织的社会职能，现代大学职能是高校体育角色定位的一个核心依据，高校体育角色定位应和大学所扮演的社会角色，完成的社会职能一样可以具有一定程度的"跨教学性"。作为大学组织实施的体育及相关活动，高校体育是大学组织行为的组成部分，是大学组织关于体育的行为系统，历史上曾经，以后更应该是以践行现代大学职能为基本内容，表现为体现"体育—高等教育"双向互动基本理念的大学组织行为，而不仅仅是大学组织只针对普通学生的体育教育行为（特别是对有能力的综合性重点大学而言）。

行为最原始的含义是指有生命有机体的运动和活动。从组织的意义讨论行为的含义是把组织也看成是一个动态的、富有生命力的有机体。关于组织行为，有学者界定为："在组织内部，个人和群体所产生的行为，以及组织与外部环境之间的交互作用，其中也包括组织自身的运行状态"。

据此，大学组织行为视角下的高校体育可描述为：在大学组织内部，围绕其职能，由个体、群体所产生的体育行为，以及大学组织与外部环境在体育方面的交互作用，包括用体育来维护组织自身良好的运行状态。

在现代大学组织行为的新视角下理解新时期高校体育的角色身份，即高校体育的基本社会属性就是：高校体育是大学组织践行其人才培养、科学研究、社会服务等职能的行为（包括维系大学组织自身运行状态）的组成部分，是大学组织行为在体育方面的具体体现；高校体育通过现代大学全部职能的实践活动与高等教育和体育事业发生关系，其内容既包括有对大学生实施德、智、体全面教育的体育教育部分，也包括有体育教育之外、属于国民体育组成部分的群众体育、竞技体育，以及高水平体育科研等活动。概言之：高校体育从整体而言，是大学组织行为中关于体育（广义）的部分，是大学组织全部职能行为的践行者和维护者，不仅是大学教育的重要组成部分，也是国民体育的直接参与者；其社会关系既隶属于高等教育系统，同时也以现实形态而非基础形态隶属于学校体育之外的国民体育系统。相比传统认识，这种新身份的区别在于其主要的社会关系已由高等教育转向高等教育与国民体育两个方面。

第四节　现代高校体育的特点与功能

一、高校体育的特点

大学阶段的学生在生长发育过程中已进入青年期，这一时期生长发育已接近成年人，各器官系统功能基本完善，神经系统功能健全。运动器官系统稳步发展，体力已达到本人的最好水平。自我意识较为强烈，智力水平较高，已具备了参与社会交往及社会活动能力。

（一）体育教学

1.体育教学目标的核心

教学目标的核心是传授体育知识技能，帮助学生形成正确的体育观，培养学生体育实践能力为主。这是体育教学所独有的学科性质特点。在体育教学中既要传授属于体育文化知识的一些理论内容，这在一定程度上可发展学生智力，帮助学生形成正确的体育观，但它主要是传授大量体育技能、技术。并通过体育知识原理和技术方法的指导运用，在教学中（或课外体育）培养自我科学锻炼能力，进而全面发展学生身体，有效增强体质和逐渐形成学生正确的体育观。

从教学效果上能对学生的身心产生较全面的复合教育作用。而其他学科主要是对学生智力、心理、品德的促进与完善。在体育教学中明显体现出既练体又育心的双重教育效应，有增知识、强体魄、强意志、调感情、调精神的综合教育作用。是学生身心两健不可缺少的教育手段。学生在体育教学中要承受一定的生理与心理负荷，并产生身体疲劳，而其他学科课的教学是在室内以静态的思维活动为主的学习，一般不承担运动性生理负荷，而只有一定心理负荷，主要产生精神疲劳。由于学生的性别、年龄，体质、生理周期等方面存在差异，在体育教学中要区别对待，因材施教。在教学内容、形式、运动负荷等方面要符合学生个体的承受能力，才能实现体育教学的目的和任务。体育教学多在体育场、馆进行，学生又多处在不断变化、多种形式的运动中。因而，教学中的组织管理工作相当复杂，从头到尾都要精心设计、认真组织，组织形式、教学步骤、教学手段在不断变化。

2.教学内容

教学内容以身体练习为主，富有体育实践特色。学生在体育学习活动中学习掌握体育的知识技能，通过反复练习来巩固和发展技能，并达到增强体质的目的。

高等学校在体育教学指导纲要指导下，各校对体育教学内容的选择具有较大的灵活性，同时，高等学校的教学内容要考虑不同专业学生的特点、学校的条件、气候、环境的条件。应为未来职业的需要打下良好的专业特殊的运动素质，掌握未来职业实用性的运动技能与技巧，了解未来职业所需要的身体锻炼知识、手段及方法。

3. 教学形式

①普通体育课：大学一年级开设普通体育课。进一步打好全面运动素质基础，掌握各项运动技术、技能及知识，并进行国家教委规定的体育合格达标教育，为分班打下基础。这一过程可根据实际情况增减。②选项体育课：根据学生的兴趣爱好和体育专长，结合学生的实际可能，在完成体育教学大纲和"达标"的基础上，开设选项体育课的做法已成为我国高等院校体育课教学改革的一大趋势。③保健体育课：体弱、慢性病者经医生证明参加保健体育课，利用太极拳、气功、健身操等锻炼手段，使身体尽快得到康复。

4. 专业特点

在大学学习的不同专业，就决定了走向社会将从事不同的职业，而有些特殊职业对学生的运动素质和技术技能有着一些特殊要求。为使在校大学生能更好地适应未来职业的需要，在高校体育教学中应考虑特殊专业的需要，而增加必要的教学内容。

（1）广泛性。体育对现代人健康的重要意义为人所共知，体育已经被认为应该是现代人的一种生活方式；体育还是培养德、智、体全面发展人才的重要内容和手段；爱好运动是年轻人的基本特点。无论是从大学组织成员的健康生活考虑，还是从全面教育考虑，以及从大学生的身心发展考虑，从历史和国内外高校的现实情况看，体育都已是大学组织成员生活中不可或缺的部分：从活动所涉及的人员、时间、地点来看，人员包括全体学生、全体教职工以及附近居民；时间除了正常上课时间外（正常上课时间有体育课），基本上可以涵盖所有空闲时间；活动地点从理论上分析，可以是校园的任何一个地方，专门活动场所在学校几乎都是占有最大面积的场所；几乎所有的大学都有面向全体学生的体育课程，这是一门具有技艺性、自然性、情意性、人文性等特征的特殊课程，教育作用广泛而全面；体育作为一门综合性学科，联系广泛，大学其他学科几乎都可以找到与之相关的联系。

（2）实践性。不管体育的概念如何界定，其中都有个不变的要素，就是身体练习。体育教学、体育群体活动、训练、竞赛等高校体育活动都以实践操作为主，虽然高校体育也包括体育学术活动，但它的实践性是大学其他组织行为所不具备或者不是如此特别强调的。

（3）基础性。为未来生活做准备是教育应尽的职责。高校体育与大学各专业学科教育相比，对大学生未来生活准备尽到的职责主要是提供身体健康的保障，以及促进终身体育兴趣、习惯、能力的形成，对即将成为社会主义建设者和接班人的大学生来说，这是其参与社会主义建设的基础条件！所以，高校体育教育具有基础性；另外，虽然体育是大学组织成员不可或缺的一种生活方式，虽然重要，但从大学的主要社会价值出发，相比其他的专业学科建设，体育显然不是办学者的主攻方向（这是由体育的非生产性特点决定的），对具有高等性和专业性特点的高等教育来说，体育的主要目的是为了保证和促进接受和实施高等教育的人的身心健康，而健康的目的是为了更好地工作。比如广为人知的"为祖国健康工作 50 年"的口号，最后落脚点是为祖国而工作，健康只是一个工作中的身心状态，而这个状态正是高校体育的主要目标。所以，高校体育主要只是大学组织行为中必备之基础性行为。

（二）课外体育活动

大学生的学习，生活制度具有相对的灵活性，自由支配的时间较多，所以他们用于课外体育锻炼的时间相对较多，形式也较灵活。由于他们的文化层次较高，自主独立性较强，因此自我锻炼意识和自我锻炼能力较强。高校的场地、器材又提供可能，使他们结合自己的兴趣爱好及身体和专业特点选择自己喜欢的锻炼内容。所以高校课外体育不受班级、年级的限制，也不受课表时间的限制、不受场地器材的限制、不受体育教师的限制。

（三）培养体育素养

体育素养，实际上就是体育文化水平，它主要包含体育意识（了解体育运动的意义和作用，具有参与体育运动的欲望和要求）、身体基本活动能力、基本运动能力、基本体育知识以及从事体育锻炼、身体娱乐与欣赏体育比赛能力等。大学生离开学校后，工作繁忙、家庭担子加重，能否继续经常从事有益的体育活动，除受客观条件的影响外，最根本的还是取决于自身的体育素养。而一个人的体育素养如何，最主要的取决于学校体育教育，高校体育作为学校体育的最后一站，作为学校体育与社会体育的衔接点，对培养学生的体育素养具有特殊的意义。

二、高校体育的功能

高校体育的功能是高校体育本质的反映。高校体育实质上又是大学组织对体育进行价值选择后的行为表现，其功能与体育的功能是上位与下位，一般与个别的关系，是大学组织经过对体育功能的价值取向后，在有目的、有计划地实施其行为的过程中对相关事物产生的有利作用，是大学组织对体育功能的运用与发挥。这些作用在广度上是多方面的，在程度上也是参差不齐的，人们关心的往往是其中对于其价值主体的作用，从这个角度讲，高校体育功能就是高校体育表现出来的对其价值主体的有利作用，当然，是不是真正体现价值，还得视价值主体的需要满足而定。谁是高校体育的价值主体呢？或者说，谁在影响控制着高校体育，高校体育为谁服务呢？从本研究给高校体育下的定义中可以看出，高校体育是由大学组织有目的、有计划地在高等教育、体育事业的双向互动中完成的体育行为，大学组织自然是它的第一个价值主体，具体表现为大学组织中的学生和教职工，以及大学组织作为一个社会机构本身；在大学组织的对外关系上，大学作为高等教育的一个组织机构，其行为自然要受到高等教育的制约，从而使高等教育也成为高校体育的价值主体之一；同样，经过价值选择后的高校体育仍然是国民体育的一个子系统，要受到国民体育发展的影响，国民体育也是高校体育的价值主体之一。因此，高等教育系统、体育系统、大学组织中的个人或群体、大学组织机构构成了高校体育的主要价值主体（表1-3）。这样，探讨高校体育的功能，就可以从人们对高校体育对其价值主体客观作用的感受中进行归纳概括。

表1-3 高校体育的功能

作用对象		发挥作用
高等教育	大学教育	①提供了一种培养全面人才的重要途径和手段；②拓宽了大学多样化培养不同类型人才的渠道
体育	学校体育	①帮助维护与提高学校体育教育的完整性；②促进基层学校体育活动的开展
	竞技体育	①拓宽高水平运动员培养渠道，促进新型竞技体育体制的建立；②培养"体脑平衡"的新型运动员，帮助改善运动员的角色属性；③提高体育科技水平与畅通人才培养链，促进竞技体育的可持续发展
	校外群众体育	①帮助弥补群众体育场地、设施方面的资源不足；②培养群众体育骨干，改善体育人口结构；③为群众体育发展提供技术支持
	体育文化	①传承体育文化；②研究体育文化；③融合体育文化；④创新体育文化
大学组织	大学生	①促进大学生身心健康发展和社会化；②帮助大学生形成良好体育生活方式
	教职工	①充实教职工休闲娱乐生活，促进教职工的身心健康；②帮助提高教职工的体育文化素养；③帮助加强教职工的组织认同感
	大学组织机构	①践行大学组织社会职能，体现大学社会价值；②帮助保障大学组织机构的正常运行；③参与培育大学组织文化；④协助改善大学组织的公共关系；⑤帮助拓展大学组织筹集办学资金的渠道

（一）帮助维护与提高学校体育教育的完整性

教育是一个培养人，使之社会化的过程，学校教育是一种系统的、正规的教育组织形式。对于接受了大学阶段教育，成为社会高级人才的人来说，小学、中学、大学教育构成了一个完整的教育体系，体育教育贯穿整个过程，既影响学生的生长发育，也作为体育意识、习惯、能力的培养，为其终身体育打下基础，同时，还完成了体育文化的传承任务。高校体育作为学校体育的最后阶段，对于终身体育来讲，在学生接受正规的、带有强制性的学校体育教育到走向社会后的自主的、松散的社会体育之间，搭起了一座过渡性的桥梁，完成学校体育到社会体育的最后交接。特别是在中国现阶段，由于中学里实际广泛存在的"应试教育"的影响，学生的体育教育得不到正常的实施，大学阶段的体育教育很大程度上带有了"补课"的性质，一边"补课"，一边"放手"成了高校体育教育现状中的一个重要特征。从学生生长发育的角度来说，大学时期，仍是个体生长发育的关键时期。有研究表明，速度、力量、弹跳、耐力等身体素质指标，中国男子在 19—22 岁达到高峰，女子在这个时期出现第二次高峰，这个阶段比较正规的体育教育仍然不能忽视。对学校体育教育的任务之一。体育文化的传承来说，高校学生的文化素质高，对体育的认识容易从简单的娱乐、玩耍、兴趣、爱好转向体育的政治、社会、文化意义，这个阶段是学校体育传承体育文化的高级阶段，作用显著。所以，高校体育对维护与提高学校体育教育的完整性而言，起到了相当大的帮助作用。

（二）拓宽高水平运动员培养渠道，促进新型竞技体育体制的建立

在中国，传统的高水平运动员培养长期由"举国体制"下的金字塔型三级培养体系完成，这一体系在计划经济时代，在新中国成立与改革开放之初，当竞技体育被赋予强烈的意识形态上的期望之时，卓有成效地完成了它的历史使命，扬了国威，增强了中国人民的民族自豪感。但是在市场经济条件下，随着中国经济的迅猛发展，国际地位的迅速上升，竞技体育的部分功能，特别是政治功能逐渐削弱，国家包办竞技体育几乎已无可能，加大社会参与程度，拓宽高水平运动员培养渠道，在原有体制不断分化的同时，重新整合、建立新型竞技体育体制已是大势所趋。高校体育参与高水平竞技体育人才培养，很显然，是这种趋势下的具体体现，当然更深层次的内在动因是大学看到了传统体育体制在育人方面的缺憾，自身的社会责任使其投身于这种国家视野层面的尝试中。目前，在中甲足球联赛中，有北京理工大学的"学生军"，在全国排球甲级联赛

中，有北京航空航天大学等学校的排球队，在乒乓球俱乐部超级联赛中，有北京大学的乒乓球队，在清华大学的射击队中，有 6 名是国家队队员，在中国篮球甲级联赛中，有不少来自高校的"学生兵"，如清华大学的刘子秋，中国人民大学的杨鸣等，"眼睛侠"胡凯更是以一块世界大学生运动会百米金牌而声名鹊起。高校体育直接参与国家竞技体育，并且取得了初步的成功，拓宽了高水平运动员的培养渠道，它针对性的培养特点对改革传统举国体制下的运动员培养体制无疑是一种极大的触动。

（三）培养群众体育骨干，改善体育人口结构

从高校体育培养人才的角度来说，群众体育的发展，需要一大批有良好体育意识、一定体育知识、技能的骨干带动，特别是中国体育人口"两头大，中间小"马鞍形的现状分布特点，特别需要年轻人的参与，才能加以改善。截至 2005 年，中国高等教育的毛入学率达到 23%，各类在校人数达到 2300 万人，这么一个庞大数量的、即将步入社会的群体，如果都受过良好的体育教育，具有较强的体育意识、习惯和能力，这对于改善体育人口结构，发展群众体育的意义不言而喻。事实上，在大学里（包括中小学体育）受到良好体育教育的学生，进入社会，确实起到了良好的带头作用。可见，高校体育对改善体育人口结构的重要性。另外，高校中的教职工，特别是离退休教职工，条件相对优越，生活闲逸，且文化程度高，信息资源广，对运动健身理解较深，在《全民健身计划》的推进中，容易成为群众体育的骨干，大学注重他们的体育生活，对改善全社会体育人口结构，也有很大作用。

（四）高校体育对大学生的作用

1. 促进大学生身心健康发展和社会化

人的社会化是指个体在社会实践中学习知识、技能和规范等社会文化，适应社会生活，积极作用于社会，创造新的社会文化的过程。大学生是受教育者，为了未来成功地扮演社会角色，受教育是它的权利和义务，大学生的角色身份和体育教育的目的决定了高校体育对他（她）们的影响作用。高校体育通过"对身体的教育"或"通过身体活动的教

育"，根据社会环境的变化，促进其在最后的学校正规教育阶段身心健康发展和社会化，其具体的作用前文已有总结表述。当然，目前看来，在这种作用中，高校体育作为一种带有强制性的教育手段，更多的是一种工具理性的表现。

2. 帮助大学生形成良好的体育生活方式

《中国大百科全书》中对生活方式的解释是："不同的个人、群体和全体社会成员在一定的社会条件制约和价值观念指导下所形成的满足自身生活的全部活动形式与行为特征的体系"中。现代社会经济、文化的发展，使得人们在体育的价值观上，已经逐步由工具理性的体育转向价值理性，体育已经作为现代人日益不可缺少的日常生活组成部分，"体育即生活"已渐渐被人接受。大学生对新生事物接受能力强，对时代的发展感觉敏锐，并且充满青春的活力，体育已（或者应该）成为大学生一种重要的生活方式，通过它，除了可以满足身心健康的需求外，还可以帮助大学生实现娱乐、玩耍、交际等基本生活需要。高校体育的优质资源可以帮助大学生形成良好的、个性化的体育生活方式。

第二章 提升体育学习力：高校体育教学课程的设计

第一节 高校体育课程的性质与功能

一、高校体育课程性质的释义

（一）对课程概念的理解

课程是什么？这是一个迄今为止尚没有令众多学者达成共识的概念，于是，出现了几十种甚至上百种的关于课程的定义。各种不同的定义反映着不同的课程本质观，反映着研究者们对社会、教育、学校、学生、知识等观点的不同理解。于是，李定仁在《课程论研究二十年》一书中指出："我们认为，没有一个普遍接受的定义，并不影响课程研究的深入发展，也不影响我们在头脑中形成一个基本的课程观念。"施良方也曾指出："对待现存各种课程定义的一种合适的方式，是仔细考察人们是如何使用课程这个术语的，以及这些定义的实际含义。"为此，在概括梳理国内外众多学者关于课程的定义后，归纳出适合本研究的对课程概念的理解。

我国著名课程论专家廖哲勋，在综合考虑各种课程概念界说的基础上提出："课程是在一定学校的培养目标指引下，由具体的育人目标、学习内容及学习活动方式组成的，具有多层组织结构和育人计划性能、育人信息载体性能的，用以指导学校教育、教学活动的育人方案，是学校教育活动的一个组成部分。"通过上述关于课程概念的不同界说，结合本书关于学习型社会视野中的高校体育课程设计的需要，提出对课程含义做如下理解：课程是在学校教育环境中实现促进学生全面发展的、引导学生进行学习活动的育人方案，是学校教育活动的一个组成部分；课程旨在通过，以目标为方向、以内容为中介、以多形式组织结构为途径的各种有计划的教育活动，使学生获得间接经验和直接经验。

（二）高校体育课程的操作定义

由于人们对课程概念的理解不同，从而也出现了对体育课程概念的不同定义，总体看来可以概括为两类，即认为体育课程是一门学科；体育课程是一种有计划的活动。例如，腾子敬在其主编的《体育学科教育研究》中指出："体育课程是一门学科课程，是按照课程计划和体育教学大纲，由教师向学生传授体育知识、技术与技能，有效地发展学生身体，增强体质，同时对学生进行思想、道德、意志、品质教育。它是一个有目的、有计划、有组织的教育过程。"而毛振明则认为："体育课程是在学校指导下，为了使学生能在身体、运动认知、运动技能、情感和社会方面和谐发展的有计划、有组织的活动。"

主张体育课程是一门学科的观点，强调了体育运动的知识与技能，但同时则容易忽视对学生的个性、情感、活动与体验的足够关注。主张体育课程是一种有计划的活动的观点，尽管明确了计划和组织性，但实质还是突出了活动过程，这容易忽视对学生体育知识与技能的足够关注。因此，周登嵩在《学校体育学》中阐述了对体育课程的如下理解："体育课程不仅应包括系统的运动知识和规范的运动技术要求，还应包括学生在体育活动中获得的经验。"本人认为，这一观点将体育课程的学科性和活动性加以辩证统一，为体育课程全面深入的理解以及指导实践提供了有益的思维路线。

关于高校体育课程的概念，从目前的文献来看，是较少论及的一个理论问题。似乎反映出没有必要再为高校体育课程的概念加以论证的倾向，似乎认为高校体育课程的内涵就是目前普遍接受的体育课程的内涵。

事实上，高校体育课程有其自身的特点，尤其是从学习型社会视野中看待高校体育课程，其对象、目的、功能、内容、结构以及学习活动方式都具有典型的特征。为此，从学习型社会视角探讨高校体育课程的概念，为本研究的进一步展开、为高校体育课程的改革与发展提供有益参考，都将是一件很有必要的工作。

高校体育课程的对象是大学生，大学生不仅仅是在年龄上比中学生有所年长，而且，更突出的是，他们是一些经过选拔而进入高校的知识精英，他们拥有更多、更有效的学习经验与体验。大学生所生活的环境是高校，来自不同地区的学生生活在一起，共同接受高校文化的熏陶，大学生之间的交往也比中学生更为频繁和复杂。在这样一个人文环境与社会环境更加复杂、物质条件更加丰厚的背景下，大学生的价值观与行为方式，都将会在高校环境条件下受到影响乃至发生改变。就目前高校体育课程的发展现状来看，课程内容资源开发已呈现出明显的拓展，课程结构及组织形式也日渐趋于社会化和生活化。那么，随之而来的必然是引起课程功能与课程目标的调整与变化。随着社会的发展、大学生需求的变化以及高校体育课程的深入改革，高校体育课程作为一种特殊的育人载体，必然在其发展过程中愈加显示出自身的特殊性。特别是在学习型社会视野中，强调培养学生主体性发展以及提高学生学习力的情况下，高校体育课程的内涵究竟指的是什么？必然成为本课题研究首先需要回答和界定的问题。

从学习型社会视角来理解高校体育课程，不仅应当明确它是高校体育的一个组成部分；而且还应当明确是引导大学生在体育学习活动中，以提高体育学习力、促进体育活动进入日常生活为核心目标的育人方案。为了本研究的进一步深入探讨，本人依据"属概念"加"种差"的下定义方法，将学习型社会视野中高校体育课程概念的操作定义界定为：高校体育课程是引导大学生进行体育学习活动的、具有多形式组织结构的育人方案，是高校体育的一个组成部分。

此定义的"属概念"是"高校体育"。高校体育这个"属概念"包括高校体育课程、高校体育教学、高校体育训练与竞赛、高校体育管理等"种概念"。而高校体育课程区别于其他"种概念"的本质属性是：引导大学生进行体育学习活动且具有多形式组织结构的育人方案。实际上这里需要明显加以区别的关键，还是对课程与教学的不同理解。教学是师生之间以及生生之间的关于教与学的活动过程，对于教学来说，重点解决的是"怎么教"和"怎么学"的问题。而课程的显著特征在于其独特的组织结构，这种组织结构把目标、内容以及学习活动方式有机地结合在一起，形成了课程所独有的"课程结构"。因此，对于课程来说，重点解决的是"教什么、学什么"和"通过哪些途径来完成教与学"的问题。由此看来，所谓的"种差"就是：引导大学生进行体育学习活动且具有多形式组织结构的育人方案。

（三）学习型社会视野中高校体育课程的性质

体育课程区别于其他课程的显著特征是以身体练习为手段、以增强体质、增进健康为主要目标。而普通高校体育课程区别于普通中学体育与健康课程的显著特征在于把提高体育素养放在了明显位置。从学习型社会视角对高校体育课程进行研究，必然应当首先明确该课程所具备的显著特征，并由此而进一步阐述该课程的基本性质，从而为本研究的后续展开提供基本前提。

学习型社会视野中高校体育课程的显著特征在于目标更加突出学习活动、内容更加体现全面拓展性、结构更加趋于社会化和生活化、学习活动方式更加重视学习型社会视野中高校体育课程的目标，应当更加突出大学生的体育学习活动。以提升体育学习力、促进体育学习活动进入日常生活为核心目标，从而使他们在今后的生活中有愿望并有能力持续不断地丰富新的体育经验。为达到这一目标就必须具备较高的体育文化素养和身心健康水平，以及较为丰富的运动经验与体验。学习型社会视野中高校体育课程的内容，应当更加体现出全面拓展性。将健身运动、竞技运动、休闲运动、拓展运动有机地统一在高校体育课程的内容体系中，在高校教育环境的影响下、在高校体育文化氛围的熏陶下，使显性教育内容与隐性教育内容相得益彰，共同构筑起高校体育课程的育人实体中介，为目标的实现起到根本保证作用。学习型社会视野中高校体育课程的结构，应当更加趋于社会化和生活化，这是学习型社会视野中高校体育课程的命脉，也是区别于高校体育其他活动的根本特征。以基础型、展宽型、提高型等三类体育课程协调优化而构建起来的整体结构，融各种组织形式于其中，力图反映出高校特点和大学生特点，将社会化和生活化的功能加以凸显，同时也把课程内容所涵盖的体育文化有机地渗透于其中，为目标的实现奠定强有力的支撑。学习型社会视野中高校体育课程中的学习活动方式，应当更加重视自主、体验、探究与合作。学习活动方式的不同，将很大程度上影响着终身体育学习的动力和能力。在以自主、体验、探究、合作为主要学习活动方式的高校体育课程中，将会使大学生进一步地把对待体育的情感、态度和价值观融入到体育学习活动中去。学习型社会视野中高校体育课程中的学习活动方式，将更加有利于培养出大学生的一种精神，那就是创新。唯有创新才是终身体育锻炼不竭发展的源泉。

通过上述分析可以看出，学习型社会视野中的高校体育课程，是一种育人的蓝图；是引导大学生进行体育学习活动且具有多形式组织结构的育人方案；是以提升大学生体育学习力、促进体育学习活动进入日常生活为核心目标，而这一目标的实现是在多种有计划的途径下，通过体育文化的传递和熏陶以及大学生自身的运动体验而形成的。这就是本研究所理解的学习型社会视野中高校体育课程的性质。

二、高校体育课程的功能

所谓课程功能是指："具有某种特定结构的课程在与外部环境相互联系和相互作用过程中所表现出来的功效和作用。"那么，高校体育课程的功能就是指：在高校环境与条件下，高校体育课程所能发挥的对学生、对学校以及对社会的积极作用。就目前来看，高校体育课程对学生所能发挥的积极作用，包括促进身心健康发展；培养体育兴趣、习惯与能力；提高体育文化素养；促进主体性发展；提高社会适应能力等。高校体育课程对学校所能发挥的积极作用，应当是促进校园文化的发展。高校体育课程对社会所能发挥的积极作用，应当是发展体育文化和促进为社会服务。

事实上，高校体育课程是高校体育乃至高校教育的重要组成部分，在实践中发挥着积极的作用，为学校教育的育人目标、为校园文明建设做出了积极的贡献，为体育文化的发展和服务社会也积累了丰富的经验。但是，随着社会的发展，高校体育课程也在不断的发展变化中，人们对高校体育课程的理解也在实践中逐步地注入了新的观念。高校体育教师认为高校体育课程功能应强调发挥的分别是：健身功能、促进体育生活化功能、强化社会适应功能、传播与发展体育文化功能。可见，在实践中高校体育工作者们对高校体育课程功能的认识情况是比较趋于一致的。高校体育课程的功能应当具有时代性标志，这是社会发展影响教育改革的必然要求。不能反映时代要求的高校体育课程，是不能够满足大学生发展需求的，同样也是不能够有效地实现高校全面育人总目标的要求的。

教育的根本目的在于促进学生的全面发展，而高校体育课程以其特有的功能和组织结构形式，在促进大学生健康发展方面起着最为直接的外在作用。大学生通过体育学习活动，可以促进其体能提高、体质增强，可以促进其身体向着健康和健美方向发展。同时，体育学习活动过程还能够缓解心理压力、克服心理障碍以改善其心理状态，使大学生能够获得积极、乐观、向上的态度以及自强不息的进取精神。大学生在体育学习活动过程中更能够促进其社会适应性的发展与提高，坚持健康观为"强化提高大学生社会适应功能"的发挥提供了前提基础。因此，学习型社会视野中的高校体育课程必须坚持健康观，使大学生在体育学习活动过程中进一步促进提高其身体、心理和社会适应等方面的持续发展。只有这样，才能够实现人与自然、人与社会、人与他人以及个人自身内在诸多各方面的和谐发展。健康是人类生存与生活的基本需求，是学校教育的基本要求，是体育的神圣使命，同样也是学习型社会视野中高校体育课程的基本理念。只有坚持健康观，才能显示出学校体育课程的本质特征；只有坚持健康观，才能充分实现高校体育课程的生活观要求；只有坚持健康观，才能充分发扬高校体育课程的文化观要求。可见，学习型社会视野中高校体育课程的指导理念是以健康观为基础、以生活观为核心、以文化观为先导的指导大学生进行体育学习活动的方向指南。

随着人类迈向学习型社会步伐的加快，随着我国教育改革背景的进一步全面深入，高校体育课程有必要从学习型社会视角去审视自身所应突出发挥的功能，只有这样才能更有效地符合大学生自身发展的需求和社会发展对未来人才的要求，只有这样才能使高校体育课程的存在价值与新时代背景下高校育人的总目标要求相适应。为此，本研究在分析了解社会背景、教育发展需要以及高校体育课程实践状况的前提下，提出高校体育课程应当在继续发挥促进身心健康功能的同时，积极重视传播与发展体育文化的功能；促进大学生体育学习活动生活化的功能；强化提高大学生社会适应的功能。

（一）促进大学生体育学习活动生活化的功能

所谓体育学习活动生活化是指体育学习活动进入日常生活，成为日常生活的一个组成部分的过程。而本文所指的体育学习活动是大学生在高校体育课程中、在有计划的引导下，通过体育知识与技能、过程与方法以及情感、态度和价值观的获得与内化而产生的身心变化过程。

学习型社会强调终身教育与终身学习，并且学习活动将成为人们的一种核心生活方式。为了有效促进大学生的主体性发展以及培养提高体育学习力，使终身体育学习的愿望和能力得以强化和促进，高校体育课程必须发挥促进大学生体育学习活动生活化的功能。这也是区别于以往其他体育课程的一个显著功能，是学习型社会视野中高校体育课程的一个显著特征。只有使大学生的体育学习活动进入日常生活、成为其日常生活的一个组成部分，才能将终身体育学习的愿望和能力的培养真正地落到实处，才能将促进大学生的主体性发展有效地加以贯彻，才能将培养提高大学生体育学习能力的目标依托在一个有效的实现途径上。

高校体育课程之所以能够发挥促进大学生体育学习活动生活化的功能，是因为通过了课程内容生活化、课程结构生活化以及课程中学习活动方式的生活化而得以实现的。在具体的操作实践中，大学生们将根据自身的实际情况，自主地选择学习内容、学习时间、学习组织形式，自主地进行学习过程的规划与调控以及学习效果的自我评价。本研究将在后续相应的各章节中分别详细地论述这些设计内容。

总之，随着大学生体育需求意识的日益提高、随着高校体育课程改革的深入与完善，从事体育学习活动将会成为大学生丰富其学校生活的一个极为重要的方面。高校体育课程以其较为丰厚的体育物质条件以及体育精神文化的渲染与熏陶，加上内容、结构、学习活动方式的规划与设计，使大学生在体育学习活动中享受因项目内容而带来的乐趣、体验因健康发展而带来的喜悦、品味因参与过程而带来的感悟。可见，学习型社会视野中的高校体育课程，为大学生的体育学习活动融入日常生活并成为其学校生活方式的组成部分、为提高生活质量并丰富精神生活、为体育活动成为一种行为习惯进而促进终身体育学习的愿望和能力，提供了实践平台。所以说，学习型社会视野中的高校体育课程，应当积极发挥促进大学生体育学习活动生活化的功能。

（二）传播与发展体育文化的功能

高等教育的主要任务是培养人才、发展文化和服务社会。作为高等教育主要机构的普通高等学校，是传播和发展优秀文化的重要场所，是通过文化的传播与发展来实现对人才的培养以及对社会的服务的。课程作为学校教育活动的一个重要组成部分，作为促进学生全面发展的、引导学生进行学习活动的育人方案，必然是通过对已有和现有的优秀文化的选择和传播来实现对学生的培养的。同时，课程在设计与传播过程中，也会滋生新的文化意义。高校体育课程正是通过体育文化的传播与发展，来实现对大学生的教育和培养、对学校的校园文化建设、对社会的服务等积极作用的。可见，传播与发展体育文化是高校体育课程本身所具有的一项基本功能。这里需要进一步强调指出的是，从学习型社会视角来看，传播与发展体育文化应当是高校体育课程所突出发挥的一项重要功能，这是因为：

首先，大学生体育学习的动力和能力是通过体育文化的积累与沉淀而奠定的。所谓体育文化是指："人类体育运动的物质、制度、精神文化的总和。大体包括体育认识、体育情感、体育价值、体育理想、体育道德、体育制度和体育的物质条件等。"在高校体育课程中，需要选择、安排适合于大学生特点的体育学习内容，而这些内容更应当体现出较高的文化价值。倘若课程仅仅提供给大学生以活动和体验，而没有在体育文化方面给予更多、更有意义的培养和熏陶的话，高校体育课程也就失去了存在的价值。事实上，中学生在经历了体育与健康教育培养之后，已经具备了基本的运动参与、运动技能以及身体、心理和社会适应的水平与能力。当他们进入高等学校以后，需要更多的是对于体育文化的深层理解和体验。高校体育课程提供给大学生的是更为丰富的体育场馆、设施、体育学习环境；更为多样的组织形式与机构、运动行为的规范与原则；更为深刻、更具影响力和感染力的体育人文环境，这其中包括体育价值观念、体育情感、体育理想和道德等方面的滋润与熏陶。通过这些体育物质文化、体育制度文化以及体育精神文化的传播，使大学生更加感受到体育学习的文化价值和文化魅力。在高校体育课程中只有注重向大学生传播更有价值的先进体育文化，才能使他们在知识与技能、过程与方法、情感态度和价值观等方面得到切实有效的培养与提高，才能使体育学习的动力和能力得到根本保障。学习型社会强调终身体育学习，社会的迅速发展将带给人们的是一个充满新鲜事物的多彩世界，新的健身与休闲娱乐手段也会层出不穷。有愿望并有能力去接触、尝试和掌握那些新项目，甚至是更有效的新手段，是学习型社会中人们所应表现出的一种基本生活方式。在高校体育课程中传播那些经过选择和安排的体育文化，可以使大学生具备更高水平的体育素养，为其终身体育学习奠定强有力的动力和能力支撑。因此，高校体育课程需要更加突出对大学生的体育文化传播功能。

其次，高校体育课程能够在传播与发展体育文化过程中，更好地发挥促进校园文化建设的积极功效。学习型社会视野中的高校体育课程更加重视隐性体育课程的作用，隐性体育课程在促进学生体育情感、态度、价值观等方面的积极作用是培养提高大学生体育学习动力的重要保证。隐性体育课程的内容正是以体育文化的传播与发展所构建的学校体育文化而发挥作用的。高校的教育是一种融专业教育和通识教育于一体的全面教育，大学生的发展是科学文化素养与人文素养相协调的平衡发展。高校体育课程中的体育物质文化与体育精神文化，能够为大学生的通识教育培养和人文素养的提高起到积极的促进作用，是校园文化建设的重要组成部分。因此，学校的物质文化建设需要体育物质文化的烘托，学校的精神文化建设需要体育精神文化的弘扬。可见，高校体育课程作为高校育人的重要组成部分，通过传播与发展体育文化，为校园文化建设注入了一股充满活力和生机的力量。

最后，高校体育课程通过传播与发展体育文化，能够更好地服务于社会。学习型社会强调对学生主体性发展的培养与提高，高校体育课程的多形式组织结构以及课程内容资源的开发与拓展，为大学生走向社区、走向社会提供了可能。大学生在与社会的接触与交流中，带去了高校体育课程的文化内涵，为社会体育的发展和繁荣起到有利的启发与推广作用。同时，高校体育课程也在走向社会的过程中吸纳有益成分，这种交流与融合通过大学生的社会参与促进了体育文化的进一步发展。

综上所述，学习型社会视野中的高校体育课程应当进一步发挥其传播与发展体育文化的功能，只有这样才能为促进提高大学生体育学习的动力和能力奠定基础，才能为大学生的主体性参与和发展提供资源性的前提保障。

（三）强化提高大学生社会适应的功能

所谓社会适应是指个人为了与环境取得和谐的关系而产生的心理和行为的变化。高校为大学生提供了新的生活环境，同时大学生与社会的联系也越来越多，与人交往的频繁性和复杂性也愈加突出。而且，在学习型社会中，不但强调学习型个人，同时还强调学习型团队、学习型组织、学习型社区等集体学习行为。这种一定组织中的共同学习，必然使人们的社会交往活动更加紧密。因此，培养提高大学生的社会适应性，使其更和谐地与他人乃至社会产生良性互动，是高校育人的一项重要任务。

以往的高校体育课程并没有通过专门的设计，来促进提高大学生的社会适应性，只是在体育教育过程中潜移默化地实现着这一功能。但是在学习型社会视野中的高校体育课程，需要将强化提高大学生社会适应的功能提高到更为显著的位置。这是因为，高校体育课程传播与发展体育文化的功能、促进大学生体育学习活动生活化的功能的发挥，以及促进大学生自主、能动地进行体育学习，都需要大学生们在彼此交往、交流、合作中得以实现。

学习型社会视野中的高校体育课程以其特有的多形式组织结构，为这一功能的发挥提供了前提基础。大学生在体育课教学；体育俱乐部；学生社团；专题讲座、咨询与讨论；体育节；校际体育交流；社会体育参与；校园体育网络；户外拓展活动；业余训练与竞赛以及校园体育文化宣传等多种组织形式的体育学习活动中，广泛地经历与体验着人际交往、角色体会、合作与竞争、规则与规范、尊重与关爱。在体育学习活动过程中使大学生真正懂得竞争的含义、感悟尊重的功效、理解合作的价值、品味规范的意义。通过这些经历与体验才能够使大学生真正懂得体育学习活动的价值、理解体育文化的内涵，从而更加明确理解正确的体育价值观。由此可见，高校体育课程中的体育学习活动是一种特殊的社会文化活动，在这个活动过程中使大学生进一步地懂得如何做人、如何做事、如何与人和谐相处。

因此，学习型社会视野中的高校体育课程，需要发挥强化提高大学生社会适应的功能。

第二节　体育教学课程目标与内容的确定

一、体育教学课程目标的确立

将课程目标进行分类表述，是国内外课程理论界普遍采用的共同做法。巴班斯基把目标划分为教养目标、教育目标和发展目标；布鲁姆把目标划分为认知领域、情感领域和动作技能领域；我国基础教育课程改革中建议各门课程的目标从知识与技能、过程与方法、情感态度与价值观三个方面来进行阐述；海德洛特把体育教学目标划分为认知目标、情感目标、运动技能目标、增强体质目标；我国普通高校体育课程教学指导纲要中，把目标划分为运动参与、运动技能、身体健康、心理健康和社会适应五个领域。事实上，无论怎样划分，在课程实践中学生的发展都是以这些目标的共同作用而体现出来的。将目标进行分类与分解，只是为了描述的需要，并不排斥它们之间在实践中的相互联系。同样，课程目标的表述多数也是分层次进行的，有总目标、基本目标和发展目标的层次表述方法，也有基础目标、提高目标和体验目标的层次表述方法等等。对课程目标进行分层与分类表述，可以形成一个系统化的课程目标体系，为课程内容的选择、课程结构的设计、学习活动方式的建议乃至课程实施中的教学活动行为、学习效果评价等方面，都能起到积极的导向作用。本研究探讨的是学习型社会视野中的高校体育课程设计，如何对本课程的目标设计进行合适的分层与分类，以形成一个能够体现出学习型社会特点要求的完整目标体系，是本课程目标在具体表述之前需要首先加以论证和说明的。

高校体育课程的目标体系结构应该由总目标和具体的层次目标所组成，具体的层次目标包括基础性目标、展宽性目标和提高性目标，这三种具体的层次目标中又分别划分为动力目标和能力目标两种类型，每一种类型都通过行为目标、过程性目标和表现性目标的表述方式加以具体体现。这样进行分层与分类，一方面是为了能够体现出本课程的设计意图在于提升大学生的体育学习力；另一方面也体现出了本课程的设计路线与设计原则的精神要义。对课程目标进行这样的分层与分类，不但可以兼顾学生需求与社会需求相结合、现实体育生活与可能体育生活相联系，而且还可以对课程内容的选择设置、课程结构的分类设计、学习活动方式的分层递进，起到目标导向的对应性作用。更重要的是，这种分层与分类的目标体系结构，可以更有效地促进和实现显性目标与隐性目标相联系、共性目标与个性目标相结合、行为目标与过程性目标和表现性目标相统一的课程目标设计理念，从而也将本课程关于体育文化与生活的价值取向体现在目标设计之中。由此看来，本课程的目标设计只是一种预设目标，它不但具有共性要求的规定性特点，同时也是为了有利于实践过程中的目标创生，有利于学生在体育学习活动中的个性发挥和创新性表现。课程是一种育人方案，但这种方案绝不是僵化的教条，目标可以设计，但这种设计应当包含在课程实施过程中进一步滋生出新目标的可能。只有这样动态地来理解和规划本课程的目标设计，才能够使高校体育课程在实践中更具有生命力，才能够使促进大学生体育学习的动力和能力的培养在文化与生活的情境中得以实现。具体的目标体系结构，见图 2-1 所示。

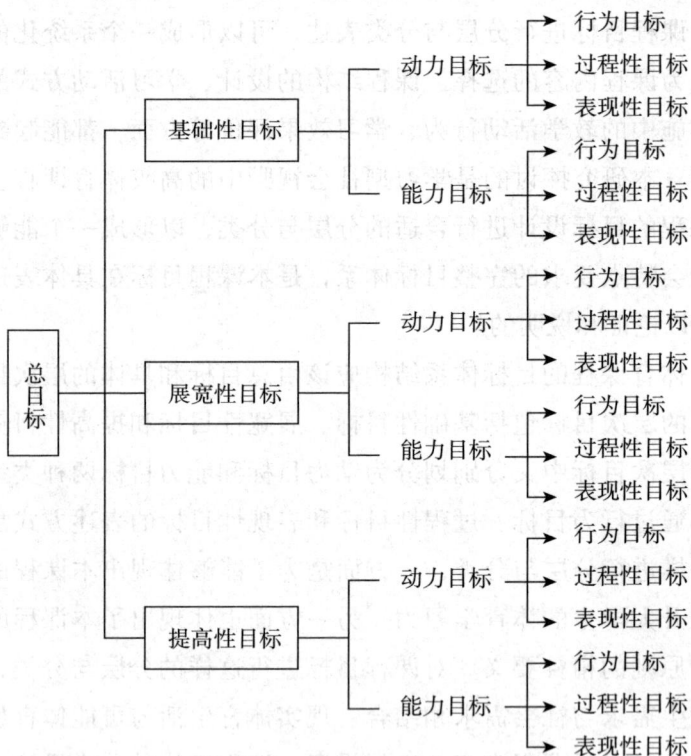

图 2-1　高校体育课程目标体系结构图

（一）总目标

课程总目标是反映学生通过本课程的学习所要达到的总体期望和基本要求。学习型社会视野中高校体育课程的总目标，力求反映出大学生通过本课程的体育学习活动，所要获得的在体育学习动力与能力方面的良好变化，从而为其终身体育学习的持续发展奠定基础。

学习型社会视野中高校体育课程的总目标，应当反映出高校体育课程性质与功能的基本特征；应当反映出高校体育课程指导理念与价值取向的基本要求；还应当考虑来自大学生的自我发展需求以及来自专家、学者对课程目标的建议。为此，在综合这些因素的前提下，本课程的总目标应当考虑到大学生在如下几个方面的发展与需求：①在体育学习活动中能够体验到快乐与艰辛、成功与磨炼、挑战与超越，感受学校生活的丰富多彩、感悟体育对于自身现实生活的意义与价值，并逐步成为自己在学校生活中的自觉组成部分。②在体育科学文化与体育人文文化的传播与熏陶中，具备较为丰富的体育文化素养，不但拥有较为广博的体育文化知识、掌握直接从事体育活动的运动技能与方法，而且还拥有良好的体育情感、体育道德、体育理想。③在主体性参与中，能够具有积极的学习欲望，善于通过种种策略达到自己的需求目标，并在体育学习活动过程中经常闪现出智慧与创新的光芒，逐步形成具有个性特征的体育学习风格。④具有较强的社会适应性，在体育课程的多种组织形式、多种学习内容、多种学习方式中能够和谐地与他人相处。⑤促进身体与心理处于健康状态，并能够有策略地对自身的健康水平进行监督与调控。⑥在体验现实体育生活的基础上，不断地对可能体育生活产生新的需求，有愿望并有能力地利用各种资源来试图实现对可能体育生活的追求。

通过上述分析，高校体育课程的总目标应当是：在体育学习活动过程中使自身的体育文化素养得以丰厚；深刻体验并能够感悟到体育对自身现实生活的促进价值；具有积极的体育学习活动欲望，并善于利用各种资源较为顺利地进行自我调控的体育学习；经常表现出独具个性的创新行为，基本形成稳定的体育学习风格；将体育道德加以内化，在各种组织形式的学习活动中能够表现出适应与和谐；善于运用相应策略，促进自己的身体与心理保持在健康状态；对可能体育生活产生需求，把体育学习动力与能力的提升，从隐性状态转化为显性状态。

（二）基础性目标

所谓基础性目标，是指大学生在高校体育课程中，经过一段时期的体育学习活动之后，所体现出来的基本效果。这一目标是依据大多数学生的基本需求，以及学习型社会对高校体育课程的基本要求而设计的。

把基础性目标划分为动力目标和能力目标两种类型，也即反映出，发展大学生体育学习活动的基础性动力和基础性能力两个方面的设计意图。基础性动力主要表现为大学生对待体育学习活动的兴趣、爱好与态度；基础性能力主要表现为大学生在体育学习活动中的观察与注意力、模仿与表现力、思维与领悟力、交往与求知力、练习与活动力。基础性目标的设计旨在引导大学生通过一段时期的体育学习活动之后，在基础性动力与基础性能力方面得到促进和提高，为后续的拓展性学习以及发展性学习奠定良好基础。

如前所述，学习型社会视野中的高校体育课程设计是以体育文化与生活为基本价值取向的，因此，目标设计只是一种预设，一方面要反映出本课程共性的要求，另一方面也要体现出引导大学生在过程体验中的个性发挥与创新性表现。只有这样，才能够使高校体育课程在实施中更具有生机和活力，才能够更有效地实现总目标的设计要求。为此，通过行为目标、过程性目标和表现性目标三种方式分别对体育学习动力和体育学习能力的培养期望进行具体表述。也即，基础性动力的行为目标、基础性动力的过程性目标、基础性动力的表现性目标；以及基础性能力的行为目标、基础性能力的过程性目标和基础性能力的表现性目标。具体内容，见图 2-2 所示。

基础性动力的行为目标 → 能够积极地沉浸在体育学习活动过程中，对正在经历的学习活动表现出浓厚的兴趣与热情，并经常出现在学校的运动场所。

基础性动力的过程性目标 → 在交流互动的情境中，尝试请教、讨论与评价。

基础性动力的表现性目标 → 提供展示成功的机会，激发表现欲望。

基础性能力的行为目标 → 能够有针对性地观察、分析与改进自己在体育学习活动过程中的动作学习方法；能够较为迅速地模仿并把握他人的合理动作技术结构。

基础性能力的过程性目标 → 与他人的交往中，获取体育知识；教、学、练的情境中，积累技能储备。

基础性能力的表现性目标 → 提供获得各类体育信息的多种来源和渠道，促进主动学习。

（基础性目标 — 动力目标、能力目标）

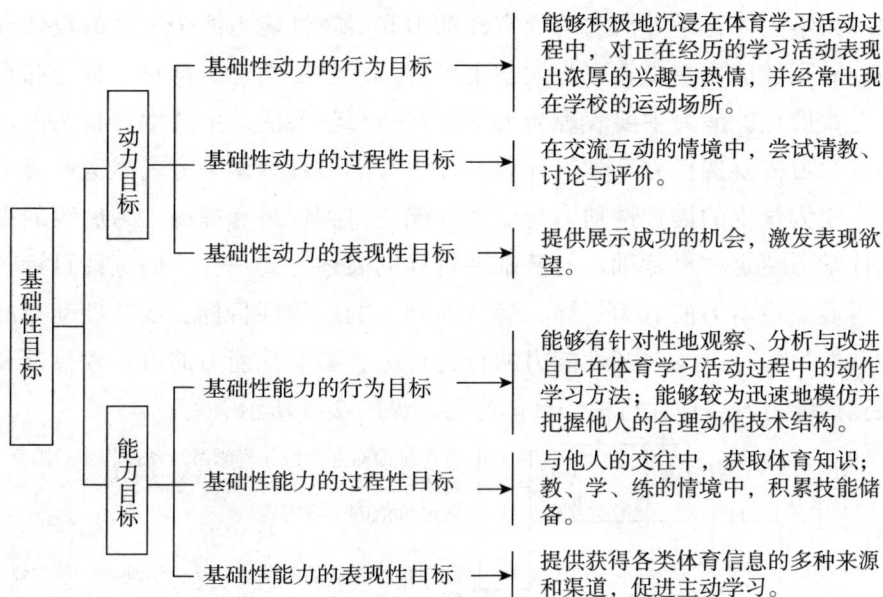

图 2-2　高校体育课程的基础性目标

（三）展宽性目标

所谓展宽性目标，是指在基础性目标完成的前提下，进行新一阶段的体育学习活动中，所进一步体现出来的提高了的学习效果。这一目标是依据多数学生的学习需求，以及学习型社会对高校体育课程的要求而设计的。事实上，将本课程目标划分为依次递进的基础性目标、展宽性目标和提高性目标，反映出了高校体育课程的计划性，也同样体现出了体育学习活动的阶段性。在不同的阶段时期，大学生体育学习动力和能力的表现形式应该是不同的。随着体育学习活动进程的逐步深入，大学生的需求将会进一步提升，学习动力将由浅层动力逐步发展和提高为深层动力，学习能力也将随之由较低水平逐步展宽和提高为较高水平。因此，由基础性目标过渡为展宽性目标乃至提高性目标，是课程实施中学习进程阶段性发展的必然要求，这也充分体现出了本课程的目标设计，可以起到对实践发展的对应性导向作用。

把展宽性目标划分为动力目标和能力目标两种类型，也即反映出，发展大学生体育学习活动的展宽性动力和展宽性能力两个方面的设计意图。展宽性动力主要表现为大学生对待体育学习活动的情感、意志和自信心；展宽性能力主要表现为大学生在体育学习活动中的学习状态评价力、学习需要选择力、学习计划设计力和学习过程调节力。展宽性目标旨在使大学生的展宽性动力与展宽性能力得到促进和提高，为后续的提高性学习奠定雄厚基础。与基础性目标的表述方式一样，展宽性目标包括了展宽性动力的行为目标、展宽性动力的过程性目标、展宽性动力的表现性目标；以及展宽性能力的行为目标、展宽性能力的过程性目标和展宽性能力的表现性目标。具体内容，见图 2-3 所示。

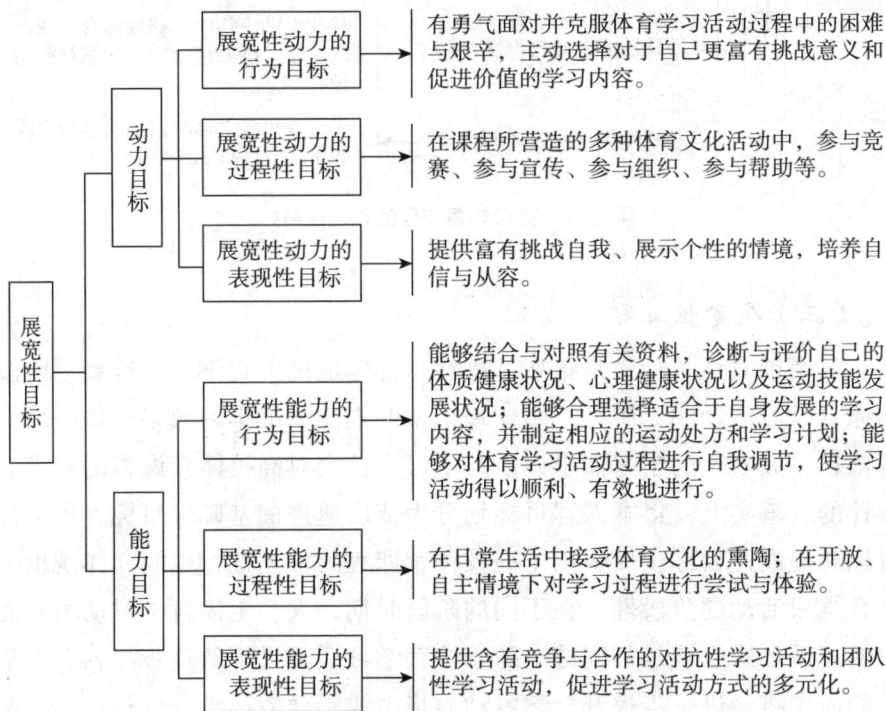

图 2-3 高校体育课程的展宽性目标

（四）提高性目标

所谓提高性目标，是指在展宽性目标完成的基础上，在随后的体育学习活动中，所表现出来的学习效果。这一目标是依据学习型社会对高校体育课程的要求而设计的，同时也反映了部分学有余力学生的学习需求，是多数学生努力的方向。

　　提高性目标旨在促进和发展大学生体育学习活动的提高性动力和提高性能力，为终身体育学习提供强有力的支撑。提高性动力主要表现为大学生对待体育学习活动的信念、理想和价值观；提高性能力主要表现为大学生在体育学习活动中的创新能力。提高性目标包括了提高性动力的行为目标、提高性动力的过程性目标、提高性动力的表现性目标；以及提高性能力的行为目标、提高性能力的过程性目标和提高性能力的表现性目标。具体内容，见图2-4所示。

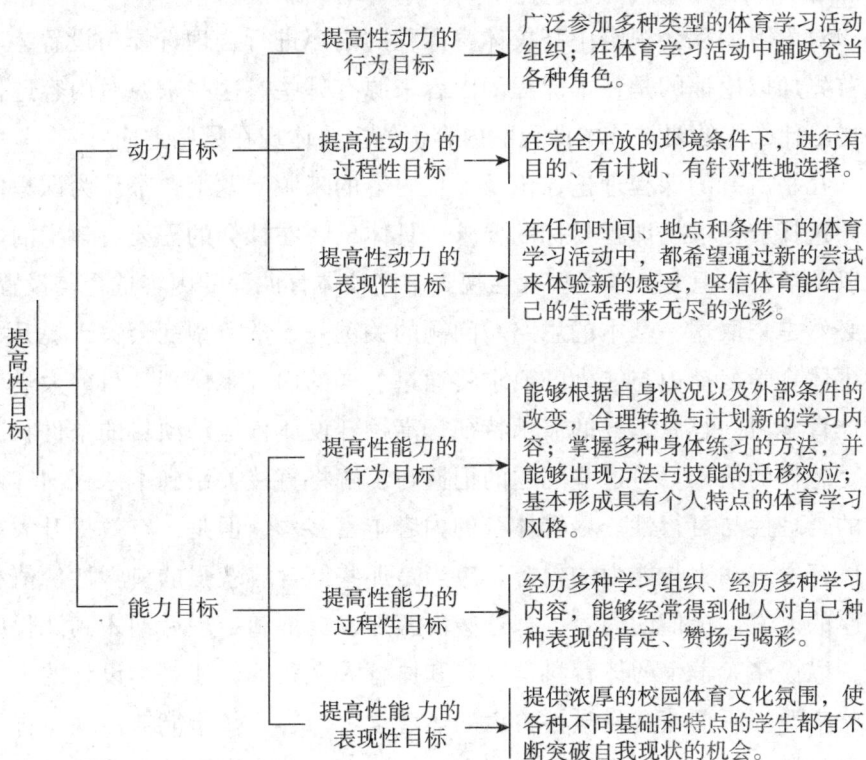

图2-4　高校体育课程的提高性目标

二、体育教学课程内容的设置

（一）课程内容理论的启示

所谓课程内容是指："一系列比较系统的直接经验和间接经验的总和。是根据课程目标从人类的经验体系中选择出来，并按照一定的逻辑序列组织编排而成的知识和经验体系。"课程内容是实现课程目标的手段和载体、是课程的基本要素，任何课程设计，都需要客观地回答"什么知识最有价值"这一经典的课程内容问题。因此，课程内容的合理性程度，将直接影响到课程目标能否得以有效实现，从而影响到对学生培养的质量与效果。

对学习型社会视野中高校体育课程的内容进行合理选择与设置，应当首先加以论证的是，本课程的内容来源有哪些？这些来源对内容选择将提出什么样的要求？本课程的内容价值主要体现在哪些方面？

几乎所有的课程理论在论及课程内容的来源问题上，都认为课程内容的选择应当依据课程目标的要求，具体反映在社会的需要、学生的需要以及学科知识上。学习型社会视野中高校体育课程的内容选择与设置，也必然是采取这一基本的思路。问题的关键是，学习型社会关于提升大学生体育学习动力与能力的要求将通过怎样的内容来体现，目前大学生对体育学习内容有怎样的需求特征，高校开设体育运动项目的条件状况又是怎样的情景。对这些问题的把握与了解将直接关系到本课程内容设计的合理性与可行性。尽管体育的内容丰富多彩，但是，有效提升大学生体育学习动力与能力的内容，应当是那些蕴含着较强的科学性价值和深厚的人文性价值的内容。把这些内容加以提炼和处理后纳入到课程中来，以提高大学生的体育科学素养和体育人文素养，才是本设计的主要思路来源。所谓蕴含科学性价值的体育学习内容，是指能够体现体育学科自身逻辑特点的知识、技能与方法。许多运动内容中蕴含着独具自身运动规律的结构特点和活动方法，对这些内容进行归类和提炼，选择出更具有代表性的学习内容，从而引导大学生掌握其中的知识、技能与方法，可以促进其体育科学素养的提高，可以为体育学习能力的发展起到有效的推动作用。所谓蕴含人文性价值的体育学习内容，是指那些运动内容中有着较强人文精神的教育因素，这些内容突出表现为不但可以满足学生的兴趣和情感需求，而且还可以促进其体育道德和体育理想的进一步提升，从而在个性发展与人格健全等方面更加体现出自身的存在价值。对这些内容进行选择和提炼并纳入到大学生的体育学习活动中来，对于促进其体育人文素养的提高和体育学习动力的发展，都将具有深远的意义。因此，在设计体育课程内容时，应当考虑到所选择的内容有利于促进其体育科学文化水平的提高、有利于促进其体育人文精神的发展。诚然，我们不能强迫大学生一定要按照社会需求的标准去达到所谓的目标计划，但是，可以通过提供那些有益于促进他们发展的内容资源，让其在自我需求获得满足的生活化情境中，将课程目标的意图内化为自身的学习需求，并最终凝结为自身的经验结果。课程内容设置的根本用意就在于把富有科学性和人文性的体育内容，经过选择和处理转化为有利于大学生进行体育学习的具体形式。

（二）内容设置

通过对大学生体育学习内容的需求情况，以及各高校目前实际条件状况的调查了解，为课程内容的选择与设置提供了可靠的实践来源，同时也提供了有益的启发。这些启发具体体现在如下几个方面：首先，学习型社会视野中高校体育课程的内容选择，在本着提高大学生体育学习动力和能力，以体现出科学性和人文性内涵的前提下，要充分考虑到当今大学生对体育学习活动内容的需求取向。他们不但需要通过游泳、健美操、体能训练、形体训练以及健美等内容的学习活动达到健身的需求，而且，也希望通过篮球、游泳、乒乓球以及散打和跆拳道等内容的学习以提高自身的运动技能水平，同时还希望通过羽毛球、乒乓球、篮球、游泳以及街舞等学习内容达到娱乐休闲的要求。更值得关注的是大学生们对攀岩、网球、拓展运动以及街舞、跆拳道等内容表现出了希望尝试的欲望。其次，大学生对于体育学习活动促进其社会适应性和心理品质方面的认识不足，使得从学习内容上进行深入挖掘的地方。

通过研究可以发现，当今的高校体育课程内容尚且存在着值得反思的实际问题，这突出表现在如下两个方面：其一，尽管各高校在运动项目的开设、内容资源的开发等方面正努力地朝着多元化方向丰富地发展着，尽可能地满足大学生体育学习活动的多元化需求。但是，对于课程内容体系所蕴含着内在价值的系统理解与挖掘则并未引起足够的重视，只注意到了单个项目所具有的多元化价值作用的可能，却忽视了单个项目能够发挥出多元化价值作用的必然。尤其是目前众多高校都在致力于按照运动项目进行选项教学的情况下，很少深入地思考项目本身所具有的多元化价值功能能否在实际操作中得到全面体现。由此也就出现了促进学生社会适应性与心理健康的目标期望，在课程教学实践中变成了隐性附带品甚至是一句空话的现象。为此，需要引起深入思考的是，应当按照运动类别来进行课程内容的分类，以挖掘不同类别运动内容所具有的内在价值，进而构建出一个完整的内容体系，以达到优势互补的作用效应。其二，课程内容是实现课程目标的中介、是手段与载体，单一的学习内容难以有效达到多元化目标的各种具体要求，这是目前需要引起认真思考的现实问题。为此，需要探讨与当代教育理念相一致、与多元化目标体系相符合、能够反映大学生体育生活需求，并且与课程结构相联系的高校体育课程内容体系。

1.探究互补效应的优势功能群

如前所述，课程内容的选择与设置，旨在通过蕴含科学性和人文性的体育学习内容以有效提升大学生的体育学习力。因此，应该把那些能够体现这一意图并反映大学生需求的内容资源提炼出来，最终使得大学生在生活化的情境中，通过对这些内容的学习与体验过程而获得动力与能力的提升。事实上，蕴含科学性与人文性的体育内容资源有很多，所要解决的是，如何把众多的内容加以合理分类，以体现出既能有效促进体育学习力的提高，又能反映出大学生的需求意愿，还能够有利于各高校在实践中的可行性操作。

关于对体育课程内容进行分类的方式与方法有很多，从现状来看，目前高校体育课程内容大多是按照运动项目进行分类的，再加上一定学时的体育理论课教学内容，从而体现出按项目进行选项和选修的组织结构特点。但是，这种分类并不能够很好地培养大学生的体育学习力。无论是体育课教学还是课外体育俱乐部，让学生仅仅通过一二个或二三个运动项目的学习是很难完成本课程多元化目标体系所提出的多层次要求的。为了能够有效实现多元化目标要求，为了能够将目标的实现过程具体地落实在以学习内容为中介的课程实践中，应该建立以休闲运动、竞技运动、健身运动和拓展运动四个方面所构成的，既具有各自优势功能作用又具有互补效应的内容体系。

所谓休闲运动，是指人们以自己喜欢的身体练习和运动项目为手段，以愉悦身心、放松调整、修身养性、丰富生活为目的而进行的身体活动。而学习型社会视野中高校体育课程的休闲运动内容则主要是指大学生对休闲运动的直接经验与体验。其主要内容应涉及以休闲娱乐为目的并经过改造的各种竞技运动项目的学习活动；民族、民间体育项目的学习活动；轮滑；街舞；体育舞蹈；软式排球；以及创编的各种类型的体育游戏学习活动等。调整身心、丰富生活是人们从事体育活动的一个重要的直接动因，休闲运动以其诱人的魅力吸引着人们的参与兴趣，高校体育课程中的休闲运动内容同样会受到大学生们的青睐。通过对休闲运动内容的学习活动过程，有利于建立大学生们高尚、健康、文明的生活方式，提高自己的生活质量；有利于消除不良情绪、恢复身心健康状态；有利于将体育学习活动作为一种生活习惯，进而将体育融入自己的日常生活，成为一种稳定的生活方式；还有利于大学生们自主学习能力的发展和创新能力的提高，从而为实现多元化的课程目标而显示出该类内容所具有的独特价值作用。

关于竞技运动的概念，国内外学者从不同角度进行了多种阐述，反映出竞技运动概念的多义性。根据研究需要，这里更倾向于"竞技运动是具有竞赛特点和较高技术要求的运动项目的通称"，以及"竞技运动是一种具有规则性、竞争性和挑战性、娱乐性和不确定性的身体活动"的观点。可见，竞技运动的核心是比赛，它不仅包括高水平的运动竞赛，也包括大众化的运动竞赛以及与之相关的学习与训练过程。高校体育课程的竞技运动内容应当包括大学生对竞技运动的间接经验和直接经验。间接经验主要包括对运动项目有关的起源与发展、功能与特点、要领与方法、规则与裁判以及训练与竞赛等方面的基本知识。直接经验主要包括对本校所开设运动项目的学习与竞赛活动；参与校内外各种竞赛工作；以及与校外各界的竞技运动交流。由此看来，学习型社会视野中高校体育课程的竞技运动内容蕴含着丰富的科学性价值与人文性价值。大学生们通过对所选择适合自身运动项目的学习与竞赛活动，可以丰富其体育科学文化素养，从而提高其体育学习能力，进而使身体运动能力水平获得有效发展。同时，竞技运动中树立的公正、民主、协作、诚实等道德观念以及提高审美情趣、振奋进取精神等作用，为促进大学生体育人文素养的提高，能够起到积极而深刻的影响。通过对竞技运动内容的学习活动，还有助于大学生的智力发展、心理承受能力和调节能力的提高，以及与外界和谐交往的适应性水平的提高。因此，选择与设置合适的竞技运动内容，可以有效地发挥出本课程关于传播与发展体育文化的功能、促进大学生体育学习活动生活化的功能以及强化提高大学生社会适应的功能。通过竞技运动内容的学习与竞赛活动，可以唤起大学生们对体育运动的深切关注、加深对体育运动的深刻理解、激发对体育运动的浓厚兴趣，从而为体育学习动力与能力的发展和提高起到积极的促进作用。

所谓健身运动，是指为了提高有氧能力、增强肌肉力量和耐力、控制体重和改善柔韧性等为目的而进行的身体锻炼。高校体育课程的健身运动内容应当包括大学生对健身运动的间接经验和直接经验。间接经验主要包括健身价值观的确立；健身运动理论与方法；运动与心理健康等方面知识的学习与掌握。直接经验应考虑包括以增进健康体能为主的田径运动、健美操、太极拳（剑）、健美等以健身为目的的竞技运动项目和非竞技运动项目的学习活动，还应考虑对保健体育基本方法的学习掌握以及健身运动处方的设计与实践。追求健康是人们的基本需求，"健康第一"是学校教育的根本指导思想。将健身运动内容纳入本课程，使大学生们掌握符合自身需求的健身知识、经历丰富的健身体验、积累科学的健身经验，是实现本课程目标的一个重要手段。

　　拓展运动，又称外展训练（outwardbound），原意为一艘小船驶离平静的港湾，义无反顾地投向未知的旅程，去迎接一次次挑战。这种训练起源于二战期间的英国。当时大西洋商务船队屡遭德国人袭击，许多缺乏经验的年轻海员葬身海底，针对这种情况，汉思等人创办了"阿伯德威海上学校"，训练年轻海员在海上的生存能力和船触礁后的生存技巧，使他们的身体和意志都得到锻炼。战争结束后，许多人认为这种训练仍然可以保留。于是拓展训练的独特创意和训练方式逐渐被推广开来。现代意义的拓展运动，是一项集惊险、娱乐、教育于一体的身心综合性活动。它运用各种典型场景以及自然环境，通过精心设计的活动方式，让团队和个人经历一系列的身心考验。磨炼克服困难的毅力，培养健康的心理素质和积极进取的人生态度，增强团结合作意识，使参加者达到磨炼意志、完善人格、陶冶情操、挖掘潜能的活动目的。高校体育课程的拓展运动内容主要是指大学生对拓展运动的直接经验与体验。具体内容例如：信任背摔、高空抓竿、攀天梯、互助攀岩、模拟地雷阵、求生墙、吊踩跨板、穿越电网、相依为命、空中断桥、双人平衡木、蜘蛛网、巧解绳结、部门传递、盲人方阵、定向越野、野外生存、悬崖速降、沿绳攀岩、穿越沼泽等众多已被开发且适合高校开展的项目，以及各高校自己创新、创造、开发的项目。将拓展运动内容纳入本课程，是促进目标体系完满实现的一个极具生命力的有效途径。拓展运动是以身体活动为载体，伴随着认知活动、情感活动、意志活动和交往活动的教育培养手段。通过对拓展运动的广泛参与和体验，大学生们可以认识自身潜能，增强自信心，改善自身形象；克服心理惰性，磨炼战胜困难的毅力；启发想象力与创造力，提高解决问题的能力；认识群体的作用，增进对集体的参与意识与责任心；改善人际关系，关心同伴，更为融洽地与群体合作。通过拓展运动内容的学习活动，可以显著地提高心理健康水平和社会适应能力，同时也是激发运动参与意识、促成技能学习风格、考验身体健康状态的有效措施。

　　由此看来，建立以休闲运动、竞技运动、健身运动和拓展运动所组成的内容体系，是实现高校体育课程多元化目标的必然选择。上述四类运动的学习活动内容各有侧重地体现了体育学习动力与能力发展的目标期望，同时，也能够反映出大学生对体育课程的多重需求。四类运动都有着自己突出的功能作用，在实现体育学习动力与能力的不同层次和不同类型的目标中，各自发挥着不同的自身价值作用，由此也反映出了它们各自所具有的优势功能不同。因此，通过这四类运动所选择出来的学习内容就构成了四种优势功能群，将这四种优势功能群加以整合，并且合理地设置在不同阶段的体育学习活动中，可以起到互补促进的整体效应，这样便形成了一个完整的有利于提升大学生体育学习力的课程内容体系。根据四种优势功能群的活动特征，归纳出它们分别对于各种目标实现的基本功效情况，见表 2-1 所示。

表2-1　四种优势功能群分别对目标实现的功效情况

目标	休闲运动内容	竞技运动内容	健身运动内容	拓展运动内容
基础性动力目标	强	中	弱	强
基础性能力目标	强	弱	弱	中
展宽性动力目标	中	强	强	中
展宽性能力目标	中	中	强	中
提高性动力目标	中	强	中	弱
提高性能力目标	弱	强	中	弱

上述四个方面的学习活动内容虽然在课程中发挥着不同的作用，但是，它们能够互为补充地共同组成高校体育课程的整体内容。在基础性动力与能力的培养与发展中，休闲运动内容和拓展运动内容可以发挥积极的作用；在展宽性动力与能力的培养与发展中，四类内容均可以起到促进作用，但尤其突出的是健身运动内容；在提高性动力与能力的培养与发展中，竞技运动内容显示出积极的功效，健身运动内容仍旧可以起到一定的推动作用。从具体情况来看，休闲运动和拓展运动可以作为提高运动参与的突破口，带动与促进某些大学生参与健身运动和竞技运动

的意识和行为：健身运动在促进心理健康和社会适应上的功效不足，可以通过竞技运动或拓展运动来加以弥补；休闲运动和拓展运动在运动技能上的淡化，可以通过竞技运动和健身运动加以丰富。从四类运动内容的相互关系来看，尽管它们各具特色地自成体系，但又有着相互作用、相互联系、互为手段的交叉现象。例如：竞技运动、休闲运动和拓展运动都能够从不同程度上起到健身的功效；健身运动、竞技运动和拓展运动也可以从某些方面体现出休闲的成分；健身运动、休闲运动和拓展运动在适当时候可以采取竞技的形式等。但是，手段与形式上的交叉，并不代替各类运动在其主要功能上的区别。在课程结构设计中将根据不同的目标要求，来设置相应的课程内容，以发挥各类运动的主要功能作用，从而达到总体上的互补效应。内容体系的建立是一种计划性的方案，在实践操作中，提供给大学生的体育学习内容必然是四类运动内容的同时呈现，只是学生的学习过程中，存在着必修课程与选修课程，正式课程与非正式课程的差异。由此看来，由这四类运动所构成的具有互补效应的优势功能群，作为高校体育课程的完整内容体系，是一个较为实效的设计思路。在文化观、生活观和健康观的课程理念指导下，通过这些蕴含着丰富科学性价值和人文性价值作用的课程内容而展开的体育学习活动过程，能够更有效地促进学习型社会视野中高校体育课程多元化目标期望的实现。

2. 实现基础性目标的课程内容

所谓基础性内容，是指主要为了发展提高大学生体育学习的基础性动力和基础性能力的学习活动内容。基础性动力的目标期望主要体现为大学生体育学习兴趣、爱好和态度的良好具备，基础性能力的目标期望主要体现为体育学习的观察力、模仿力、求知力、思维力以及练习活动能力的具备。如上所述，休闲运动以其宽松、简易、趣味、和谐的活动特征，能够引起大学生体育学习活动的直接兴趣，并且易于促进其进入他们的日常生活。大学生进入高校这么一个新的学习生活环境后，体育课程应该让他们首先感受到的是绚烂多彩的校园体育文化现象，看到的是高年级同学积极踊跃地出现在运动场上享受体育生活乐趣的身影，从而激发起他们渴望参与的直接需求。倘若此阶段一开始就按照体育学科的既有逻辑知识结构，来要求他们学习竞技运动项目的知识技能以及健身原理与方法的话，容易带给多数同学以远离他们生活的枯燥感和距离感。此阶段通过宽松的休闲运动内容，可以让大学生们在娱乐与和谐的气氛中品味体育学习活动，以求得循循善诱的效果。

因此，以休闲运动为主的学习活动内容应该成为基础性内容的重要组成部分。至于对休闲运动中所采纳的具体内容，则主要依据各高校的实际情况而确定。需要引起注意的是，应该考虑到对女生体育学习活动内容的进一步开发，以调动她们对项目内容产生直接兴趣和需求。调查结果显示出，女生对于形体健美方面有着较为突出的需求意向。而男生则倾向于相对比较激烈一些的对抗性学习活动内容。

总之，旨在强调的是，所选入的内容应当具有一定的科学性和人文性价值。例如，经过改造的各种竞技运动项目；简易、趣味的民族、民间体育项目；轮滑、街舞、体育舞蹈、软式排球以及创编的各种类型的体育游戏等都可以考虑选入基础性内容中来。这些内容可以使大学生在娱乐、宽松的情境中逐步体会因观察、模仿、交流与讨论所带来的成功感受。在成功与趣味的盎然兴趣中，逐渐地学会主动收集有用信息，逐渐地积累技能储备。

同时，为了促进基础性动力和基础性能力目标的有效实现，还应当考虑安排一定的拓展运动内容。作为一种目前在普通高校体育课程中开设还不太普及的运动类别，关键问题并不在于设施条件的限制，而是对此类运动的深入理解与把握程度。各高校可以根据自己情况，开发、创编出适合大学生身心发展的具体内容。拓展运动对于学习动力的培养有着独特的激励作用，对于心理健康和社会适应性的促进提高有着突出的功效。同时该类运动，对于基础体能的发展具有一定的考验和要求，而技术、技能规格方面的限定则相对宽松一些，因此对于基础性体育学习阶段的大学生来讲，是一种促进基础性动力和能力发展的有效手段。拓展运动有关内容的学习活动，能够提供出有利于基础性能力发展的学习情境，在此类运动内容的参与中要求大学生们彼此交流与讨论、要求在观察和模仿中开动脑筋以调控自己的动作行为。而该类运动中对于体能的挑战，则正是激励大学生们努力的方向。一定的体能发展基础是体育课程的学习活动中应具备的基本条件，让大学生在饶有兴趣的拓展运动学习内容中接受体能所带来的挑战，对于激励他们自觉发展体能的需求可以起到良好的促进作用。

因此，基础性内容应该是以休闲运动和拓展运动为主体而选择设置的适合本校开展的具体项目。

3. 实现展宽性目标的课程内容

所谓展宽性内容，是指主要为了发展提高大学生体育学习的展宽性动力和展宽性能力的学习活动内容。展宽性动力的目标期望主要体现为体育学习的情感、意志和自信心的良好具备，展宽性能力的目标期望主要体现为学习状态评价力、学习需要选择力、学习计划设计力和学习过程调节能力的良好具备。当大学生们具备了基础性动力与基础性能力之后，对于体育学习活动的需求将进一步提升。此时的学习内容也必然需要得到进一步的展宽，一方面可以在原有的休闲运动内容和拓展运动内容基础上向着纵深发展；另一方面则应该引入健身运动和竞技运动的学习内容。

对于展宽性动力与展宽性能力的发展提高，应该是通过从四种不同的优势功能群中所分别选取的合适内容来实现，并且有重点地以健身运动内容作为引导。健身需求是大学生们对体育课程的基本需求，健身运动内容的学习活动有着较强的科学性要求，也就是说，有关健身的知识与技能、原理与方法的学习过程存在着内在的逻辑性。那么，要学会科学健身，就必然需要通过对健身运动内容的学习活动来掌握诊断和评价自身运动状况的方法，学会合理选择适合自身实际情况的健身运动内容，学会制订合适的学习计划或运动处方，并且在健身学习活动实践中对进展过程不断地进行合理的调节。当然，在校园体育文化活动的积极影响下，大学生们对于丰富多彩的竞技运动项目必然产生了跃跃欲试的冲动。合理引导他们参加合适的竞技运动项目学习，是本课程必须予以适时提供的必然进程。竞技运动不但表现出突出的科学性价值，而且也蕴含着丰富的人文性价值，对于竞技运动项目的学习活动，可以为展宽性动力与能力的进一步发展提高起到积极的推动作用。如前所述，健身运动和竞技运动的学习内容不仅包括学习过程中的直接经验与体验，而且还包括必需的间接经验，这是此两类运动蕴含较强科学性的突出体现，对于既有知识、技能与方法的学习也必然应该是理论与实践相结合的基本思路。而实践中的具体内容，对于健身运动内容来说，尽管绝大多数体育项目都可以用来作为健身的手段，但是，课程中所指的健身运动内容的学习，主要是有着明确健身目的的具体项目，是大学生在课程指导下有计划、有针对性地主动选择的结果。各校应该根据自己的实际情况向学生提供可供选择的多种内容，例如，以增进健康体能为主的田径运动、健美操、太极拳（剑）、健美以及用来健身学习的球类、游泳、体操等项目，同时还可以考虑安排健身运动处方的设计与实践。而对于竞技运动项目内容来说，各高校在能够提供多样性的学习活动项目的同时，更为重要的是引导学生学会选择。这是因为，课程中的竞技运动项目学习活动将以各种类型和层次的竞赛为核心而展开，是通过以赛带学、以赛促学、学赛结合的形式而进行的。因此，让学生能够结合自身的实际情况和需要，选择合适的项目进行学习与竞赛活动是课程引导的关键。这也是促进展宽性能力培养和提高的必然要求。由此看来，健身运动内容和竞技运动内容的学习活动，不但对大学生体育情感、意志以及自信心的培养能够起到积极的影响，而且对于体育自主学习的能力提高将产生有效的促进作用。

当然，对于展宽性动力与展宽性能力的发展提高，并不能放弃和忽视休闲运动内容和拓展运动内容的深入学习。也就是说，此阶段的学习内容应该是全面开放的，并且是可供大学生自主选择的。本研究将在下一章关于课程结构的论述中，进一步阐述如何在多形式组织结构中实现对不同内容的学习活动。

4. 实现提高性目标的课程内容

所谓提高性内容，是指主要为了提高大学生体育学习的提高性动力和提高性能力的学习活动内容。提高性动力的目标期望主要体现为体育信念、理想和价值观的良好具备，提高性能力的目标期望主要体现为体育学习创新能力的良好具备。学习型社会视野中的高校体育课程，应当积极引导和推动大学生在展宽性动力与展宽性能力发展的基础上，使体育学习活动的动力和能力向着更高的层次提升。因此，对于提高性内容的选择与设置就成为一种必须。

通过对提高性内容的学习活动，应该使大学生们将体育道德加以内化，从而表现出有着较强的社会适应能力、表现出与人交往中的和谐与适应；通过对提高性内容的学习活动，应该使大学生们将体育信念、理想和价值观加以外显，从而表现出对现实体育生活的热爱、表现出对可能体育生活的向往与追求；通过对提高性内容的学习活动，应该使大学生们将体育学习的创新能力加以提升，从而表现出个性化的体育学习风格、表现出对陌生体育项目的好奇与探究并通过尝试而能够顺利地把握其技术特征。由此看来，竞技运动项目内容的学习与竞赛是实现这一目标期望的理想手段之一。由于竞技运动项目的技能发展需要在不断地练习中才能得以巩固和提高，因此，对竞技运动项目内容的继续学习应该成为提高性内容的主体部分。而且，竞技运动项目内容对于提高性动力与提高性能力的促进与提高有着明显的作用效应。大学生在各种体育学习活动组织的参与过程中，使自己的体育文化素养得到进一步的熏陶。在多种组织、多种形式、多种内容的转换更替中，使自己了解和掌握更多的身体练习方法，并能够明显地体会到技能的迁移效应，从而使学习能力不断提高。竞技运动项目的学习活动中，以各种形式的竞赛为带动而进行，这种以赛促学、以赛带学、学赛结合的形式能够有效地促进大学生对于体育理想和价值观的深切感受和理解、能够有效地促进个性化的创新行为、能够为体育学习风格的形成提供有效的机会和情境。因此，竞技运动项目内容作为本课程的提高性内容是理想的选择。考虑到普通高校的实际状况条件以及大学生的需求，竞技运动项目内容的选择应该基于篮球、排球、足球、乒乓球、羽毛球、网球、田径、武术、散打、跆拳道等项目的理论与实践。

同时，健身运动项目和休闲运动项目的进一步深入，也将为提高性目标的达成起到积极的促进作用。此阶段的学习活动过程，旨在使大学生通过不断的创新行为而体验新的收获。因此，在内容选择上应该着重考虑的是，引导大学生选择那些对自身发展富有挑战性的内容，从大学生体育学习的深层动力上予以挖掘，这也体现了提高性动力与能力目标的期望。通过对深入了解健身运动内容和休闲运动内容的学习，大学生们将进一步体验因进步和成功而带来的满足，感受学校体育生活所带来的无限魅力，并且激发他们在学习活动过程中，不断地尝试多种健身和休闲的练习手段，通过变更具体内容来促进其探究与创新能力的发展提高，从而唤起对可能体育生活的向往和追求。为此，选择设置的内容应该是相对比较广泛的，也就是说，可以是学校有条件开展的、以健身和休闲为目的的、蕴含科学性与人文性价值作用的所有体育内容。

第三节　社会化与生活化的体育课程结构

一、高校体育课程的构成要素

所谓课程结构是指："课程内部各要素、各成分的内在联系和相互结合的组织形式。"高校体育课程结构也即高校体育课程内部各要素的配合与组织方式。对课程结构进行设计，就是为了深入分析并准确把握学习型社会视野中的高校体育课程功能得以发挥的内部机制，以有效实现高校体育课程的目标期望。因此，需要着重考虑的是，如何合理设置并恰当安排这些课程要素，使其形成一个有机而完整的系统，以便能够更有效地促进和提高大学生在体育课程中的学习动力与学习能力。

课程结构与课程功能是紧密相连的，正是由于它们之间的矛盾运动推动了课程的改革与发展。课程功能是具有某种特定结构的课程在与外部环境相互联系和相互作用过程中所表现出的功效和作用，由于外部教育环境条件的改变将使得课程的功能发生新的变化与调整。那么，原有的课程结构将不能够适应新的环境条件下对于课程新功能进一步发挥的要求，因此，课程结构必须进行新的调整与改革。

首先，从外观形态上看，高校体育课程的构成要素表现在课程的类型上。也即应当包括体育学科课程、体育活动课程和体育隐性课程。对于这三种类型的宏观要素在课程中所处的地位及其相互关系的确定，反映出课程设置的总体意图，从而也决定着课程功能发挥的功效大小。之所以要在课程结构设计中设置这三种形态的课程类型，是因为它们在发挥课程功能以及实现课程目标等方面存在着不同的作用，缺失或者忽视任何一个组成部分都将会削弱和影响功能的发挥与目标的实现。所谓体育学科课程，是指把从既有的体育知识中所选择出来的体育学习内容，按照体育知识的逻辑体系要求所组织起来的一种体育课程形态。体育学科课程的鲜明特点在于体育文化知识的逻辑性和系统性，它可以在有限的时间内使学生较为系统和全面地掌握所传授的知识、技能与方法。但是，体育学科课程的缺点也是显而易见的，在注重体育知识逻辑性的同时，容易忽视学生的体育学习兴趣与需要、容易脱离学生的现实体育生活、不利于对学生体育情感、态度和价值观的有效培养。所谓体育活动课程，是指以学生的体育兴趣与需要为出发点，以学生的主体性活动的直接经验为核心而组织起来的一种体育课程形态。体育活动课程的鲜明特点在于学生对现实体育生活的体验性，它可以直接有效地激发学生的主体性参与以便获得体育情感的滋生，有利于学生个性发展和创新能力的培养与提高。但是，体育活动课程也存在着其不可避免的缺憾，在强调直接经验的同时，容易忽略体育科学文化的系统掌握，容易使学生对于体育学习的需求局限在浅表层次，不利于对学生体育意志的有效培养。

所谓体育隐性课程，是指以学校的体育物质文化、制度文化和精神文化为出发点，经过精心设计以潜移默化的形式使学生在无意识之中所接受到的非公开性体育教育经验的一种体育课程形态。体育隐性课程的鲜明特点在于体育文化熏陶的随机性，它可以在任何时间以任何渠道促成对学生体育文化素养的培养，尤其是对于体育人文文化的传播能够起到独特的作用效果。当然，体育隐性课程的不足之处也是明显的。由于体育隐性课程是隐形于体育学习活动过程中，是学生在不知不觉中接受的影响，因此，其教育的结果是难以预期和把握的，而且，体育隐性课程如果设计得不够理想也会对学生产生消极的影响。总之，体育学科课程、体育活动课程和体育隐性课程，作为学习型社会视野中高校体育课程的宏观结构类型是必要的构成要素，它们之间相互补充、相互作用而形成的内在联系是促成课程功能得以有效发挥的基本前提。任何单一的课程类型都不能够有效实现高校体育课程的多元化目标要求。因此，在结构设计中对三种类型的课程形态都需要全面完整地加以考虑。

其次，从内部构成上看，高校体育课程的具体要素表现为在宏观结构类型基础上的进一步合理分解，也即主要体现在对具体课程内容的分类设置上。这就要求进一步考虑的是，体育学科课程中应当设置哪些具体的科目，这些科目之间的相互关系如何，必修与选修的内容将如何确定等；同样，体育活动课程中应当包含哪些具体的模块，这些模块之间的相互关系如何，怎样合理分配选修与必修的具体形式；体育隐性课程中应当规划哪些具体的成分，这些成分将分别以怎样的形式在课程中发挥积极的作用。应当说，对课程内部构成要素的深入分析，以把握各要素之间的相互关系将成为结构设计的实质核心，这将直接决定和影响着课程功能的发挥程度以及相应课程目标的实现效果。为此，在具体的课程结构设计中从宏观表层和内部构成两个层次上将展开深入细致的探讨，以设计出能够有效发挥课程功能、有利于培养和提高大学生体育学习力的高校体育课程结构来。

二、探究社会化与生活化的体育课程结构

课程结构中诸要素的设置及其相互关系的处理，直接影响着课程功能的发挥情况。由于是针对学习型社会视野中的高校体育课程进行设计，因此，其课程结构必然应当反映出能够促进学习型社会视野中高校体育课程功能发挥的要求。只有这样，才能够使高校体育课程目标建立在一个强有力的支持与保障系统之上，才能够使培养提高大学生体育学习力的目标期望得以有效实现。这就要求在对课程结构中各种要素的设置以

及其相互关系的处理上，应当考虑与之对应的是，发挥什么功能、实现什么目标。但是，从目前高校体育课程实践中的具体实施模式来看，现有的课程结构情况，尚且不能够有效地实现本课程所提出的多层次类型具体目标的相应要求，也就不能够有效地实现本课程的总目标期望。例如，现有课程结构中把基础课、选项课、选修课按照年级的进展情况而单一直线式安排设置，这就使得一年级的大学生进校后首先接触到的就是体育学科课程，一周一次的体育课教学，对于新入校的大学生来讲，无论是体育学习的动力还是体育学习的能力都难以得到有效的促进和提高。虽然有一些学校进行了较为丰富的课外体育活动，但是，多数学校尚且没有将其纳入到课程计划中，也即没有建立起能够体现出较强的计划性和目的性的活动课程来，因此，在针对本课程的目标实现方面是不具有明显效益的。而"完全开放式体育课程模式"和"体育教学俱乐部课程模式"以及其他的选项制操作模式，尽管激发了学生按照个人需求选择某个运动项目进行学习的动力愿望，但是在运用体育学科课程以发挥对学生体育学习能力的培养方面，还缺乏有力的支撑，更多地显示出这些模式偏重于活动课程的设计倾向。而对于大学生体育学习动力和体育学习能力的培养，倘若不能够将学科课程、活动课程、隐性课程进行重新地协调和统一，凭借一二个运动项目的专项式学习、通过直线式安排必修课与选修课的设置形式，以及不能够突出体现出计划性和目的性要求的课外体育活动等设置与安排情况，是难以保证所提出的具体目标得到有效实现的。因此，也就必须进行有针对性的新的体育课程结构设计，使体育课程内部各要素的设置与安排在促进本课程功能发挥以及目标实现上，能够体现出其存在的必然性与必要性，从而使本课程的结构显示出学习型社会视野中高校体育课程的要求特征来。

为了使学习型社会视野中的高校体育课程结构能够达到所需要求，就应当在设计上突出体现社会化和生活化的基本特征。也就是说，在对待课程要素的设置及其相互关系的处理上本着社会化和生活化的整体设计思路，使课程结构在促进课程功能的发挥和目标实现上显示出特有的针对性和有效性。

课程结构要体现社会化的设计特征是相对于课程结构要素的单一化类型设置而言的，就是指课程的结构要素不仅应当具有多元性，而且诸要素之间是一个相互联系、相互统一的整体。从宏观上看，需要把体育学科课程、体育活动课程以及体育隐性课程有机地统一起来，使学生在体育学习活动过程中受到此三类要素的作用影响。由于不同层次的目标是靠不同层次的内容来实现的，因此不同层次的内容应当由不同层次的结构形式来体现，这就需要分别建立起相应的基础型体育课程结构、展宽型体育课程结构和提高型体育课程结构。三种类型的体育课程结构在对待体育学科课程、体育活动课程以及体育隐性课程这三大要素之间的关系处理上各自有着不同的处理方式。这些不同的处理方式具体体现在各种类型体育课程结构内部构成的要素设置与安排上，也即对各自内容体系中不同优势功能群的合理分配与设置。由此而形成的各要素之间的关系是一种多组织形式的协调配合，这就体现出大学生在任何学段的体育学习活动过程中，同时受到多种组织形式的共同影响，而不是单一的必修课或选修课、单一的学科课程或活动课程。这种多组织形式共同作用的结构特征，提供给学生的是一种广泛参与的机会、是一种在各种教育情境中的交流与交往。因此，具有社会化特征的课程结构设计不但能够使体育学科课程、体育活动课程和体育隐性课程有机地统一起来，以便于更有效地传播与发展体育文化，而且也能够使大学生在多组织形式的参与和交往中提高其社会适应性。

课程结构要体现生活化的设计特征是相对于课程结构要素的单一化内容设置而言的，就是指在基础型体育课程、展宽型体育课程和提高型体育课程中，大学生所接触到的体育学习活动内容都是多样性的。单一运动项目的体育学习活动所能够培养的只是大学生在某一运动项目上的知识技能与活动能力，而对于体育学习能力的整体提高则显得力度不足。既有的体育内容是丰富多彩的，新的体育内容也将会层出不穷，因此，生活中的体育学习活动将是广泛而多样的。体育课程虽然不可能也没有必要包揽更多的内容提供给学生，但是，培养和提高大学生的体育学习力则应当是建立在对不同类别体育内容的学习基础上的。课程提供给学生的是以休闲、健身、竞技和拓展四类运动内容所构建起来的完整体系，这四类内容对于体育学习的动力和能力培养有着各自的优势功能。在课程结构要素中，从体育学科课程和体育活动课程的具体内部构成上安排不同的科目与模块，使大学生全面接触和感受不同类别体育运动内容的学习活动特征，对于体育学习动力和能力的提高能够起到积极有效的促进作用。同时，多样化的科目设置与模块设置也将为生活化的学习活动方式提供有效的前提保障。这里所指的生活化结构设计并不是以单纯的体育休闲娱乐项目的设置来体现体育学习生活化，而是有利于生活化学习特征的内容分类设置，是建立在对体育学科课程中科目选择与体育活动课程中模块选择基础上的一种符合学生需求的合理安排。由此看来，使大学生的体育学习活动进入其日常生活，并非仅仅是指促进大学生在日常生活中经常从事自己所喜爱的体育活动项目，而是在日常生活中不断参与、不断学习、不断尝试、不断体验、不断突破、不断创新。只有这样，才能够称其为生活中的学习。生活化的结构设计正是力图通过对课程内部内容要素的分类设置与合理安排，来实现本课程的促进大学生体育学习活动生活化的功能。

当然，如何把内容要素与形态要素有机地融合在一起、如何把生活化和社会化的设计形式协调地联系起来，使得高校体育课程内部各要素的配合与组织方式形成一个统一的有机整体，以显示出课程结构的优化特征来，是需要在具体的课程结构设计中加以体现的。为此，接下来需要进一步地分别对基础型体育课程、展宽型体育课程和提高型体育课程的结构进行具体设计与优化处理。

（一）基础型体育课程结构

基础型体育课程是指，主要运用基础性内容以实现大学生达到基础性目标的一种体育课程结构形态。

如前所述，基础性目标主要体现在大学生体育学习的兴趣、爱好与态度等基础性动力以及观察、模仿、思维、交往、练习与活动等基础性能力的培养与提高上。基础性目标的实现是以基础性内容为手段和中介的，基础性内容主要体现在对休闲运动内容和拓展运动内容的具体选择上。这就要求基础型体育课程，应当把所选择出来的具体内容按照有利于基础性目标实现的方式进行合理设置与安排，以体现出能够有效促进课程功能发挥的结构特征来。而大学生对于休闲运动内容和拓展运动内容的学习活动应主要体现在直接经验的获得上，通过对于这些内容的参与和体验，以获得基础性动力与能力的提高和发展。因此，在基础型体育课程的结构要素中应当以活动课程占主导地位，同时考虑学科课程与隐性课程的协调配合。

对于课程内部构成要素的分类设置与安排，主要体现为对课程内容进行具体的科目或模块的分解与设置，并进一步阐述其相互关系与地位。学科课程要素在基础型体育课程中应处于辅助地位，其内容的学习主要在于能够更有效地促进活动课程的进行。一般来讲，基础型体育课程是大学生进入高校以后最先接触到的正式体育课程，因此，需要向学生介绍大学体育课程的目的任务和基本要求、介绍大学体育课程具体学习内容的设置概况和各自功能与意义，以及如何选择体育课程的具体科目或模块的相关操作方法等。我们将这部分内容称作——"体育课程学习导论"。并且建议这部分内容可以采取2—4学时的体育理论课形式进行课堂教学，或者，也可以采取校园体育网络的形式让学生进行自主学习。而具体的身体运动类学习内容则均以活动课程的形式出现，也就是说，在基础型体育课程中，除去体育理论课外，并不设置其他体育课堂教学的组织形式。学生所参加的是由不同模块构成的各种学习型团队，例如，将休闲运动内容分解为三个模块，即经过改造的竞技运动项目模块，我们将其称作"休闲性现代体育运动学习型团队"；民族、民间体育运动项目模块，我们将其称作"休闲性民族、民间体育运动学习型团队"；时尚类体育运动项目模块，我们将其称作"休闲性时尚体育运动学习型团队"。同样，将拓展运动内容分解为三个模块，即"场地项目拓展运动学习型团队""野外项目拓展运动学习型团队"和"水上项目拓展运动学习型团队"。在具体操作过程中，各学校可根据实际情况分别对休闲运动和拓展运动的具体模块进行适当增减，但是，学生在基础型体育课程中应分别参加休闲运动内容和拓展运动内容的学习型团队，也就是说，两类运动所划分的不同模块之间的关系是并列和平等的。既然要求学生参加两种不同类型的学习型团队，也就意味着活动课程是以必修课程的性质出现的。至于管理形式，建议各学习型团队应安排每周两次以上的学习活动，每次学习活动时间约1个小时。各模块的学习活动在时间进程的安排上以短、中期的专题型或单元型的形式进行较为合适，经过一段时间某模块的学习活动之后转入另一模块的学习型团队进行新的学习活动。各学习型团队中的成员可以在原自然班的基础上进行调配和组建，具体方法将在第八章中给予详细介绍。当然，对于"休闲性现代体育运动学习型团队"和"休闲性时尚体育运动学习型团队"的学习内容来讲，涉及到个体的需求不同，因此，需要进行自主选择各自所需的休闲运动项目，这为管理方面带来了一定难度。如何协调具体的项目设置，使之与场地、师资等条件相适应，需要在具体实践中相应地做出合适的处理。

（二）展宽型体育课程结构

展宽型体育课程是指，主要运用展宽性内容以实现大学生达到展宽性目标的一种体育课程结构形态。

展宽性动力目标主要体现在大学生对待体育学习活动的情感、意志和自信心的良好具备上，而能力目标主要表现为体育学习状态的评价力、学习需要选择力、学习计划设计力和学习过程调节力的发展与提高上。展宽性目标的实现是以展宽性内容为手段和中介的，展宽性内容突出体现在对健身运动内容的具体选择上，同时，竞技运动内容的学习活动也拥有重要的地位，而休闲运动内容和拓展运动内容则可以在原有基础上进一步深入，以满足学生的不同需要。这就要求展宽型体育课程，应当把所选择出来的具体内容按照有利于展宽性目标实现的方式进行合理设置与安排，以体现出能够进一步有效促进学习型社会视野中高校体育课程功能发挥的结构特征来。为此，大学生对于健身运动内容和竞技运动内容的学习活动应当包括间接经验和直接经验的获得，通过对于这些内容的学习、掌握、参与和体验，以获得展宽性动力与展宽性能力的提高和发展。因此，在展宽型体育课程的结构要素中应当以学科课程占主导地位，同时，活动课程与隐性课程的设置与安排也应当引起高度重视。

在展宽型体育课程中，把健身运动内容的学习活动作为体育学科课程来对待，旨在使大学生通过系统的健身运动内容的学习，掌握科学锻炼身体的方法，同时，对于健身运动项目的技能掌握与提高也能够起到积极的促进作用。因此，健身运动内容的学习活动应当以必修课程的性质进行设置。对于健身运动内容具体的科目设置，应当包括"体育健身原理与方法"，此类内容以理论课教学形式进行，也可以通过校园体育网络或讲座的形式进行。当然，占据大多数学时的还是对于各种传统或现代体育运动项目的学习与实践，此类内容以选项课的形式进行，学生根据自身需求情况，在合理进行自我评价与诊断的基础上，选择最适合自己的两个健身项目分阶段在体育课堂中进行具体学习。在健身运动内容的具体项目学习活动中，需要安排相应的健康体能方法与实践的学习和练习以及运动处方的设计与实践等内容，使学生通过体育课教学切实感受到知识、技能与方法的掌握与提高。健身运动项目的学习进程应采用中、长期课程的形式，即在展宽型体育课程中，使大学生先后分阶段地分别通过两个健身运动项目的学习活动，以促进学习动力与学习能力的进一步发展。

在展宽型体育课程中，把竞技运动内容的学习活动作为体育活动课程来对待，把不同的运动项目视作各具体模块进行设置，采取以项目名称命名的学习型团队的组织形式。学生在展宽型体育课程中，必须选择某一个竞技运动学习型团队进行竞技运动项目的学习活动，也即这种组织的性质是必修的选项式活动课程。竞技运动项目的学习进程应采取长期课程的形式，一般安排两个学期的系统学习活动较为合适。根据学生的具体情况不同，可以把某项目学习型团队分成两个或三个层次，即初级、中级或高级。学生参加竞技运动学习型团队的活动，应当每周不少于两次，每次约1个小时，以出勤和具体表现记入成绩考核。由于竞技运动学习型团队是以必修课程的性质设置安排的，与同属必修性质的健身运动项目的体育课同时出现，因此，本着结构优化的要求，建议从成绩管理的权重上看，理论内容（含健身、竞技等相关知识）的学习过程及效果占总成绩的 20%、健身运动内容的学习过程及效果占总成绩的 50%、竞技运动内容的学习过程及效果占总成绩的 30%。

在展宽型体育课程学习阶段，还应当开设各种小型多样的属于选修课程性质的课堂教学，属于学科课程类型。内容以健身和竞技运动项目学习为主，旨在给学生提供更多的接触新内容的机会，以使学生了解和掌握所学运动项目的基本特征和学习方法。这类选修课的学习进程一般以短期课程的形式进行，一个具体项目为一学习单元，本单元学习结束即可继续选修另一具体项目所构成的学习单元。此外，对于基础型课程中的休闲运动与拓展运动的活动性学习型团队的组织形式，在展宽型课程中应当继续保留，但是，应当是以选修课程的性质设置出现，以满足学有余力的同学的个性化需求。

（三）提高型体育课程结构

提高型体育课程是指，主要运用提高性内容以实现大学生达到提高性目标的一种体育课程结构形态。

提高性动力目标主要表现为大学生对待体育学习活动的信念、理想和价值观的良好具备上，而提高性能力目标主要表现在大学生体育学习创新能力的促进与发展。提高性目标的实现是以提高性内容为手段和中介的，提高性内容突出体现在对竞技运动内容的具体选择上，同时，健身运动内容和休闲运动内容的学习活动也拥有重要作用。这就要求提高型体育课程，应当把所选择出来的具体内容按照有利于提高性目标实现的方式进行合理设置与安排，以体现出有效促进学习型社会视野中高校体育课程功能发挥的结构特征来。为此，大学生在提高型体育课程中需要获得的是，以竞技运动内容为主的间接经验和直接经验，同时辅助于健身运动内容和休闲运动内容的选择性学习。通过对于这些内容的学习活动过程，以获得提高性动力与提高性能力的促进和提高。因此，在提高型体育课程的结构要素中应当将体育学科课程、体育活动课程和体育隐性课程有机地统一起来，不仅使三者各自发挥其应有的功能作用，而且还应当加强三者之间的相互影响与协同作用，在以学科课程和活动课程作为促进提高性动力和提高性能力的正式课程培养下，尤其重视隐性体育课程要素在提高型体育课程中为提高性动力和提高性能力目标的实现所起到的重要作用。

在提高型体育课程中，一部分竞技运动内容应当通过学科课程类型以选修课性质进行设置，具体建议包括：理论课形式的"现代竞技运动概论""竞技运动欣赏""奥林匹克文化"等，以及实践课形式的"专项提高课"，专项提高课的项目内容主要集中在几个经典运动项目的技术水平发展与提高上，例如，篮球、排球、足球、田径、乒乓球、羽毛球、网球、武术、散打、跆拳道等项目。而作为活动课程类型的竞技运动内容则以选修性质进行分模块设置，学生可以选择参加的是由项群模块所构成的学习型团队。例如，"格斗类学习型团队"可以将散打、跆拳道、防身术等项目串联起来进行学习活动；"小球类学习型团队"可以将乒乓球、羽毛球、网球等项目串联起来进行学习活动；"同场对抗类学习型团队"可以将足球、橄榄球、手球、曲棍球等项目串联起来进行学习活动。大学生在某一项群模块的学习型团队中的学习活动，不但可以通过接触更多的运动项目激发学习欲望，而且更重要的是，在这些活动中有利于促进对于项目特征的规律性认识，从而为学习能力的提高起到积极的推动作用。在提高型体育课程中，应当更加重视隐性体育课程的积极作用，从某种程度上看，隐性体育课程的良好发挥将为此阶段的学科课程和活动课程的有效实施起到重要的推进作用，这就需要对隐性体育课程的建设规划进行精心地考虑和设计安排。因为大学生在经历了基础型体育课程和展宽型体育课程之后，体育学习动力和体育学习能力都相应地得到了一定程度的促进和提高，那么，在提高型体育课程中，隐性体育课程在通过外显的非正式体育课程这一重要载体形式而发挥其功能作用上，将会显示出更加有效的价值意义。这对于大学生体育学习的信念、理想和价值观以及学习过程中的创新能力发展都将起到积极的影响和促进作用。为此，提高型体育课程中对于隐性体育课程成分的设计安排应当是，将基础型体育课程和展宽型体育课程中所注重的隐性体育课程成分纳入到本课程结构中来，并进一步使之深化，使校园体育文化向着全面和纵深发展。同时，进一步成立走向社会的各种相关体育组织，以扩大对外交流与宣传，提高大学生社会参与意识和能力。进一步成立各种体育训练营、野外活动俱乐部等，把校团委与校学生会的有关体育活动安排与体育课程密切相联系，使学生体育社团、各单项体育协会、校体育俱乐部的各种体育交流活动层出不穷，给所有学生提供不断尝试的机会。通过各种形式引入兄弟院校的多种体育组织进行不同层次与形式的体育交流，还可以聘请体育名人或专家进行讲座或咨询等。总之，这些丰富多彩的校园体育文化活动将会营造出浓郁的校园体育文化氛围，从多种渠道、多个侧面影响着大学生的体育信念、理想和价值观，在广泛的参与过程中不断体验新的角色，在新的尝试中不断体验超越自我的成功感受，使其体育学习的创新能力不断得到促进与提高。

当然，在提高型体育课程中，还应当继续考虑安排休闲运动内容和健身运动内容的学习活动。因为，此两类运动内容将极有可能成为大学生今后终身体育学习的主要领域，而且，在学校生活学习过程中，这两类内容的学习活动对于体育学习动力和能力的发展也将随着学习的进程而发挥进一步的作用。也就是说，不但对于展宽性动力和展宽性能力能够起到积极的促进作用，而且也会对提高性动力和提高性能力起到一定的推动作用。针对提高性动力和提高性能力的目标期望，应当设置与其相适应的具体课程要素。对于健身运动内容应按照促进身体发展的功能而设置四种不同的学习型团队的组织形式。

第四节　关注经验与体验的体育学习活动方式

一、课程中的学习活动方式

关于学习活动方式的概念，目前学术界有着不同的理解，大致可归纳为两种解释：一种是心理学视野中的学习活动方式；另一种是教育学视野中的学习活动方式。前者观点重在强调个体对学习活动心理上的偏好和喜爱程度，表示学习者的心理特点，突出个体性和个别化行为特征，与人的生理因素和基本素质联系密切，实质上就是通常所指的学习风格。后者观点重在强调学习活动方式的群体意义，强调学习者在学习活动过程中的基本行为和认知取向，更多关注的是学习的活动状态，与人的社会性联系密切。因为本研究探讨的是学习型社会视野中高校体育课程的学习活动方式，所以主要是从教育学意义上对学习活动方式进行阐述。尽管在课程目标中提出了大学生应该形成具有个性特征的体育学习风格，但是体育学习风格则正是在课程中的学习活动方式引领下以结合个体特征而形成的个性化的学习方式，因此，对课程中的学习活动方式进行研究和探讨，更具有宏观的普遍性指导意义。

如前所述，学习型社会强调终身学习，学习是人们的核心生活方式，同样，体育学习也必将成为人们生活方式中的重要组成部分。学习型社会视野中的高校体育课程旨在突出培养大学生体育学习的动力和能力，课程中倡导什么样的学习活动方式，将直接影响着大学生体育学习的质量与效果。单一地进行以讲解、示范、观察、模仿、练习与纠正错误为特征的接受式体育学习活动方式，难以有效实现本课程所提出的多元化目标，也就不可能完成总目标的设计期望。因此，通过探讨多样化的学习活动方式的各种形态，进而提出高校体育课程合适的学习活动方式，为研究的整体设计铺垫一个相对可靠的落点，为课程实施提供观念层面的方法论指导，就成为一种必然和必需。通过对文献资料的学习与整理，总结并归纳出如下四种较为典型学习活动方式的具体形态，以期为高校体育课程学习活动方式的设计指南带来有益启发。

接受性学习：接受性学习是指学生通过教师的讲解及演示所提供的学习内容而掌握知识与技能的一种学习活动方式。学生的具体学习活动大致包括听讲、观察、理解、练习、模仿、复习和记忆等方式。在接受性学习中，学习内容是以定论的形式直接呈现出来的，学生是知识的接受者。这种学习活动方式的优点是，可以在尽可能短的时间内获得尽可能多的知识与技能，而且有利于对学科知识与技能的系统性、逻辑性和完整性的掌握。这种学习活动方式的不足是，容易忽视学生个性的发展，束缚了学生创新精神和实践能力的提高。接受性学习可以分为主动接受性学习和被动接受性学习，前者是一种积极的学习活动方式，有利于知识的消化与吸收和技能的掌握与提高；后者是一种消极的、缺乏动机与情感的学习活动方式，容易使学习过程走向机械和盲目。

发现性学习：目前也多被称作探究性学习，本义是指："学生通过自己再发现知识形成的步骤，以获取知识并发展探究性思维的一种学习方式。"在发现性学习过程中，学生的主要任务不是掌握现成的知识结论，而是参与知识的发现，教师的主要任务在于向学生提供一种问题情境，引导学生主动积极的思考、独立探索、自行发现并掌握相应知识的原理或结论。这种学习活动方式的优点是，可以有效激发学生学习的内部动机并提高学习兴趣；有利于学生主动掌握发现问题、分析问题和解决问题的方法及相应能力的提高；有助于对所掌握知识与技能的长期保持。但是其学习效率较低的局限性也是显而易见的。

自主性学习：自主性学习是指："在教师指导下，学生自主地进行知识建构，掌握科学方法，进行能动地、有选择地学习活动。"自主性学习活动方式不仅具有学习的主动性和独立性等特征，而且还是一种元认知监控的学习。即："学生在学习活动之前，能够自己确定学习目标、制订学习计划、选择学习方法、做好学习准备；在学习活动之中，能够对自己的学习过程、学习状态、学习行为进行自我观察、自我审视、自我调节；在学习活动之后，能够对自己的学习结果进行自我检查、自我总结、自我评价和自我补救。"在自主性学习活动过程中，教师的作用在于引导学生学会学习、有效促进学生的主体性参与。

合作性学习：合作性学习是指："学生在小组或团队中为了完成共同的任务，有明确责任分工的互助性学习。"合作性学习活动方式需要在教师的引导下进行合适的互补型分组，并建立明确的学习目标；小组或团队中的学生对共同的目标应当有着适度的认同感；学习活动过程中，学生相互之间应建立起积极的互动与互助关系，个人需要承担明确的责任和任务；为了保证学习活动的有效进展，学生之间需要及时地进行相互交流、讨论与评价。可见，合作性学习活动方式有利于学生社会适应性的发展，有利于学生主动学习和创新学习的培养与提高。

通过对上述各种学习活动方式具体形态的分析与理解，可以获得如下一些启示：学习型社会视野中高校体育课程的学习活动方式，不能够仅仅依据某一种具体的学习活动方式而展开大学生的体育学习活动。课程中的学习活动方式应该是多样化的，各种学习活动方式在不同的课程组织结构形式中、在相应的学习活动内容中，应该能够发挥出促进各种不同目标有效实现的积极作用。而且，多样化的学习活动方式更有利于过程性目标和表现性目标的创生与达成。为了有效促进大学生体育学习力的发展与提高，就应当强调大学生在体育课程中进行主动的、合作的、自主的、探索的、创新的学习过程，使其通过多样化的学习活动方式体验多样化的体育学习活动过程，从而激发他们有意识地关注自己的学习方式，为个性化体育学习风格的形成奠定良好的方法基础与实践基础。多样化的体育学习活动方式，使得体育学习活动过程不再是学生单纯地接受体育知识与技能，也不再是学生远离教师有效性引导而进行随心所欲的自我活动，而是以培养大学生良好的体育学习品质、以促进有效的体育学习习惯、体育学习风格和"学会学习"为根本宗旨的一种倡导性的设计理念。由此可见，多样化的体育学习活动方式在课程中得以有效进行，一方面要倡导大学生在体育学习活动过程中合理运用自主性学习、发现性学习、合作性学习和接受性学习等方式；另一方面也离不开体育教师对学生的传授、指导、引导、帮助、协助等教育过程。教学方式与学习方式是相辅相成而和谐统一的，忽略了体育教师在课程中的积极作用，将不能够充分展示和发挥高校体育课程的合理性和优越性。因此，在对待课程中大学生体育学习活动方式的基本思路应当是：倡导多样化的学习活动方式在不同的课程组织结构形式中和学习活动内容中的合理化运用，注重体育教师对大学生采用多样化体育学习活动方式的引导与培养。

二、体育活动课程的学习活动方式

体育活动课程作为结构设计中的一种宏观类型，是本着以学生的体育兴趣与需要为出发点、以学生主体性活动的直接经验为核心而进行设计的。通过体育活动课程，旨在有效激发大学生的主体性参与，从而促进其体育情感的滋生、个性的发展、创新能力的提升。为此，对于活动课程的具体模块设计，是通过各种学习型团队的形式来安排体现的。例如：在基础型体育课程结构中，以休闲运动内容和拓展运动内容为主，安排设置了"休闲性民族、民间体育运动学习型团队""休闲性时尚体育运动学习型团队""场地项目拓展运动学习型团队"和"野外项目拓展运动学习型团队"等模块；在展宽型体育课程结构中，以竞技运动项目为主，安排设置了"篮球竞技运动学习型团队""羽毛球竞技运动学习型团队"等模块；在提高型体育课程结构中，以项群特征为主，安排设置了"格斗类学习型团队""小球类学习型团队""女子健身、健美类学习型团队"和"男子力量类学习型团队"等模块。

之所以要在体育活动课程中设置学习型团队的组织结构形式，是因为我们所倡导的体育活动课程不但要关注大学生对现实体育生活的切身体验，同时也要关注大学生在切身体验中能够激发起对可能体育生活的积极探寻。体育属于一种社会文化现象，体育学习活动过程离不开人与人之间的交流与协作，单纯孤立的个体学习行为，难以将体育学习动力与能力的提高推向一个可持续发展的境界。学习型社会视野中的高校体育课程，强调提高大学生社会适应的功能，其本意就在于使大学生通过交往与协作而达到有效学习的目的。为此，在体育活动课程中设置学习型团队的组织形式，旨在通过团队学习的活动方式，使大学生反思和超越自己惯有的体育学习方式，了解自己的学习特点，吸收他人的学习经验与长处，为逐渐积累并形成优良的个性化体育学习风格而奠定基础。在团队学习中，可以使大学生感受到因加入团队而拥有的接纳感和归属感，进而在共同的学习目标和活动进程中相互促进、取长补短、精诚合作、荣辱与共，使大学生切身感受到体育学习活动中因彼此交流与交往所能带来的积极功效，为体育学习力的发展与提高起到积极的促进作用。

体育活动课程中的团队学习，是融合作性、探究性和体验性等特征为一体的学习活动方式。为了体现体育活动课程的特殊功效，使大学生通过团队学习的活动方式，在合作、探究与体验的实际情境中发展学习动力、提高学习能力，就必须经过"组建团队并建立信任关系""形成共同愿望与追求并制订学习计划""实施计划并反思与总结"等具体环节步骤来加以体现和落实。

组建团队，是进行团队学习的前提准备，各种学习型团队成员的人数应根据具体的学习内容而合适确定，但一般以 6-10 人为宜。人数过多则不利于使每个学生都有充分的表现与交流的机会，人数过少则显示不出团队的气氛，也缺乏来自不同学生的多元化信息。学习型团队的组建，需要体育教师对团队中的具体成员进行合理化分配，尽量将那些运动能力和个性特征各不相同的学生组建在一起，以保证团队内部结构的多样性和互补性。建队之初，可以先指派或大家推荐一名学生来负责团队的学习活动，但随着学习进程的展开，则应当是轮流负责，这样可以使每一个学生都有机会去体验不同角色。团队组建完成之后必须进行人际关系的交流与沟通，大家通过各自的背景介绍与特点介绍及各种交流活动，以增进彼此之间的深入了解与理解，并进一步确立信任关系，为学习进程中的宽容与互助奠定前提。体育课程中的学习型团队，必须使大学生之间有着良好的信任关系，只有大家齐心协力、互相鼓励，才能形成共同的学习愿望与追求。

为了形成共同的愿望与追求，首先需要大家把自己加入本团队进行体育学习活动的愿望与追求进行坦诚交流，然后在共同讨论中形成共识，从而提炼出大家共同的愿望与追求。这种共同的愿望与追求是课程目标的具体化与生动化，体育教师或团队负责人应当合理引导大家形成切合实际的愿望与追求。制订学习计划是实现共同愿望与追求的基础，应当由大家共同讨论来完成学习计划的制订，这样才有利于体育学习活动过程中的步调一致、和谐发展。各学习型团队的学习计划一般都应当包括总目标和阶段目标、时间安排、学习内容及其进程安排、相应的方法与措施、责任分工、所需资源条件等内容。

实施学习计划的过程，实质就是一个在学习活动过程中合作、探究与体验的过程，由于体育活动课程所具有的对现实体育生活切身体验性的特点，使得学习活动更容易在轻松、协调中激发起大学生的参与兴趣。通过更进一步的讨论与交流、尝试与探究，可以使大学生自觉地在学习过程中学会观察、学会分析并善于模仿和表现，进而使学习的动力与能力得到不断的提高。在学习型团队的学习过程中，一个极其重要的环节就是需要团队成员经常地进行反思与总结，把自己在学习过程中的切身体验通过分析与提炼而展示给大家，同时也需要成员之间的真诚反馈与相互评价，在彼此的启发中领悟心得，从而使共同学习进一步向着纵深发展，最终实现共同的目标并收获个人的体验成果。

通过上述对于团队学习的初步分析，可以看出，这种学习活动方式能够体现体育活动课程所具有的特征要求，同时还对大学生体育学习的可持续发展起到积极的促进作用，从而为多元化课程目标的有效实现提供相应的支撑与保障。尽管本文对于团队学习的诠释还十分粗浅，但是作为一种探索，试图力求表明，它是体育活动课程得以有效开展的一项积极措施。

体育教师在团队学习中的作用，在于帮助和引导大学生懂得团队学习的价值功能、了解团队学习的程序步骤、掌握团队学习的方式方法，并且在学习进程中适时地给予积极的反馈。为此，体育教师应当注意引导并创设轻松、和谐的学习氛围，激发大学生的主动合作与交流以及表现欲望；深入到他们的学习过程之中，提供及时有效的指导与帮助，传授与点拨必要的学习技巧与方法；观察与倾听其交流与讨论过程，并进行组织调控，以避免出现话语霸权者或消极随从者，鼓励团队成员都有展示自我的机会；学习过程中还需要恰当地进行规律性的总结以及个性化的质性评价等指导性措施。只有这样，才不至于使团队学习出现盲目活动或流于形式的低效现象。

三、体育学科课程的学习活动方式

体育学科课程作为结构设计中的一种宏观类型，是本着体育文化知识的逻辑性和系统性，把所选择出来的学习内容，按照体育知识的逻辑体系要求而进行设计的。通过体育学科课程，使大学生能够在有限的时间内较为系统和全面地掌握所传授的知识、技能与方法，从而促进其体育学习能力的进一步提升，并且从较深层次激发与培养大学生体育学习的动力，使他们对待体育学习活动的意志与自信心、理想与价值观能够在体育文化的传承中得以升华。为此，对于体育学科课程的具体科目设计，是通过各种内容与性质的教学课的形式来安排体现的。例如：在展宽型体育课程结构中，以健身运动内容为主设置了选项条件下的中长期必修课，以竞技运动项目介绍或健身运动项目介绍为主的单元型短期选修课；在提高型体育课程结构中，以竞技运动项目为主设置了专项提高课。

对于以必修性质而进行的健身运动内容的中长期学科课程来讲，应该突出强调以主动接受和自主体验为主要特征的学习活动方式。主动接受与自主体验是互为统一的，要实现大学生体育学习过程中的主动接受，就必然要求体育教师在教学方式上调动大学生体育学习的积极主动性，使传授知识、培养技能的过程与引导大学生自主体验的过程相结合。这就需要体育教师帮助和引导学生建立合适的学习目标；设计具有挑战性的教学任务；关注学生的兴趣与体验；创设和谐的学习氛围；为学生所需的学习资源提供方便等。从而使大学生在关注经验与体验的学习活动过程中，有计划、有指导地主动完成学习任务。为此，设计了"诊断""确立目标并制定计划""实施学习计划"和"评价"等教与学的环节步骤，旨在使大学生主动接受经验的过程中进行自主地、体验地学习，以促进学习动力与学习能力的进一步发展。

诊断：这是大学生进入本课程情境的首要步骤。通过"诊断"，教师可以了解学生的基础情况，大学生也将对自己的现实状况进行全面而准确的再认识。"诊断"的内容应当包括大学生对于健身运动理论与方法的认知程度、与健康有关的体能状况、从事健身运动练习的技能掌握程度等实际状况。在高校体育课程管理中，各高校应当建立起自己的校园体育网页，其中应包括体育课程学习导论、体育选课、对大学生的体育诊断与评价、体育教材与方法、体育基础理论、体育欣赏、体育政策法规文件以及各类体育新闻等子系统。在诊断过程中，教师应当进行积极的引导，使大学生在网络的"诊断体系指标"中选择填写自己的实际情况，通过计算机系统的分析与处理，提供给学生相应的结果和建议，教师应随时注意在网络上回答学生所提出的各种问题。

确立目标并制订计划：通过"诊断"结果及建议，大学生可以认识到自己在哪些方面尚处于薄弱状态，并结合本课程目标的指导性要求，提出自己的学习目标。根据所确立的学习目标，制订出自己的学习计划。学习计划中应当包括对学习目标的细节说明；对自己所需的健身运动内容做出具体选择；还可以考虑需要参加课程结构中的其他形式以作为必要的补充，如某竞技项目的学习型团队、选修课的某健身项目或竞技项目、体育基础理论课、体育专题讲座、体育网络学习、俱乐部、体育协会以及各种类型的比赛活动等；考虑参加各种形式中的哪一水平级别（初级、中级、高级）；也要考虑选择所要参加学习的时间安排等。可以说，通过确立目标和制订计划，大学生已经在内心中建立起了努力的方向，已经开始体育学习动机的自我激发和体育学习策略的自主提高。当然，这一过程的实现，同样是在体育教师的指导、引导和答疑中完成的。

实施学习计划：实施学习计划就是指，根据学习计划而全面系统地展开体育学习活动。当然，这里主要指的还是学科课程中健身运动内容的学习过程。学习活动方式的运用主要体现在如下三个具体阶段中，即"尝试体验阶段""主动体验阶段"和"自主体验阶段"。由于学科课程中教师的教学方式与学生的学习方式是相辅相成而互为统一的，因此，本研究试图通过教学方式来反映学生的体育学习活动方式，从而体现出体育教师在学科课程中的主导作用。

在"尝试体验阶段"中，其过程主要是在教师引导下，通过直接的尝试性参与，使大学生从整体上对所学内容有一个大致的了解，初步发现该内容的基本特点和直接意义。这是一个尝试体验的过程，学生首先感受到的应当是因参与过程而拥有的愉悦和满足。在本阶段中教师的作用是，通过启发与引导，使学生能够有目的地收集与所学内容有关的资源信息；在学生的尝试体验活动中给予积极的鼓励和正面的评价与反馈；创设合适的情境条件，使学生初步体验成功；教师应处处显露出对所有学生都能够取得进步与成功的真诚期望；恰当地利用竞赛的形式以强化学生的成就动机；尽可能地发挥学生在学习中的个性；逐步地在教学中设置恰当的挑战性情境；鼓励学生富有创造性的表现；营造和谐的体育学习氛围，使学生与教师、学生与学生之间能够相互支持、相互合作；尊重学生的学习过程，使学生在开放的教学理念中体验成功、领悟意义。

在"主动体验阶段"中，大学生将逐步认识到所学内容的基本规律，逐步体验到所学内容的内在意义。在教师的指导下，大学生通过主动地接受学习和体验感悟，基本掌握所学内容的学习策略，并能够主动地运用策略进行经验的获得。应当说体育学习能力是在体育学习活动过程中逐渐形成和发展起来的，它的构成要素主要包括体育的基本知识与技能以及体育学习策略。体育基本知识的获得来自体育理论课教学与各种讲座和论坛；运动实践中的传播与渗透；以及主动地通过各种媒体信息而获得。体育技能，一方面是在教师指导下，大学生通过积极主动的接受学习过程而逐渐积累形成；另一方面是结合体育学习策略，在掌握了体育学习策略的情况下，通过学生的自主体验而领悟形成。掌握体育学习策略是提高体育学习能力的核心，是体育自主学习的基础，因此，该阶段的体育学习活动过程中应当重视体育学习策略的形成与发展。体育学习策略属于能力范畴，需要经过学习经验的内化，在具体的实践操作中逐渐积累而形成。因此，教师不但应当向大学生传授体育学习策略的有关知识学习，还应当结合具体的学习内容，向他们传授体育学习方法；如完整练习法、分解练习法、重复练习法、预防与纠正错误法、间歇练习法、比赛法等，并创设情境使大学生主动地在学习中运用这些方法。更需要引起重视的是，还应当对学生进行元认知训练，如自我反省法，使大学生经常反思自己的体育学习方法、体育学习特点，思考该项目学习成功的关键要素，思考如何调整自己的学习过程等。这些学习过程应当在主动接受中进行，因此，教师应当灵活运用各种教学方法，使大学生在交流与互动中促进体育学习策略的形成。总之，在该学习阶段中，应以大学生的主动体验为主，使其在学习活动中主动发现该类内容的特征规律，领会学习的意义，并开始能够运用学习策略进行新经验的获得。体育教师的指导作用主要在于，为大学生指明应该思考、探索的方向，创设有效的学习情境。

在"自主体验阶段"中，学生在前两个阶段的学习基础上，进一步运用体育学习策略进行体育学习活动，并不断地强化与提高自己的体育学习能力。因此，该阶段的主要学习活动方式是，在教师协助下，学生进行自主性体验学习。为了使大学生的自主体验活动得以持续而协调地顺利进行，需要体育教师对学习目标、学习内容、组织形式、教学方法以及评价与反馈等方面不断地进行合理的调控。教与学的过程是一个动态发展的过程，是一个灵活的创生过程，教师的教学方式不能固守既有的模式，而应该贯穿着开放教学的理念，只有这样才能够焕发教学的活力。也就是说，只有在"开放""自主"与"体验"的情境中，学生才能够发挥出体育学习的个性，而体育学习中个性的发挥则折射出了学生学习中的创造性光芒，这正是自主体验得以有效进行的根本保证。

体育教师在学科课程中应当做到：不但要重视对于大学生体育知识与技能方面的培养，而且还要积极关注教学的过程与方法以及体育情感与价值观的教育影响作用。为此，教学过程中需要通过多种形式的教学手段，来引导大学生在观察与模仿、练习与交流、质疑与探索、尝试与创新中获得间接经验和直接经验，使知识与能力得以和谐发展。不但要传授动作原理、技术要领、规则要求，而且更需要引导大学生在主动接受教师传授的同时，学会自主学习、学会探究与合作，体育学科课程的根本期望就在于通过教师的指导以提高学生的自主学习能力和创新能力。同时，教师还应当重视引导学生对不同类别学习内容的学习方法进行归纳与提炼，帮助学生学会对某类运动的规律性认识与概括性总结。体育学习动力的深层激发与长久维持，正是建立在体育学习能力的提高基础上的，两者之间相辅相成的和谐发展，离不开体育教师的有效教学。此外，体育教师在课堂教学中，必须努力提高自身的教学艺术素养。灵活多样且富有创意的教学情境设计、饱含激情且民主豁达的组织管理行为、信息丰厚且能够激发情感与美感的语言表达等等，都将为大学生体育学习动力与能力的发展起到积极的促进作用。

四、探究关注经验与体验的学习活动方式

接受式学习活动方式是体育课堂教学中所惯有的传统方式，无论从教的方面还是从学的方面师生都已经成为一种固有的定势。我们并不排斥传授式教学和接受式学习的固有方式，而且认为这种方式能够对体育知识与技能的掌握过程起到系统、快速的学习效果。但是，大学生在学习过程中缺乏互动交流与交往的现象，是需要引起关注和思考的实际问题。课程与教学活动中，倘若脱离了师生之间、生生之间的互动与交流，这种学习过程必然是缺乏生机与活力的，缺乏生机与活力的学习难以从根本上调动起大学生体育学习的主动性，脱离了主动性的学习过程，那么，情感、态度、价值观又从何谈起？因此，在接受式学习活动过程中，必须加强体育教师对于建立良好学习情境的进一步思考与努力，使接受性学习在大学生的主动性发挥中进行，以促进大学生在体育学习活动中的交流与合作。通过调查还发现，在体育课程学习活动过程中，大学生明显缺乏对于自主性学习和探索发现性学习的具体方式运用。这虽然与各高校体育课程模式的主题目标、课程内容、课程结构有着很大的关系，我们也不必强求这些方式在体育课程中的普遍推广与任意通用，但是，要突出发展大学生体育学习的动力与能力，就必然需要在这些学习活动方式上给予合适考虑。怎样有效结合体育课程特点来培养大学生体

育学习的自主性和探索性，就成为接下来所面临的一个实际问题。当然，问卷调查中已经显示出，有相当一部分高校体育教师，倾向于对"提高班"中的学生采用引导他们进行探索发现的教学方式，这也为本研究在这一方面的努力，提供了必要的实践基础。通过问卷调查，我们也欣喜地发现了一个令大学生、体育部领导和体育教师都普遍认同的体育学习问题—体验！尽管"体验"在教育界是一个由来已久的命题，但是近些年来才随着我国教育课程改革的逐步深入，而引起教育界人士的普遍关注。毫无疑问，体育学习的身体活动性特点，决定了体验教学和体验学习在体育课程中的存在意义。目前在体育课程与教学的研究中已经有学者进行了关于"体验教学"或"体验学习"的论述，但是基本上还是停留在观念层面，如何将这一理念具体化而渗透在体育课程与教学活动中，自然成为需要进一步积极考虑的实际问题。学习型社会视野中高校体育课程的突出目标是使大学生具备体育学习的动力与能力，而"体验"所能赋予体育课程的实质要义就在于其促进"生活化"的价值功效，这与本课程的指导理念和价值取向存在着明显的共通之处。为此，依据当今高校体育课程的实际需求，积极探索"体验学习"在高校体育课程学习活动方式中的具体运用，也就显得尤为必要。

在当今的高校体育课程研究中，人们对于学习活动方式的关注尚且不多，而直接探讨的是教学方法和学习方法。事实上，方式与方法的区别类似于战略与战术的区别，研究高校体育课程的学习活动方式，可以为体育学习活动过程的有效展开提供规律性的认识，可以为课程目标的实现提供行动上的努力方向。由于长期以来的体育课堂教学已经习惯于教师传授知识与培养技能的固有模式，这对于学习动力与能力的突破性提高必然有着一定的屏障作用。因此，探讨多样化的体育学习活动方式，可以使大学生的体育学习活动过程更加丰富多彩，为体育学习活动生活化进程起到积极的促进作用。

众所周知，体育学习的显著特点就在于身体活动的实践性，无论是体育知识与技能的掌握过程，还是体育情感、态度、价值观的获得与内化过程，都主要是通过学生的亲身经历而形成的。因此，关注过程、关注方法，也就成了体育学习活动过程中的一个极为重要的学习方面。对于高校体育课程来说，大学生体育学习的动力与能力，必然是在对间接经验与直接经验的体验和感悟中通过有计划地指导以逐步积累而获得的。探讨高校体育课程中的学习活动方式，就是为了使大学生在不同的组织结构形式中，运用最有效的方式去感知学习内容、理解学习内容、体验和享受学习内容，只有这样才能使大学生真正通过所学习的内容而把握蕴含于其中的科学性价值和人文性价值，从而促进本课程目标的逐步实现。

因此，关注经验，就是重视大学生体育学习活动的知识、技能与方法，它是体育学习能力培养的直接来源，无论是直接经验或间接经验的学习活动，都离不开体育科学文化的指导与传播，体育的知识经验就在于它的客观性、科学性，关注经验的学习就是对体育科学文化的一种传承。而关注体验，则是重视大学生体育学习活动的内心感受、反应、联想与领悟，它是体育学习动力培养的直接来源，同时也制约和影响着体育学习能力的培养进程。关注体验，就是关注大学生在体育人文文化熏陶中的培养与发展，同时也是生活化学习方式的根本体现。关注经验与关注体验对于体育学习活动过程来说是相辅相成的，脱离了经验的体验学习将会忽略大学生的可能体育生活，不利于体育学习能力的有效提高；而脱离了体验的经验学习将会忽略大学生的现实体育生活，不利于体育学习动力的有效发展。由此看来，在经验学习中关注体验和在体验学习中关注经验，才是探讨体育学习活动方式的根本要义。关注经验与体验的学习活动方式，与体现动力与能力的课程目标、蕴含科学性与人文性的课程内容、突出社会化与生活化的课程结构是一脉相承的。关注经验，就要关注体育文化价值取向中的体育学习活动方式；关注体验，就要关注体育生活化价值取向中的体育学习活动方式。因此，结合所倡导的多样化学习活动方式在不同的课程组织结构形式中和学习活动内容中的合理化运用的基本思路，把关注经验和关注体验这两个基本点渗透在多样化的体育学习活动方式中，使大学生的体育学习活动过程不仅变得更加丰富多彩、更加有利于个性化体育学习风格的有效实现，而且也能够把大学生体育学习活动的过程与方法，依托在对体育学习活动方式改进与提高的具体层面上，从而使促进大学生体育学习动力与能力的有效发展能够落在实处。

因此，高校体育课程中的学习活动方式，应该具有主动性、自主性、合作性、探究性、体验性的共同特征，这些特征并不是截然分开而独立地存在于某一种学习活动方式之中，而是相互联系、相互包含的。在具体的组织结构形式及其学习活动内容中，将表现出主动接受、自主探究、自主合作、合作探究、自主体验、合作体验等各种复合形式。由此看来，学习型社会视野中高校体育课程所倡导的学习活动方式，从本质上看是以弘扬大学生体育学习活动的主体性为宗旨、以促进他们体育学习的可持续发展为目的、由多种具体方式而构成的多维度的体育学习指导方针。

第三章　现代高校体育教学方法创新与应用

第一节　高校体育教学方法与创新

随着我国素质教育的全面推进，体育教学事业得到全面的发展和革新，新课改背景下强调大学体育教学的开展需进行教育理念与教育内容的完善与创新，从以往的体育教学转变为发展学生综合素质，培养学生养成终身体育意识。而高校作为人才培养的主要阵地，需注重对体育教学的强化开展，秉持着以人为本的教学观念来发展学生的综合素质，结合对体育教学方法的创新，实现学生综合素质、身心健康的良好发展。高校体育教学创新方法的思路分析在我国教育教学事业不断发展的背景下，体育教学发展起到的作用逐渐显现出来，而随着新课改的不断推行，高校教育已经构成较为完善的教学目标及体系。而针对高校体育教学的创新，需依据新教学目标与体系来进行教学模式及内容的创新。依据学生具体情况，选择不同教学模式，帮助学生强化自身探索、学习以及技术能力，通过体育教学的创新来发展学生综合素质，让学生在体育学习期间形成正确的社会鉴别意识，实现学生在未来发展过程中充分展现自身个性特色的目标。

体育教学创新除了需侧重对教学内容的创新，还需教师在具体教学期间选择合适的教学方法来丰富体育教学，具体方法包括：①器材求异法。作为体育教学中的主要教学辅助用具，教师针对器材的选择，可以打破以往常规通过标新立异的方式来调动学生参与热情。例如教学期间教师可以选择颜色鲜艳的毽子，开展投准、投高以及投远练习，学生在锻炼期间毽子散落在地上，就像为操场铺上一层五颜六色的地毯，实现学生学习兴趣调动。②挑战创新法。体育教学开展涉及诸多内容，而教师可以采取多种形式来提升项内容的挑战性，吸引学生的注意力，并积极主动参与到教学挑战中。例如教学快速跑期间，教师可以指导学生自行挑选比赛的对象，或者是为自己树立目标，进而在参与训练过程中帮助学生激发潜能。③游戏新玩法。游戏是各个年龄段学生都喜欢参与的活动，不仅能充分调动学生的参与兴趣，还能践行寓教于乐的教学目标。所以在体育教学中，教师可以为学生组织生动、富有内涵的游戏项目，促使学生在游戏参与期间锻炼自身的身心，提高高校体育教学水平。

体育教学形式的创新可以帮助学生更好地参与到体育教学中，并达到创新体育教学的目的。①在具体教学期间，教师可以结合具体情况进行体育项目时段的科学设置，例如可以将体育教学中的理论课程设置在晚间课堂，或者是与其他课程一样进行课时安排。再结合校园广播、网络平台、宣传栏、宣传手册等方式来通知学生，让学生在体育课程时间、地点选择上进行合理安排，实现体育教学的创新。②可以采取会员管理式教学。首先，学生需要在校园网络中选择自己喜好的课程，然后按照相应规定要求进行信息的填写。而教师则可以通过平台进行学生信息的收集和统计，并按照学生具体情况来合理安排教学地点和时间。其次，为学生构建体质档案，将学生的个性爱好、特殊能力、成绩突出等项目记录到档案中，而教师可以依据档案信息来指导学生参加相应的个人展示、院系比赛、区域联赛等活动中。

最后，当学生在出入教学场地时，可以通过刷卡的方式来登记自己的学习时间和练习时间，并且教师可以利用登记记录来掌握学生的具体学习情况。通过对体育教学形式的创新，大幅度提升高校体育教学效果，实现对体育教学的创新。

一、人文思想理念融入高校体育教学的方法与内容

经济的发展，社会的变革，都对高校体育教育思想观念、意识理念产生了巨大的影响，也赋予了高校体育教育新的内涵。对人才的教育培养目标的要求也越来越高，使我们不得不面对现实审慎思考，怎样才能使高校体育教育与教学适应社会发展的需求，使学生在较好地掌握体育的知识技术和技能的同时，提高体质健康水平、树立正确的体育观，最终实现我们倡导和追求的"健康第一"的思想和"终身体育"的目标。通过对河北省十五所以及京津五所高校体育教育与教学现状的调查和研究，使我们切身感受和认识到：要想达到这一目标，提高高校体育教学改革的深度与广度，改变体育教学滞后时代发展的状况，仅仅依靠传统的以体质教学为主导的教学理念下的教学方式和方法是远远不够的，而将人文体育的思想观念引入教学中是改革的一个切入点，紧紧抓住这个突破口并运用各种形式和手段将其融入体育教学之中，必然会给体育教学注入新的生机，拓宽体育教学的思路，拓展体育教学的内涵和空间，使体育教学从传统的体质教育模式的禁锢中突围出来，体现体育教学的外在形式与内在实质的结合；体质教育与人文教育相结合；实现现阶段教育与终极教育目标的统一。人文思想理念对体育教学的良好作用和深层次的影响，已为越来越多的体育教育工作者所共识，高校体育教学的现状和现实表明：要想真正实现我们赋予体育教学的任务和终极目标，加大人文思想理念对体育教学的渗透和融入程度和水平，已经成为改变和提升高校体育教学质量的一个重要途径，也是高校体育教学发展趋势的需求与必然。

（一）影响人文理念融入高校体育教学的因素分析

1.传统体育教学理念因素的影响

传统的体育教学，一般都是通过各种体育教法和手段，在教师的指导下通过各种形式的身体练习和项目训练，使学生学习和掌握体育的知识技术和技能的过程。同时，通过学习和训练，提高学生的体质。课程一般围绕单纯的体育教学内容来安排，强调技能的学习和训练，并以提

高学生的体质为重点。教学要求和教学过程中更加强调专业性，忽视学科教学的思想性。或者象征性地提出一些思想教育的要求，停留在形式上，不能真正做到把人文思想作为重要内容融入体育教学过程之中。

之所以会出现这种现象，追根溯源是和长期的传统体育教育思想和理念对我们的影响分不开的。新中国成立以来，我们体育教育与教学的发展经历了几个阶段。1949 年始至 50 年代末：强调获得体育知识技术和技能的以"三基"教育为主的指导思想模式；60 年代初至"文革"前：强调锻炼学生身体以增强体质为主的指导思想模式；到了 70 年代后期至 90 年代末，由于结束了十年浩劫，体育教育也进入了全面恢复时期，在总结综合了以前成功的经验和失败的教训及对现阶段社会发展状况的分析，围绕学校体育的宗旨和目标展开广泛的研究讨论，进而形成强调以促进学生个性发展和体育社会化的指导思想模式。从对不同时期的各个阶段体育指导思想的分析中可以看出：传统的体育教育思想对体育教学的影响是根深蒂固的。但我们也必须清醒地意识到：传统体育教学观念和教学模式的影响既根深蒂固，又积重难返，改革势在必行，同时又任务艰巨。这是时代赋予我们的使命，是教育的发展趋势赋予体育教学的任务。随着我国国民经济实力和综合国力的提高，人民的物质生活基础有了极大的改善和提高，作为上层建筑领域的体育教育必然也会随之发生改变，使其从以锻炼提高体质为主要目标，转变为人们业余文化及精神生活的一个重要的组成部分，并融入学习工作和生活的各个方面，从而促使体育教学的目标发生了根本的改变；但是，由于传统的体育教学观念的影响致使我们的高校体育教学滞后于时代的需求，降低或制约了体育教育向更高的水平发展。因此，要实现体育教学的新突破，打破旧的传统观念的禁锢，建立新的体育教学思想观念与教学体系是实现高校体育教学改革的重要任务之一。

另一方面，通过对现阶段体育教学的形式给予学生的影响程度所作的调查研究，也可使我们更加清晰地反馈出传统体育教学思想观念对学生的教育效果。我们对河北省不同地市、不同类别的 15 所高校的 458 名毕业生走向工作岗位后其体育活动情况的调查访谈中得到：在工作之余从事的各项文化生活中能经常坚持进行有规律的（每周能进行 2—3 次）体育活动的人数只有 31 人，占调查总人数的约 6.8%；如果将女性的调研比例数增人，这个百分比就会更小；由此可看出我们高校体育教学的效果远未达到我们的预期目的和目标。究其原因，主要是学生囿于学校体育教育这个特殊的环境和条件的制约，如：教学的要求和毕业的基本条件等规定，使学生不得不进行有违自己意愿的各项运动内容的学习，而一旦环境改变压力消失，最原始的状态和教育的效果就会显露出来，才导致上述状况的出现。所以，减小和消除传统体质教育思想对我们的影响，加大人文体育思想对教学的渗透与力度，加强其教学内容方法手段的研究与运用，乃是从根本上变革体育教学现状的重要方法和途径之一。

2. 体育教师文化素质水平因素的影响

体育教师队伍的文化素质基础和水平，是直接影响和制约着人文思想融入体育教学中的关键环节，但从体育教师队伍的文化素质和素养的总体水平来看，它较之其他学科的总体水平而言存在着一定的差距，毋庸置疑这是一个不争的事实。自从 1977 年恢复高考以来至今已有 30 余年的时间，除了对相关体育专业的测试内容有所调整外，对文化课的要求也由初始时的 90 分左右提高到现在的是其他同类院校录取分数线的 60% 左右，在 300 分至 320 分，可以说是进了一大步，这也在某种程度上说明了人们在思想认识上的提高，即要想将我们的体育教育与教学提升到一个较高的层次和水平，必须要有较高的文化素质作基础，才能适应现阶段社会对体育教育的要求，只有培养出高素质（高水平专业素质和相关文化素质）的体育专业人才，才能培养造就大批的符合现代社会需求的德、智、体全面发展的合格人才。由于体育专业的性质和特点虽然做了许多的努力和尝试，经过体育教学实践的检验，仍暴露出体育教师队伍文化素质先天不足的缺陷，它在很大程度影响和制约着人文体育思想对教学的融入，这也是不容忽视的因素之一。

3. 教师职业道德操守水平的因素影响

从高校体育教学的实践可知：由于传统的体质教学和强调加大人文

思想融入的教学，两种教学手段和方法的不同会导致截然不同的教学效果。由于体质教法主要注重的是学生对运动知识技术与技能的掌握，给人的感觉是直接有效的；而人文体育教法的隐性效果，给人的感觉则是不能马上就会显现出来的，可能是在一段时间后或更长的时间内才能显现出来，其实不然，这也是一些人们对人文教法的一个认知误区，正是由于在体质教学中融入了富含人文理念的教法，在较大程度上提高了学生对体育教学内涵的认知水平，认识到高校体育教学不仅对自己运动技术与技能的学习、提高身体健康有良好的作用，而且对自己的成长与成才也有良好的促进作用时，就会调动和激发出更大的学习积极性和自觉性，改变体育教学中普遍存在的学生"被运动"的现象，更好地发挥教与学两个方面的积极性，从而会更有效地实现教学任务和目标。但从现在体育教学的大环境来看，教师在教学过程中努力加大人文理念的融入是一件很费心和费力的事，有时甚至是一件费力不讨好的工作，因为就我们现在的教育体制来说，不会因你多花费心思而多付给你报酬，也不会因你少费心思而消减你的酬劳，所以，有很多事情在一定程度上都是取决于教师的良心，也就是取决于教师职业道德操守、责任心和敬业水平的高低，体育教师只有具备高于最基本的社会责任感才能做好这项工作。人文教法的最大特点就是无形，而无形的教法却具有有形的效果，人文教法的教无定式但却能从表及里从虚到实，能较好地为实现既定的目标服务，但它的基础却是基于教师高尚的职业道德情操和较高的文化素质和修养水平，与时俱进的体育教学思想理念，以及扎实深厚的专业能力和造诣，从这个角度出发来看，相对而言重要的不是教师专业能力和水平的高低优劣，而是教师职业道德操守水平的高低。

4.人文教法体系缺少完善和成熟的教法内容

由于人文体育思想理念融入高校体育教学的研究在我国起步相对较晚，而且在普通体育专业教育的教学中没有开设专门的课程；再加之人文体育教学的文化性抽象性和不确定性，以及体育教师队伍整体文化素质水平偏低的原因也给研究和运用带来了一定的困难，针对此问题的研究现状和特点来看呈现出以下特征：即，理论阐述研究多，实践运用研究少；随机研究多，系统研究少；个体研究多，综合研究少；这就对人文体育思想渗透和融入高校的体育教学中，提高体育教学的质量，拓展体育教学的内涵，最终实现"健康第一"和形成"终身体育"思想的教学目的和目标带来了很大的困难。所以，如何解决上述研究中存在的问题，将理论运用于教学实践，使其由无形变为有形，由抽象变得具体，进而形成一套较完整全面成型的教法体系内容，应是我们广大体育教育工作者需要下大功夫花气力着重解决的问题之一。

（二）人文思想理念融入高校体育教学的路径和内容研究

1.人文思想理念融入高校体育教学的路径

通过对人文体育思想融入高校体育教学诸因素的影响分析，可以发现，人文思想理念对改进和提高我们现阶段体育教学的质量和水平有着十分重要的作用和意义，但它以何种形式进入体育教学之中呢？本人以为，仅靠教师的说教是不够的，因为体育课并不是教育理论课，而过多的说教还会减少学生的身体练习时间，对体育课的教学的密度和运动量、教学的目的任务等指标都会产生一些不利的影响，所以方式和方法的选择是很必要和重要的。对此，经过认真的思想和考虑最后确定了以体育教法的形式，根据教学中出现的问题进行随机地、有意识地将人文的思想理念适时地有针对性地融入，达到使学生在教师有准备、有意识地教育和引导下学生无意识地接受，即以教法的形式，把握时机随机插入、针对性强地进行富含人文思想内涵的引导、教育、启发和熏陶，这种教法方式能较好地消除人为说教的痕迹，对辅助实现教学预期的效果能产生良好积极的促进作用。所以，选择什么样的教法和内涵，教师的文化素质和应变能力对人文思想的融入起着至关重要的作用。

2.人文体育教法的设计形式与内容

为了使我们对所谓的人文体育教法有一个相对清晰明确的认识，为此，本人在课题的研究过程中与一些老教师和专家们的访谈中学到了许多相关的教学经验，再加之个人从事高校体育教学实践中的体会和感受，创编设计了一些富含人文内涵的教法手段，针对教学中出现的问题随机地运用于教学的过程中，这种寓人文思想与体质教法有机的结合在一起的形式，为达到和实现教学的目的任务和要求起到了较好的辅助作用，在此撷取几种有一定代表性的教法进行阐述，以起抛砖引玉和仅供同仁们参考之用。

（1）学科渗透教学法。现今的高等教育正处于知识爆炸的时代，各学科的相互穿插融入和渗透越来越普遍且成为一种发展趋势和必然，并由此发展和派生出许多新的学科，仅从体育专业的基础理论方面来看，就创新出现了运动生物力学、生物化学、运动心理学、运动美学、人文体育等相关学科不胜枚举；而隶属于社会科学的领域中也融进了自然科学的成分。所以，有些学科的范畴只凭单纯的学科概念是很难界定的，正是这种学科的相互融合与渗透，拓展了学科的深度和广度并赋予了其更加广泛和深邃的内涵。

人文思想融入高校体育教学之中的意义就在于，它打破了旧的传统的体质教学模式，引进了体育教育与教学以人为本并为人的发展服务的现代思想理念，将有限的、阶段性的、形式上的传统体育教学，改变并拓展为无限的、长远的和本质上的飞跃，使体育教学的质量从外在到内在，由形式到实质都发生了一个根本的变化，提升到一个新的境界，较好地做到了与时俱进，使高校体育教学适应并与高速发展的社会需求接轨；由于人文思想的融入，涉及的知识面宽广而深厚，这就给体育教师提出了新的更高的要求，这对提高体育教师队伍的整体素质会起到一个极好的推动和促进作用；由于人文思想教法的运用，使体育教学的内容更加丰富充实，学生对体育教学中的知识、技术和技能理解的渠道和思路更加畅通：由于诸学科知识的相互渗透和联系，其中涉及到的高深奥妙的知识和原理，能较好地激发学生的好奇心和求知欲，而对体育教学产生兴趣和爱好，对高师院校的学生而言，通过体育教学对自己本专业水平以及职业技能和素质的提高都会起到良好的促进作用。

（2）微笑教学法。微笑是快乐自信和成功的象征，同时也是一种最祥和的语言。从心理学的角度来说，快乐是对自己的热爱，也是对他人的一种宽容，而且微笑和其他情绪一样也是可以传染的，所以，教师带着发自内心而自然流露的微笑去进行教学，就会对学生产生鼓励信任和尊重的感觉，带给学生一个快乐，一片温馨，一种信念，一种成功，……试想，一个连自己都不热爱的人，它会去热爱和自己非亲非故的学生吗，显然是不可能的，在此借用一句我们经常说的：要想向学生的心里播洒阳光，首先教师自己的心里要充满阳光。教师的微笑可能会给学生带去一个快乐，但更重要的是快乐会造就一种心态，而这种心态会产生一种力量，它一旦生成就会作用于教学之中，使教师向着所期待的教学目的和目标迈进一步。斯宾诺莎说得好："快乐不是美德的报酬，而是美的本身。"从某种意义上说，快乐本身就是一种道德，一种对自己的道德，也是对他人的一种道德。我们也许有不善待自己的自由，但我们却没有影响别人心情的权利，从本质上说，微笑是一种自然表象，快乐是一种心理习惯，是一种无条件的心理感受，因此，作为一名体育教师首先要培养自己的高尚情操，提高自身的思想修养和文化底蕴，通过教师的微笑把快乐带给学生，如果能做到这一点我们的教学就会收到事半功倍的效果，这是一个简捷无声且最佳的教学方法之一，同时它也是一种思想境界。

（3）幽默教学法。幽默是一种才华和睿智的体现，它能直接反映出一个教师的知识层面、思想修养、文化素质、专业的水平及思维反应速度的能力等方面的一个综合素质，它也是一种笑的艺术。教学中教师幽默风趣诙谐的语言能较好地活跃调节课堂气氛，化解尴尬的局面，反应迅捷恰到好处的幽默能给学生带来一个好心情，营造一个快乐活泼的教学情境和氛围，使学生在笑声中理解体育理解运动并掌握技术，反映出教师高超的教学水平和艺术性，如在短跑练习中，对学生脚跟和全脚掌着的错误动作，教师将其形象地比喻为犹如年逾六旬的老人在练 100 米跑，或像台压路机开过来的沉重感，能使学生立刻意识到正确的技术应是快速和轻松的感觉；随即教师再指出其危害性：这种动作易对踝、膝等关节造成损伤，尤其对脊柱和脑部的危害最大；紧接其后进行正确的技术讲解；这种融幽默和情感教学于一体的教学方法，能较好地强化学生对短跑技术的理解和掌握，其教学效果较之传统的单纯的技术教法是非常显著的，由此可见人文体育教法的意义和实效性之一斑。本人认为，所谓幽默教法在其诸人文教法中应属上乘教法之一，要加大研究力度提高运用的普及性，让学生在笑声中感知体育、理解体育、享受体育给其带来的快乐，达到我们体育教学所追求的"累，并快乐着"的教学情境和目标。

（4）危机感教学法。随着我国改革开放的深入和发展，我们的国民经济实力和综合国力都得到了很大的提高，广大人民群众的物质生活水平也有了大幅度的提高和改善，但是，同时伴随而来的市场经济的激烈竞争，人才的竞争、就业岗位的竞争、工作的快节奏等，给人们带来的生理和心理上巨大的压力负荷是很难承受的。针对这种状况，教师通过教学向学生进行危机感的意识教育，即：要想在竞争日益激烈的市场经济中迎接挑战并取得成功，不仅需要具有深厚扎实广博的专业知识技术和技能，同时，拥有一个健康的体魄和较高应激水平的心理状态，也是一个不可缺少的重要竞争条件之一。前者，可由自己的专业学习中得到，而后者则可通过体育教学实践得到锻炼发展和提高。因为体育本身的一个重要任务和特征，就是教师通过运用各种方法手段对学生的身体进行教育，使其得到锻炼和提高进而铸造一个健康的体魄；而在学习的过程中，面对各种运动项目所带来的艰难困苦，譬如短跑时缺氧的窒息感；长跑时疲劳极限的挑战；素质练习时的枯燥难受感等等，学生首先需要战胜的就是自我，只有战胜了自我才能提高，才能胜利。成功自然会享受其带来的喜悦，而失败带来的阴影也会给我们造成不同程度的心理负担，正是在与这些心魔的较量中才使得学生的心理应激能力和水平得到不断的提高。

在教学过程中，教师充分抓住和利用各种时机、偶然的突发事件和发现的问题，有意识地随机地插入教学之中对学生进行有针对性的说教，灌输一种危机感的意识，为了提高自己的能力而学习，为了将来的需要与需求而锻炼，从而促使学生积极主动自觉地认真对待并参与到体育教学中来。这种危机感的意识教育，能较好地实现教师让学生学而转变为我要学的教学目标，从教学实践来看，效果较佳。

（5）师生互动教学法。我们经常说，学生是主体，教师是主导，体育教学是一个师生双边互动的教学过程，但对一些不同类型和不同层次的高校体育教学的实际观察和分析情况来看，教师的主导有余而学生的被动现象是比较严重的，不能较好地实现我们所倡导的师生互动的教学情境和目标，仍是传统的以教师讲解示范后学生按教师的要求去进行练习的模式为主的情况居多，这显然是不能充分调动和激发学生学习的积极性和自主性。对此，针对这种现象我们在教学中尝试利用在课的开始部分，根据教学的内容对安排指定的学生布置任务，提出要求写出教案并由教师对其进行指导，在充分准备的基础上由其带领大家进行相关活动内容的练习，如队列指挥，准备活动中的游戏和领操等，教师及时小结，肯定成绩指出不足；在课的结束部分中，教师根据对学生掌握的情况和了解，随机指定那些身怀才艺和技能的学生带领同学们进行各种形式的放松及游戏练习，如：富含河北地方色彩的民间传统体育项目秧歌、滑旱船和跑驴及各种舞蹈练习等，这些以学生为主导的自编自练的活动形式和内容充分调动了学生的参与意识，激发了练习的热情和积极性，同时也较好地弥补了教师教学中某些方面能力上的缺陷和不足；而在教学的过程中，教师利用提问、讨论、正误对比等形式引发学生的思考，运用其掌握的相关知识分析问题解决问题，提高对体育教学内容项目技术的更深层次理解和认识。

教师通过这些教法手段的运用，在增加教学过程中师生互动程度的同时也对培养学生的组织领导能力、参与意识起到较好的作用，尤其对高师院校学生提高自己的职业技能能力方面均能起到良好的促进作用。

（6）情感交流教学法。情感作为一种教法运用于教学之中，它可以直接具体的显现出体育教学的人性化特征，同时也是对教师事业心责任感和爱心的展示，教师发自内心炙热无私而自然的情感流露并融入教学之中，就会使以体质教学内容为主枯燥单调且乏味的体育教学产生一个新的情境和氛围。因为情感就像空气一样无处不在，我们需要它也同需要空气一样，丰富而细腻的情感是一个人内心境界的反映，它可折射出思想的高尚与否和程度，正如我们常说的"要想往别人的心里播洒阳光，自己的心里要充满阳光"，它能反映教师的思想境界和水平，通过纯真情感的流露并渗透进教学中，使教师与学生之间从相互了解、相互理解、相互尊重、相互信任进而生成一种友谊，通过与他们交流自己的思想情感，分享体育教学带来的成功的快乐和挫折的悲伤，提高对体育教学意义作用和内涵的理解程度。为了达到这个目标我们在教学中注重于细微之处见真情：随手捡走运动场上的石块玻璃等杂物填平坑洼，消除可能造成伤害事故的隐患：从爱护学生的角度出发，对着装提出要求；每逢节假日以及下课时对学生的几句温馨的问候和感谢，见面时首先向学生打招呼；利用本专业所学的知识为学生治疗运动损伤等做法，虽然无形却效果极佳。教师通过这种形式感人、教人、育人的同时也给自己带来了快乐，实现了学生"累，并快乐着"，教师"只有教学之乐而无教学之苦"的双赢教学目标，较好地提升了体育教学的境界和水平。

（7）心理诱导教学法。由体育教学实践可知，学生的心理状态直接影响着学习态度和制约着学习效果。所以教师在教学中要努力调动和激发学生心理中的积极因素，尽量减少和消除不良心理因素对教学的影响，在运用各种形式的体质教法进行教学的同时辅之以心理诱导教法，最大限度地激发学生内在的非体能素质的潜力，即将学生的体能素质的能力和非体能素质两个因素有机地结合起来，这样才会收到最好的教学效果，同时这也是衡量体育教学水平的一个重要方面。

针对这一要求，我们在教学中尝试了心理诱导教法的运用，例如在短跑教学中，我们经常看见这种情景：学生在跑道上练习，教师在旁边或终点处大声为学生加油呐喊，鼓励学生快跑但效果却不甚显著。对此，可采用短跑和长跑的性质对比区别的教法进行简捷的理论阐述，即长跑是以有氧供能的形式为主，短跑则是以无氧代谢的形式为主，两个项目有着本质的不同，因此，短跑练习只有竭尽全力才会达到提高跑速的目的，否则跑得再多也是做的无用功，传导给学生心理一个信息：只有竭尽全力快跑才能提高速度。所以，练习时没有了教师的大声喊叫学生仍能全力练习。再如铅球投掷教学中，无论教师怎样强调和要求运用自下而上地正确用力技术去推球，学生只要一持拿器械练习就会出现依旧单凭投掷臂推球的现象，这是投掷教学中很难克服的一个通病。针对这个现象我们采用了控制论的原理对教学进行调控，即以学生的最好成绩的80% 为上限，规定其练习时的投出距离不能超过这个距离标准，并放置明显的标志物加以限制。这样，学生就会在不用全力推球的情况下达到标准而将注意力转移到对投掷技术的学习上去，进而形成巩固的技术定型，达到纠正错误掌握技术完成教学任务的目的。这种通过调控和诱导学生心理以达到教学目的的教法，较之传统单纯的体质教法其效果和作用是不可比拟的，它体现了体育教学一种质的飞跃，由此可见人文思想融入体育教学中的效果和作用之一斑。

（8）率先垂范教学法。我们经常说"榜样的力量是无穷的"这在体育教学中也能充分体现出它的作用和力量。我们所面对的教育对象是一群头脑发达、思想活跃，思维敏捷、知识丰富、充满活力与朝气求知欲极强的青年人，他们对接触到的任何事物都有着自己独特的见解和思考，在教学中教师的一切言谈举止都可能对他们产生正面或负面的影响，他们不仅在听教师的说教而且也在看着教师的举动，因此，教师的言行一致，说做相符的程度会对学生产生直接的影响和作用，也就是常说的身教重于言教。针对这种状况，教师首先要树立坚定的信念和信仰，以及高度的事业心和责任感，努力提高自己的文化素质底蕴和修养，提升正面说教水平；以由于多年体育锻炼而造就的健康强壮的体魄、充满活力的精神面貌给学生一个直接的表象感召作用；通过教学中教师不畏严寒不怕酷热，不插手避寒也不遮阳避热，严格遵循课堂常规要求，并和学生一起拿送器材布置场地等，事情虽小却能起到润物细无声的效果。尤其在体育考核中，由于体育考核的缺乏科学性和教师的随意性以及社会不良风气的影响因素，稍有差错就会对学生造成极不良的影响；而教师在这些方面和环节中，对学生一视同仁，坚持原则坚决抵制社会不良风气对体育考核的渗透，从中体现出教师人格力量的魅力，就会在很大程度上调动和激发学生的学习积极性和自觉性，提高体育教学的效果的同时也对学生良好思想意识的形成起到积极的教育作用。

（9）聊天教学法。所谓聊天教学法顾名思义就是利用课前或课下的余暇时间，不拘场合不拘形式不拘内容以零距离的方式和学生全方位深层次的接触，从某种意义上来说它也是教学的延续和延伸。通过聊天这种无拘无束的教学形式，它能较好甚至完全消除师生之间的界限，犹如同事朋友之间的闲谈，不设主题内容广泛海阔天空、你说我谈情真意切无所顾忌，而在聊天的过程中，"说者无意而听者有心"教师通过这种聊天的方式，可以从中得到关于学生的大量真实信息，为教师的教学提供参考素材使教学更具有针对性；此外，由于彼此之间以这种形式的交往，更容易加深教师与学生的相互了解和理解，有利于消除由于地位、年龄不同等因素造成的代沟差异，缩短距离拉近思想实现沟通；在"寓教于聊"中，将正面的传统说教转变为双向互动式的聊天，教师了解学生的同时也让学生了解教师，感觉教师为了学生成才的良苦用心和殷切希望，有利改变对体育教学的不正确认识端正态度并将其转化为对体育教学的热爱。俗话说："台上三分钟，台下十年功"，体育教学的备课要求中也有"备学生"这一内容，因此以聊天的方式来"备学生"，较之坐在办公室里冥思苦想"备学生"的做法效果更好，对学生的情况摸得会更清楚、全面、细致和准确，同时也使得备学生这一内容的形式更加广泛活泼具体，针对性强并富有人性化特点，通过在教学实践中的尝试和运用，效果良好，值得推介并完善。

二、高校体育教学新方法的运用

良好的教学方法有助于教学内容的顺利开展，有助于师生之间的良性互动，有助于培养学生的学习热情。所以，为了适应新课程改革的需要，高校体育教师要善于在教学过程中熟练运用各种新教学方法。

（一）自主性教学法的运用

自主性教学法是把积极培养学生的主体意识和创新能力作为目标的新型教学方法，这种方法改变了传统教学中教师占绝对主导地位的教学模式，强调了学生的主体地位，有利于增强学生的进取心。这种方法运用在高校体育教学过程中，就是要教师在向学生传授动作要领时详细讲解各动作相应的技术知识和理论，减少对学生的强制性干预，提高学生的自主性，激发学生的创新能力，从而开拓学生的思维、鼓舞学生的信心。

（二）拓展性教学法的运用

拓展性教学法就是对教学内容和课堂设计进行拓展，培养学生的学习兴趣，调动学生的积极性，挖掘学生的潜力，从而提高学生的综合素质。这种方法运用在高校体育教学过程中，就是要教师精心设计教学内容和课堂细节，注重培养学生领导其他同学进行自主活动的能力，锻炼和提高学生的自信心、团队配合意识、沟通能力、交际能力、领导能力、心理承受能力和责任感等方面的素质。

（三）探究性教学法的运用

探究性教学法即让学生从所学领域或实际生活中自主选择一个主题，然后通过实验、调查等方法进行探索，获得相应的理论知识和实践技能，并养成科学的学习方法。这种方法运用在高校体育教学过程中，就是要教师不拘泥于形式，先积极引导学生自主学习，让学生自由练习动作，引导学生主动探索适合自己的学习方法，最大限度地发挥学生的潜力，然后再灌输理论知识，强化动作的规范性，帮助学生及时发现问题并积极改正，从而形成正确的动作定型。

（四）合作性教学法的运用

合作性教学法是改良创新考核内容和方法的新型教学法，其考核的重要标准是学生创新能力的发挥。这种方法更重视对学生团队意识和合作能力的培养，能够促使学生意识到不同观点间的差别，取人之长补己之短，创造性地完成教学任务。这种方法运用在高校体育教学过程中，就是要教师及时给予学生以指导和鼓励，让学生自主、创新地解决问题，在考核时将学生自己创编的内容和动作也考虑进去，从而促进学生多向思维的发展。此外，当前部分高校体育教师已经采用了分层教学法、游戏教学法、"俱乐部式"教学法，这些教学方法也要进一步普及，并与学生的个性特点和时代要求紧密结合。总之，为了适应社会发展的要求，确保大学生能拥有健康的身心，能成为国家的栋梁之才，高校体育教学工作者必须创新高校体育教学方法，并将其落实在具体的教学过程中。

第二节　高校体育分层次教学法的应用

分层次教学法就是根据科学的分层标准，将学生分为若干不同层次，为不同层次设置不同的教学目标，并采取针对性教学措施达成教学目标的教学方法。由于分层次教学法充分尊重学生的个体差异，因而在高校体育教学中应用分层次教学法，有利于促进高校体育教学实现水平提升和质量改善，并且能够充分激发学生的体育潜能，让身体素质基础及体育运动基础不同的学生都能通过体育学习有所收获，并培养他们形成体育运动锻炼的良好习惯。具体而言，高校体育教师应采取以下策略有效实践分层次教学法。

基于教育体制深入改革的环境下，高校体育教师要创新教育理念，敢于打破传统教学模式的弊端，不再实施统一化管理教学，对于每个学生都制定执行相同的教学方案，这样不利于大学生体育学习的个性化发展，严重打击了大学生体育学习的积极性和主动性。根据此种教学现状，体育教师要积极采用分层次教学法，将相同爱好的学生或者学习能力相近的学生分配在一起展开体育教学，有针对性地制订教学计划和学习指导，这样能够充分考虑到学生个体差异，挖掘学生的潜能。

一、分层次教学法在高校体育教学中应用的必要性

（一）实现高校体育因材施教

由于高校的学生组成是来自全国各个地方的，他们有着不同的学习成长环境和生活习惯，在体育学习上势必会表现出不同的能力和爱好需求。因此，高校体育教师必须科学考虑到大学生个体之间的差异性，有针对性地实施教学方案。通过在高校体育教学中实践应用分层次教学法，能够有效实现高校体育因材施教，教师在尊重学生差异性的基础上，根据学生的不同学习能力和兴趣，合理制定教学方案和内容，明确不同层次的教学目标，这样才能够充分发挥出学生的体育学习自主性，激发学

生体育学习的兴趣和热情。

（二）提升高校体育教学效果

分层次教学法在高校体育教学中应用的关键点在于，通过结合不同学习层次和水平的学生，将他们科学合理地分为不同学习组别，然后体育教师针对不同组别优化调整设计教学计划和教学内容，这样能够确保每个组别的学生都能跟上教学节奏，通过自身努力获得相应的进步。与此同时，由于大学生体育学习能力存在着明显差异性，他们在实际学习过程中会遇到不同的难题，通过分层次教学能够集中解决同一组别遇到的问题，促进体育教学顺利的发展，大大提高了体育课堂的教学质量和效率，促使学生体育学习的全面发展。

（三）培养高校体育教师专业性

在教育新改革制度下，高校教育对体育教师提出了更高的要求，体育教师必须通过不断的努力学习，充分掌握各种先进的教学方法，创新课堂教学模式，提升体育教学的效果，这样才能够不被社会所淘汰。与传统体育教学方法相比较，分层次教学法应用更能够体现出体育教师的专业性，实现现代高校体育教师更加科学进步和发展。基于分层次教学模式下，体育教师必须根据学生不同学习情况和学习兴趣，合理制定相对应的最佳教学方式和内容，帮助全体学生完成自身要面对的各项学习任务，提高学生的体育学习时间能力。在分层次教学中，体育教师必须不断改进完善自身的教学手段，创新丰富课堂教学内容，提高自身的综合教学能力，只有这样才能够促使各个教学环节有条不紊地开展，最大限度满足不同学生的体育学习需求。

二、分层次教学法在高校体育教学中实践应用措施

（一）优化设计体育教学目标，并将其分层

在展开体育教学前，高校体育教师要充分掌握了解到全班学生的实际学习情况和水平，这样有利于教师合理设计教学目标，做好教学计划

和目标分层工作，提高体育课堂教学质量和效率。在这个过程中，体育教师要高度注意的是自身设计的教学目标必须在学生能力承受范围内，能够得到学生的普遍认可和接受，满足学生的相关学习需求。例如：在组织学生开展分腿腾跃山羊活动中，教师要结合不同体育能力的学生，对学生提出不同的学习要求，合理制定学习目标。对于体育综合能力较差的学生，前期只需要学生简单越过山羊，无需过于注重过程技巧，先培养学生的学习信心，感受体育活动的乐趣，这样有利于该部分学生培养起终身体育学习意识；而对于体育综合能力较高的学生，教师要提出与之相对的要求，指导学生注重腾跃技巧、拉开跳跃距离，确保过程中的动作优美协调性。这样因材施教的有效实施能够促使每个学生积极参与到体育学习活动中，不断提高自身的体育学习能力，争取在自身努力下完成教师布置的教学任务。

（二）科学设置体育教学内容，按照难度进行分层

在高校体育教学过程中，体育教师要结合学生爱好需求和学习能力，科学设置课堂教学内容，并按照内容的难度进行合理分层工作，充分考虑到学生的身体素质、基础水平以及学习动机等因素。教师根据不同学习层次的学生，制定出难易适度的学习考核标准，确保每个学生都能够完成任务，提高他们的学习自信心和兴趣，从而促进高校体育教学稳定持续的发展。

跑步作为高校体育教学的核心内容，积极开展跑步活动有利于提升身体综合素质，培养学生良好的意志品质。例如：在长跑教学活动中，体育教师要根据其内容难度，科学进行分层教学。对于身体耐力偏低的学生，教师前期只需引导其完成1—2圈的跑步任务，在一段时间训练后，该部分学生体能有所上升，教师在逐渐加大他们的跑步距离，争取他们更大的学习进步；而对于身体耐力高的学生，教师要让其完成3—4圈的全跑步任务，在长期训练后，指导其慢慢加快跑步节奏，提高跑步速度。而在短跑训练活动中，教师要融入更多难度适应的跑步游戏内容，按照游戏内容难度组织学生开展活动。在"追逐跑游戏"中，教师要将跑步能力相差不

大的学生分配一起进行游戏比赛，促使他们进行良好的相互竞争，在游戏中获得快乐和成就感，同时又能够提高他们的体育学习能力。

科学完成分层是在高校体育教学中有效应用分层次教学法的基础性前提条件。为了达成科学分层的目标，教师应遵循"以生为本"原则及"因材施教"原则，结合具体体育教学内容建立多元分层标准体系，以此最大化实现分层次教学法对于增强高校体育教学实效性的积极促进作用。

1.根据学生的身体素质进行分层

高校学生的身体素质有着较为明显的差别，如果教师未能充分考虑学生的实际身体素质和体能状况，而采取让体质和体能处于不同层次的学生进行同样强度体育练习的做法，那么体质强、体能好的学生体育潜能得不到充分发挥，而对于体质弱、体能差的学生则容易导致他们产生抗拒心理。教师应根据分析学生体质健康测试结果，总结学生的身体素质状况和体能状况，并进行科学分层。例如，在开展长距离跑教学时，教师可以先分析女生的 800m 跑测试结果和男生的 1000m 跑测试结果，结合大学生体质健康标准中关于"优秀""良好""及格""不及格"的成绩规定，将学生分成 A、B、C、D4 个层次，然后为每一层次的学生制定不同的教学目标和教学措施，让耐力跑教学更具针对性。

2.根据学生对于某一运动技能的掌握程度进行分层

学生在进入高校前，已经历了从小学至高中的体育学习，对于某一运动项目技能的掌握程度必然存在差异。为此，教师可以在深入开展教学前，先进行运动技能测试，评估学生对各项运动技能的掌握程度，然后根据测试结果对学生进行合理分层提高体育教学效率。例如，在进行篮球教学中的投篮技能教学前，教师可以先开展 3 次"一分钟投篮测试"，记录学生在 3 次测试中投中的篮球数，并观察他们的投篮姿势规范程度，将投中篮球数量在 20 个及以上的学生分为 A 层，将投中篮球数量在 10—20 个的学生分为 B 层，以此类推。然后再为不同层次的学生设置不同的投篮教学目标、采取不同的投篮教学措施，让投篮技能教学更具有效性。

3.根据学生的实际体育学习需求进行分层

学生的兴趣爱好差异会让他们产生不同的体育学习需求，教师在分层时也应充分考虑。教师可以通过观察学生在体育课上所展现出的学习态度和学习积极性、与学生进行交流沟通的方式来了解学生的体育学习兴趣及实际需求，再根据结果对学生进行分层。

完成分层之后，教师可以将不同层次的学生进行搭配，建立体育学习小组，教师还能有效培养学生形成合作精神和集体意识，仍以上文中提到的投篮技能分层为例，在完成分层之后，教师可以将A、B、C3个层次的学生进行合理搭配建立篮球学习小组，推动A、B层学生带动C层学生在投篮技能上取得进步。

在高校体育教学中应用分层次教学法最重要的目标是帮助所有层次的学生都取得进步，因而教师不能固化分层教学方案，而应根据学生的实际体育学习状况灵活对分层结果进行调整，教师应建立阶段性考核和评价机制，总结学生对于体育运动情感的变化并结合这些信息调整分层。

（三）注重体育学习考核，对其进行分层

高校体育教师在分层次教学法实施后，要注重对学生过程表现的分层考核，及时掌握学生当前学习情况，从而有针对性地采取教学改进措施。体育教师要结合当前班级学生的体育学习整体水平，科学制定出完善的分层考核标准，在教学过程中根据实际情况变化，适时优化调整考核标准，对于学习能力较差的学生要适当降低考核标准，以帮助他们建立学习信心，对于学习能力好的学生则要适当提高考核标准，充分激发他们的学习潜力，促使他们上升到更高的层次。例如：在羽毛球教学活动中，体育教师不能简单地按照学生身体素质或者运动技能掌握程度进行考核层次标准制定，而要综合考察到学生的学习态度、动机以及学习能力。对于过程表现优秀的学生，教师要制定难度更高的标准，不能让学生自我满足、止步于现状；而对于过程表现怠慢、能力不足的学生，教师要降低考核标准，注重教学的循序渐进，展开分层评价，这样有利于激发这部分学生的学习兴趣，在教师区别对待下认真投入到教学活动中。

总而言之，基于分层次教学法对于改善高校体育教学效果及培养学生运动锻炼习惯的重要作用，高校体育教师应建立多元分层标准体系，将学生的身体素质状况、运动技能掌握程度及实际体育学习需求都纳入分层标准之中，结合具体教学内容选择分层方案，同时注意以小组教学方法配合分层次教学法、注意建立动态评价机制灵活调整分层教学方案，最大化实现分层次教学法对于高校体育教学的积极促进作用，切实增强体育教学实效性。

第三节　高校体育体验式教学法的应用

高校中传统的体育教学，是以体育技能为中心，以教师为主导，以学生练习为途径的刻板模式，师生之间缺乏有效的互动和沟通，学习效果自然受到影响。越来越多的学者主张通过教学改革，提高体育教学的有效性。而体验式教学通过分析学生体育基础，设置更为合理的学习任务，提高学生学习体育的积极性，促进教学任务的完成，进而达到教学目的。

一、体验式教学的优势

素质教育对学生的全面发展提出较高要求，各阶段、各层次的办学主体为此而不断努力，从而取得了阶段性成果，也涌现出了众多先进的教育思想和优秀的教育方法。体育教育中的体验式教学已经被广大高校所认可，正在一步步走向稳定和成熟。当然，这是高校教育教学改革中的重要进展，也是体验式教学法本身的优势对教育教学改革的吸引，体验式教学的优势不仅清晰明显，范围也比较广泛。

（一）提高学生体育学习的积极性

兴趣是最好的老师。充分说明了浓厚的学习兴趣往往可以使教学活动达到事半功倍的效果。虽然在大学阶段，学生的体育课程具有一定的自主选择权，但是多数项目在以往的教育中已经接触过，对学生没有足够的吸引力。加之传统的体育教育，难以脱离简单的教学模式，更会导致学生体育学习兴致缺失。但是体验式教育，基于学生的体验管理，可以组织学生亲历一些户外运动，一方面在内容上比较新奇，另一方面脱离固定学习场所，都会更容易引起学生的兴趣。学习过程中问题的出现、方案的制定以及课程的反思评价环环相扣，每一步都需要学生亲历亲测，也可提升学习的主动性。

（二）有利于学生的全面发展

素质教育的推进，就是为了解决应试教育下学生高分低能，发展严重不均衡的问题，是为了促进学生在德育、智育、体育、美育等方面的全面发展。体验式体育教学，扩大了学习的范围，增加了学习的内容，更加强调学生的主体性。根据学生实际情况设置教学内容，提出具体的学习目标和问题，合理分配学习任务，让学生在体验中获得知识，加强了学生的探索精神。这种模式使学生体会到自身体验是珍贵的学习感受，其他人无法代替。日后的工作学习中，更注重通过亲身实践的过程实现目标的达成。体验式教学的课外发展，为学生间的交往互动提供了更多的机会，有利于学生人际沟通和自我实现的完善。

（三）有利于课程的双向监督

传统的授课模式基本固定，上课由老师讲解各类运动的基本规则，然后进行动作的示范，接下学生进行训练，出现的明显问题教师加以指导。课程的考核基本都是由老师划定动作的要求，不涉及理论知识。这种模式对我国体育教育的长期发展非常不利。而体验式教学，并没有完全走向成熟，需要师生共同探索完善，首先对教师而言是新的挑战，需要及时更新教育知识和理念，促进了教师的成长。探索的过程也提升了教学效率，改进了教学方法。体验式教学是一个以学生为主，充分增强学生的实践性、探索性的过程。一些体育学习的问题需要学生在实践中进行充分体验，不断思考、不断总结，有利于学习目的的全面实现。

二、体验式教学的原则

体验式教学的优势十分明显，广泛应用体验式教学成为必然趋势。在国内，众多高校的办学理念和办学宗旨各不相同，具体的教育模式和教学方法也各具特色。但是体育教育中应用体验式教学方法，已经成为很多高校的共同选择。所以在体育教育中，体验式教学的一些教学原则还是具有共性的参考价值，是基本的行为准则和价值追求，高校在具体的实施过程中应当予以严格遵循。

（一）坚持以人为本原则

体验式教学的最大特点是教学主体的变化。在整个教学过程中，教师不再处于主导地位，只起到教学过程控制监督、具体操作指导辅助的作用。传统的体育教学，学生要服从老师的安排，被动接受课程信息知识。但体验式教学，学生通过自己的实践，直接获取信息，加强感受和体验；同时，体验式教学强调从学生的角度出发，考虑了学生的兴趣和积极性在教育效果中的作用，兼顾了学生体育学习的学习体验；其次，体验式学习更加注重学生实践精神、探索精神、创新精神的培养，为学生的身心健康和全面发展提供了积极的帮助。总而言之，体验式教学是为了取得更好的教育效果，是为受教育者服务，所以要坚持以学生为主体的原则，充分发挥体验式教育的优势。

（二）坚持安全第一原则

传统的教学方法虽然刻板僵化，但由于教师处于主导地位，对教学过程的控制拥有足够的空间。与其他课程相比较，体育课程活动量大、需要实践参与，本身的风险就比较高。体验式体育教学，内容设置更加开放多样，学生的自主性得到进一步释放，学生受伤的风险也随之增加，所以安全问题必须时刻警惕。所以体育教学过程中，所有的场地和设施必须定期检查，对存在安全隐患的地方及时补救更新：针对突发情况易发的活动，准备必要的防护装备和急救装备，做到合理预防和及时处理并举并重；加强学生的安全教育和急救常识教育工作，以应对潜在风险。

（三）坚持循序渐进原则

高校开展体验式教学的出发点是好的，为了推进体验式教学在体育教育中的应用工作，深入开展，多方努力。注重时效都是没有争议的，但是不能操之过急。内容改革方面，要根据学生的实际情况，分阶段变革。素质教育的逐步深入，会带来学生能力层次的逐渐提升，所以教学内容的变动要根据学生的特点逐批进行。项目引进方面，先依据学校情况引进操作简单、安全性高的项目。等到条件成熟后，再慢慢引进操作难度大、安全要求高的项目。总之，体验式教学工作不可能一蹴而就，必须从学校与学生的实际情况出发，循序渐进，稳定走好每一步。

三、体验式教学的应用策略

体验式教育是在传统教育的基础上进行教学方法的改进，所以并非无源之水无本之木，传统教育中的宝贵经验可以完全应用在体育教育的体验式教学中。当然，体验式教学有其独特之处，在开展的过程中，师资、资金等问题比较客观，教学的侧重点和具体方式的选择也比较重要，所以要特别关注某些方面的实施。

（一）注重拓展教育

体育教育本身具有操作性强，理论知识相对薄弱的特点。体验式教育的实施，要想在体育教育中发挥良好作用，必须注重拓展训练。拓展训练，是响应素质教育的具体表现。在实施过程中，有利于学生智育、体育等的多方发展，可以促进学生的心理健康和人格塑造，也有利于培养学生的团队精神学习。所以各高校应当重视拓展训练的作用，鼓励教师参加拓展训练活动，以便教师明晓作用，把握关键因素，从而更好地开展此训练。当然，出于安全等因素的考量，如果学校对拓展训练没有充分认识，对具体情况了解不够，最好不要追随主流，轻易开展拓展训练的课程实施。

（二）加强师资培养

体验式教学的顺利开展，离不开教师的努力引导，所以对体育教育者的要求相应提高。目前来看，各大高校开展体验式教学还存在师资不足的情况。第一，高校自身必须注重校内师资建设工作。一方面，积极引进教育思想先进、工作能力突出的高素质人才。另一方面，做好校内体育教师的培训提高工作，鼓励教师及时更新教学理念，优化教学方法。同时，高校根据自身条件和需求，聘请专业人士来校开展讲座，加强交流学习。第二，师范类院校做好师资培养工作。师资培养的优势在师范类院校中十分明显，所以充分发挥优势，培养更多的专业人才。

针对体验式教学具有系统性强、体系化强，教师专业素质跟不上教学实际的现实情况，对体育教师加强教学理念、方法等方面的知识培训。第一，要注重体育情境的教学设计和教学内容的策划实施，营造身临其境的教学氛围，让学生看"境"领会、入"境"体验、出"境"回味，激发学习兴趣，展开想象翅膀，从想学、要学，转变为趣学、乐学。一方面，情境设计要有自我挑战性和探索性。既不能设计太简单，让学生失去探索欲、好奇心，也不能设计太复杂，让学生无所适从，找不到突破口，失去探究的积极性和热忱。另一方面，要贯彻安全第一、预防为主的原则。体验情境要把安全放在第一位，不能为了追求高难度、高体验性而拔苗助长，导致学生受伤、受惊吓的事件发生。第二，要遵循先易后难、循序渐进的教学原则。具体分为五个阶段：一是准备阶段。明确教学目的、体验步骤、要达到的预期效果。二是热身阶段。舒筋活骨，树立必胜的信心，相互鼓励，了解团队。三是心理磨砺阶段。挑战自我，做好攻坚克难的心理准备。四是体验阶段。相互交流，分享观点，共克时艰，总结经验。五是反思阶段。对存在的问题、解决问题的办法等进行反思，举一反三，找出最佳方案，避免今后挑战中走弯路。第三，引导学生学会反思。一是重现性反思。帮助学生对已有的教学体验进行重现式的回顾，加深整体体验认知。二是质疑式反思。对学生体验进行点评，让学生将已学习的体育知识的碎片式记忆进行集中链接，通过点评，提出存在的问题，让学生在质疑中发现问题、总结不足，制定整改措施。

三是互评式反思。引导学生与学生之间开展互评活动，让"旁观者清"促进"当局者迷"，提高学生体验的集体意识、团队意识和大局观念。

（三）加强教师"主导"与学生"主体"作用，促进师生"双地位"的同步发展

传统体育教学偏重教师的"主导"地位，忽视学生的"主体"地位。体验式教学摒弃了传统教学的弊端，在强调学生的主体作用的同时，对教师的主导作用也不容漠视。但在具体体育课堂教学执行中，往往过分强调学生主体地位，教师的主导作用有削弱趋势。因此，教师应该转变观念，主导与主体并重，指导与引导并举，做到"望闻问切"，切实让学生在实践中真体验、体验好，"体"有所得"验"有所效，实现师生教学相长。一是"望"。教师要注意观察学生的课堂表现，根据练习的实际情况进行教学节奏、教学环节的调整、优化和创新。特别是要注重学生间的运动差异，因材施教，按需施训，让每个学生都能有所提高。二是"闻"。耐心听取学生间的讨论和探究，只要有利于提高教学质量，有利于促进学习成绩，有利于增强实践体验的建议和方法，教师都要积极吸纳、共同探讨，切忌唯我独尊、刚愎自用。三是"问"。当学生集体探讨有分歧，当学生遇到挑战有畏难情绪，当学生参与积极性不高，教师要及时关切地进行询问，摸清原因，提振士气，激发兴趣，让学生都参与其中，感受和共享体育运动带来的精神愉悦和身心快乐。四是"切"。把好火候号好脉。创设好教学情境，定好学习目标，选好合适的项目，既让学生在体验中学习换位思考，增强团队意识、融入意识，又让学生在探讨中学会汲取、容纳，提高问题意识、改进意识。总之，学生"主体"地位挺在课堂教学前面，教师"主导"地位服务于学生"主体"地位，形成师生良性互动，促进教师"乐教"、学生"乐学"、同呼吸、共成长、齐发展的多彩局面。

（四）激趣导学，提高学生参与度

体育教学不仅仅是运动知识的传授，还与学生的日常生活息息相关，也不仅仅是增强学生身体素质，对学生心理、态度、精神上的磨砺更是

进行体育教学的宗旨，所以教师要多措并举，激发学生学习兴趣，让学生都踊跃参与到课堂学习中来，由趣向学，学有所长，长有所范，范以促学，形成爱运动、爱学习、爱生活的良好氛围。一是实施需求探询法。教师要首先了解清楚学生对体育教学的需求，由需定制课件，按需设计教学内容，只要时间允许，便征求学生的意见，让学生参与教学全过程，特别是在教学项目选择、内容制定、计划实施、注意事项等方面，与学生共同探究、共同交流，使师生思想融会贯通，形成良性循环。二是实施榜样引领法。一方面，可以播放一些学生公认的体育明星的运动视频以偶像提精神鼓士气，以榜样树标杆鼓干劲。另一方面，体育教师发挥言传身教的作用，参与到活动中，变老师为队友，变说教为示范，彰显教师对教材、对学生的"双重体验"成果，以此促进学生向最好学习，同最优对标，学有榜样，练有标杆。三是评价激励法。要以正评价为主，对学生的完成情况、存在不足、改进方向等及时给予点拨警醒，让学生正确认识自己、认识他人，扬长避短，取长补短。特别是让学生明白，体育教学不单单是一项运动技能，更重要的是其中包含着情感、精神和文化的要素，是一项综合课程。四是角色体验法。让学生扮演若干角色，从角色定位和演绎中感受教学理念、教学目标。比如扮演裁判员，锻炼学生要秉持公平、公正、公开的比赛态度，要有应急处置意识，要了解和遵守裁判规程，要把控场上与场下、运动员与观赛员的动态等。五是反思领悟法。教师要反思自身，看看教学过程还有什么不足、学生的精神状态如何、参与度变化大小等等，通过教学反思，总结经验，修正不足，提高质效。同时，要引导学生进行学习反思，从心理上的融入、实践上的思考，到团队精神的塑造等，看看还有哪些层面急需提升。

体验式教学是一项注重实践体验和情感认知的系统工程，在高校体育教学应用中还需立足教师主导、学生主体的"双地位"，立足教师对教材及学生的"双体验"，立足教师的引导者和参与者的"双角色"，激发学生的学习兴趣，强化学生的实践体验，绽放体育运动精彩，让学生在运动中健康身心、磨砺品质，谱写新时代体育教学新篇章。

体验式教学作为一种新的教学方法，其作用十分明显，但是开展的深度和广度，都需要持续的经济支持。在一些发达国家，高校教育的资金来源很大部分是依靠社会各方的赞助，社会与教育的整体环境良好。但国内高校的大部分资金，都依靠国家的统一拨款，款额有限，需要款项支持的项目众多，所以高校的教学改革资金是得不到持续有效的保障。因而高校应当积极寻求社会帮助，接受社会力量的资金支持和项目援助，实现资源共享。也可以充分利用校友资源，寻求各行业的优秀校友帮助，从而进一步解决高校设备老化、条件标准低等方面的问题。

第四节　高校体育互动式教学法的应用

为了全面适应素质教育发展的需求，加快高校体育教学改革开展的进程，我国在高校体育教育领域推出新课程改革的全新理念，新课改的中心思想在于对传统的高校体育教学进行全面的改革，使得学生实现由被动的接受式学习向着自主式学习的有机转变，从而培养与提高高校学生的自主学习能力，凸显其在体育学习过程中的主体地位，使之学习行为、思维方式、知识的获取以及自身综合素质体系的构建，符合社会发展的需求。基于此，在新课改理念的有机引导下，诸多全新的体育教学方法得以挖掘、创新，并付诸教学实践，对于提高学生的体育学习成效，发挥出重要的促进作用。本文在新课程改革的背景下，对互动式教学法在高校体育教学中得以应用的可行性进行论述与分析，以期为新课程理念影响下的高校体育课堂教学改革的发展，提供必要的理论依据与实践参考。

一、互动式教学的内涵

互动式教学是通过营造多边互动的教学环境，在教学双方有效的平等交流与探讨的过程中，实现彼此间不同观点的有机碰撞与相互交融，进而激发教学双方的主动性和探索性，达成提高教学效果的目的。同时，互动式教学有利于构建新型的师生关系，在教学过程中注重对学生主体地位的凸现，是一种充分体现"以人为本"的、具有创新理念的教学方法。

互动式教学是当代教育民主化在教学方法改革方面的重要体现，在此教学情境中，师与生双方以各自不同的身份，遵循一定的规则与规范，这些规则与规范是师生双方共同接受、共同认可的，在这些规则与规范的影响与导向下，师生双方在教学过程中进行着彼此相关、相互作用的物质与精神的交换和传导的活动。在这种过程中传导的包括物与非物的、言语与非言语的、理解与解释、领悟与说明等环节和方面。具体而言，就是师生双方在教学活动过程中共同构建起的教与学的情境，教与学是教学体系的基本构成因素，其相互间的关系问题是教学的本质问题，同时也是教学领域中起主导作用的理论问题，正确处理好两者之间的关系，是推进教学发展进程、提高教学效果的重要保障，互动式教学将教学的本质定位为交往，而交往的实施要建立在师生间相互尊重、平等和谐的基础上。

二、互动式体育教学的基本特征

（一）互动过程遵循秩序化原则

在教学过程中互动的实质是师生之间、生生之间在情感、行为、思想以及个性特征等诸多方面的碰撞、融合、互补、创新、发展的过程，是建立在民主平等基础上的交流、合作、竞争以及对成功的共同体验与共享。因此，这种互动要遵循循序渐进的发展规律，并在此规律的规范与引导下，有节奏、分层次地进行。

（二）互动空间具有开放性

体育教学自身具有开放性的特征，而互动式教学是一种开放式的教学方法，有效地打破了传统教学模式的束缚，从教学理念、教学方法、教学的组织形式以及教学内容的择用等方面，向着自主、开放的方向发展，整个教学过程呈现出动态的开放。首先表现为学生根据自身发展的需求进行自主的择师、自由选项；其次，在教学过程中，学生自主组建学习小组，以利于彼此间的交流以及研讨；再次，在教学过程中，教师处于引导与辅助的地位，更加有利于对学生学习动态的掌握，便于给予及时地修正与调控；最后，在教学过程中，鼓励与支持学生个性的张扬与发展，为学生的成长提供更为广阔的发展空间。

（三）灵活多变的教学组织形式

互动式教学最为基本的教学形式是组建学习小组，进行有目的性的研究与探讨。在此过程中，教师根据教学内容的需求，创设各种教学情境，进行形式多样的情景模拟、体验交流以及认知讨论等活动，从而促进学生更为深入、透彻地理解和掌握教学内容。另外，互动式教学还可以采取组间竞技、个性化意见的交流、团队合作等教学形式，来培养与提高学生的表述能力、沟通能力、交流能力和团体合作等能力，进而强化学生对体育教学内涵的感悟，对自身发展的追求。

三、在互动式体育教学中教师应具备的基本素质能力

体育教师是课堂教学活动的组织者与主导者，其自身的素质能力高低，对于课堂教学的效果具有重要的影响作用，任何新型教学方法的研究与实施，都与教师的实践活动存在密不可分的练习，而在此实践过程中，教师的素质能力起到决定性作用，相对于互动式体育教学方法的运用于实施而言，除去要求体育教师要具备最为基本的专业素质能力外，还要求体育教师应具备以下的素质能力。

（一）创设有效的教学情境，为学生提供良好学习氛围的能力

互动式教学讲求对具有针对性教学情境的创设，使学生能够在身临其境的体验中，加深对教学内容的理解与认知。同时，基于互动式教学所具有的分组式学习的最为基本的表现形式，对于相关问题的提出，以相应的情境来表述，对于提高学生实现由感官认知到理性认知的有机转变与升华，具有极其重要的促进作用。因此，要求体育教师要具备教学情境创设的能力，能够充分理解与掌握教与学的互动规律，并能够根据学生自身发展的需求以及基本素质能力的现状，有效地设置教学内容、公平合理地划分学习小组、灵活地运用各种相关的手段来创设教学情境，并能够在教学中充分理解与尊重学生的学习行为与思维方式，为学生构

建与提供平等和谐、轻松愉悦的学习氛围。

（二）运用科学有效的方法，对体育教学过程进行有机调控的能力

互动是体育教学具有开放性、动态性的特征，讲求教学形式、教学内容以及教学主体之间的有机互动，进而达成教学目标。因此，互动式体育教学在实施过程中，极易产生互动过激、开放过度的现象，使得教学局面趋于混乱。因此，要求体育教师要具备高超的教学技巧以及能够对教学进程进行有效驾驭的能力。首先，要求体育教师能够根据教学内容的需求，运用灵活多变的组织形式，为不同素质基础的学生提供与之学习需求相适应的方式方法，使得体育教学的整体性效果能够得到有效的提高；其次，要求体育教师在体育教学的过程中，要善于根据学生的情绪表现、动作表现以及问题反应等方面，及时地把握学生学习动态的变化，并能够进行有效的调控，确保教学进程的良性发展。

四、互动式教学法在高校体育教学中的应用途径

（一）促进观念转变，积极构建互动的环境

转变观念，是实现教学方式方法创新、实践，最终得以推广与普及的基础。互动式教学方法的应用，首先需要教师的教学观念以及学生的学习观念实现有机的转变。相对于教师而言，教学理念是其教学实践活动所遵循的原则与标准，对于其教学开展与实施具有重要的导向与规范作用。这就要求体育教师必须实现对传统教学观念的转变，使之适应新课程改革发展的需求，为互动式教学的开展打下坚实的基础，而对于学生来讲，学习观念对其学习行为的发展会产生极其深远的影响，学生传统的学习观念是完全遵循教师的教学原则，导致学生的学习行为完全依附于教师，使之自主学习能力、个性的培养受到严重的制约与影响，因而，为实现互动式教学的最终目标，提高学生的综合素质能力，必须要引导学生转变学习观念，由传统的被动式学习向着自主式学习的方向转变，使之不至于在互动教学过程中产生迷茫与困惑。

（二）加强情感交流，实现师生间的心灵互动

互动式教学对建立良好的师生关系具有重要的促进作用，而良好师生关系的建立，是促进教学效果提升的重要因素。因此，要求体育教师应当主动地与学生进行情感的交流，同时要端正教学态度，加强自身的师德修养，以自身的学识、魅力来影响学生，使学生对教师产生好感与信任感，进而赢得学生的尊重与爱戴，由此，在教学过程中形成师生间情感的交流、心灵的互动，使课堂充满勃勃生机，使学生学会了尊重与包容、学会了与人交往、与人共处、与人合作，进而培养起协调合作、团结互助的精神。

（三）构建研讨氛围，促进师生间的认知互动

互动式体育教学以小组作为基本学习单位，针对教师提出的问题，首先进行小组内的研讨，然后进行组间讨论，最后与教师进行相关问题解答的讨论，从而提高学生的自主思维能力、表述能力、合作能力。因此，在互动式体育教学中，对于研讨氛围的合理构建，是确保教学成效的重要保障。首先，体育教师应根据教学内容的需要，为学生创设具有针对性、适应性的问题情境；其次，通过启发、引导、讲解、示范、督促、评价等手段，组织学生对相关问题进行个体观点、自主认识的表述与探讨；再次，教师应在小组讨论时积极地参与其中，进行理论方面的引导，并对具有共性认知的问题进行有效的答疑解惑，使学生的认知趋于理性化，达成共识化；最后，在进行全体学生与教师之间的共同研讨，实现师生间在认知领域的有机互动。

五、互动教学法在高校体育教育教学中的应用策略

（一）通过构建新型的平等的师生关系，为互动教学法营造学习氛围

教师是体育课堂教学的规划者，是课堂教学的组织者及指导者，但同时也是合作者。所以教师要明确课堂教学内容和教学目标，明确学生

在课堂教学中的主体地位，在课堂教学中充分尊重大学生的个性。要鼓励大学生积极创新，敢想敢做，更要尊重每个学生的新奇想法和独特思维，从而构建起一种民主的、平等的、和谐的师生关系，让学生能在一种无拘无束的氛围中学习，以期能收获到最佳的学习效果。在互动式教学过程中，可以采用换位思考的方法，让学生能从教师的角度来对课堂提出建议，让教师能从学生的角度来思考如何开展课堂教学。在这样和谐民主的教学氛围中，学生可以充分发挥出自主学习的潜力，真正地从过去"要我学"的状态转变为"我要学"的状态。

（二）在良好的、平等的师生教学氛围中，要不断加强师生之间的情感交流和心灵互动

互动式教学法可以很好地构建教师和学生之间的新型平等师生关系，并且这种师生关系恰恰是确保高校体育教育教学取得满意教学效果的关键。故在高校体育教育教学的过程中，教师必须积极地同学生进行情感交流和心灵互动，要对自己的教学态度高度重视，要不断加强自身的道德修养，用自己独有的学识和人格魅力对学生产生潜移默化的影响，从而使学生能对教师产生由衷的好感和信任。因为互动教学法产生的教师和学生之间的新型平等师生关系，才能使高校体育课堂教学更有吸引力，才能使学生在课堂教学中学会尊重、学会包容、学会合作。

（三）高校体育课教育教学的各个环节要灵活安排和使用互动教学法

高校体育课堂教学一般是由课堂的准备环节、课堂的基本环节和课堂的结束环节组成。在高校体育课教育教学的各个环节要灵活安排和使用互动教学法。首先是课堂的准备环节。准备环节对于课堂教学有重要意义，好的课堂准备可以避免因为心理或生理上的不足而造成的课堂不可控现象发生。具体来说可以让学生根据自己的情况采取分组练习的方法来完成体育课堂的准备活动，还可以将电视、VCD 等对学生非常有吸引力的影像资料内容融到体育课堂的准备中，这样的方式是学生非常欢迎的。另外，在课堂的准备环节中，还要及时鼓励学生能通过彼此的讨论创新合成新的练习内容和方式，这样可以有效地锻炼和提高学生的组织能力及创新能力。其次是课堂的基本环节。课堂的基本环节是高校体育课教学的主体，如果沿用传统的体育课堂教学模式，就是在教师指导下，让学生做什么，学生就做什么，学生被动接受和参与体育教学。但在课堂教学中使用互动式教学法，就可以确保学生都能根据自己的情况自由选择或自由编组参加学习，然后可以让学生在和教师的互动中主动发现问题和解决问题。在基本环节中应用互动教学法，具体来说就是要在课堂教学中区别对待每一个学生，从而让每一个学生都找到适合自己发展的学习领域，为学生努力营造一个民主宽松的、和谐的体育学习和体育锻炼环境，并积极鼓励大学生在体育课堂中通过参与组织的各种活动学会创新思维，学会开动脑筋，学会积极思维。最后是课堂的结束环节，教师和学生之间的互动一定不要被传统的形式禁锢，其实只要是能有益于学生身心的各种活动都是可以采用的。如可以采用游戏的形式结束课堂教学，可以安排一曲欢快的集体舞来使学生放松身心，可以通过在教师指导下的分组按摩形式，或者通过科学的调整呼吸让学生紧张了几十分钟的关节、韧带及肌肉等都能得到彻底的放松。

（四）应用互动教学法要正确地处理好教师的主导作用和学生的主体性之间的关系

在高校体育课堂教学中使用互动教学法，一定要正确地处理好教师的主导作用和学生的主体性之间的关系。体育课堂教学的实践在突出强调以学生为主体的同时，也是不能忽视教师的主导作用。首先，教师在体育课教学中，一定要充分利用好自己的知识，切实采取有效的措施来培养大学生的各种认知能力，要积极创设各种教学环境来激发大学生学习体育的积极性，帮助大学生养成终身体育的良好习惯。其次，体育教师在对大学生进行体育学习方法指导时，一定要事先制定明确的教学目标，要对每个学生都能做到区别对待，从而使每个学生都能在体育学习中感受到学习的快乐，都能熟练掌握学习方法，变被动学习为主动学习，变被动锻炼为主动锻炼。最后，教师在对大学生进行课堂辅导时，一方面要照顾到特殊群体的学生，另一方面要针对特殊的运动项目进行特殊的安排和考虑，尤其是要注意排除安全隐患，一定要采取防范措施，以便能确保正常的课堂教学秩序。

第五节　高校体育合作活动学习法的应用

一、小组合作学习的内涵

（一）小组合作学习

由于价值观念，教育教学条件及教育中有待解决问题的不同，各地有关小组合作学习的概念也存在差异。基于小组合作学习在学科中应运的分析，对小组合作学习的概念作如下阐述：

小组合作学习即小组合作，是形成一种以"异质小组为主、同质小组为辅"的合作形式，旨在促进不同程度学生在小组内自主、合作、探究学习，共同实现学习目标，并以小组总成绩为激励依据，全面促进学生知识、能力、情感、态度、个性和谐发展的新型的学习模式。

（二）体育教学中的小组合作学习

体育教学小组合作学习作为小组合作学习的下位概念。主要是指在体育教学活动中，为了完成既定目标根据学生个人技能、体能的不同，或者依据不同的教学目标、教学内容、学习兴趣、个人需求将学生分为"异质"小组与"同质"小组，以充分调动学生参与体育教学活动的积极性和主动性，并最终实现教学目的的一种体育教学方式。

二、小组合作学习的特征

（一）以异质小组为基本形式

"贤圣殊品，优劣异质"，异质是指不同的资质。以异质小组为基本形式是小组合作学习最有代表性的典型特征之一，目的是促进学生之间的合作学习，激发组内成员学习的兴趣。它改变了传统的班级教学结构。所谓异质小组其实就是"组内异质，组间同质"，"组内异质"是依据学生的知识基础、学习能力、性格特点、兴趣爱好、性别等方面的不同，对学生进行分组，让不同资质和不同层次的学生进行优化组合。由于合作小组内成员不同观点的碰撞、交流、整合，使学生在合作学习的过程中能够学会从不同的角度去分析问题、解决问题，对于小组内成员协作学习提高、不同优势的发挥、自信的增强和成就感的激发都有着积极的作用。由于每个小组都是异质的，各个小组总体水平基本一致，这样就使得全班各小组之间产生了同质性即"组间同质"，"组间同质"有利于开展公平竞争、营造和谐而又不失紧张的学习氛围。它具有小组之间的竞争性与激励性等基本属性，既为小组内同学间的互助提高提供了客观的条件，又为激发小组间的集体荣誉意识提供平台。但不是所有的体育教学都适用以"异质"进行分组，很多时候还要考虑到学生的需求，需要通过以"同质"分组的形式来解决教学实际问题。具体适用什么样的分组这就要求体育教师在实际教学中根据学情科学选择。

（二）以小组明确的目标达成为标准

"让学生在教师的指导下，通过感知、体验、实践、参与和合作等方式，实现任务目标，感受成功"，这是《体育与健康课程标准》里提出的具体要求。为了让学生在实施合作学习的过程中能够有的放矢，体育教师应该在学生开展小组合作学习前，清晰明确地告诉学生，要做什么，怎么做，最终要达到怎样的结果，必须立足于明确的目标达成进行合作。以明确的目标导向作为标准，有利于培养学生的多向思维、求异精神和创新意识；有利于调动全体学生的主动性和积极性；有助于确立教学中学生的主体地位，发挥学生的主体精神和协作精神。

（三）以小组成员相互依赖的合作性活动为主体

以小组成员相互依赖的合作性活动为主体是小组合作学习区别于传统班级教学最本质的特征。

一个有效的合作学习小组，必然是一个相互依赖的团体。有效小组合作学习的首要条件是学生相信他们是同舟共济的，并且彼此是值得互相依赖的。在合作学习中，积极的相互依赖使学生们知道自己和其他组员之间是密切联系的，其他组员成功，自己才能成功，反之亦然。积极的相互依赖使学生们明白他们彼此的责任和其他组员是相互有益的，小组成员在一个小组中共同学习，彼此分享资料，互相支持和鼓励，从而使组员的学习效果最大化。在积极相互依赖的小组中，小组成员的努力对小组的成功是不可缺少的，每个成员为了完成共同的目标而集体努力、合作，为目标的实现付出自己的贡献。相互依赖为相互合作提供了一种情景和前提。构建积极的相互依赖关系，可使学生间相互依赖的合作产生更高的成效。

（四）以小组总成绩作为评价和奖励的依据

建立科学的评价机制，是小组合作学习取得成功的保障。评价不仅仅只是针对学生学习成绩，应采用多种评价方式与不同评价内容，同时综合学生的兴趣爱好、学习能力、知识基础、性别、特点等多方面因素，对学生合作学习进行评价。小组合作学习以小组总成绩作为评价和奖励的主要依据，这样就形成了小组内成员相互合作而又与其他小组产生竞争的局面，对小组内各成员的参与度、积极性和创造性作出恰当的评价和奖励。以小组的总成绩作为评价和奖励的依据，在组间树立榜样，激发组间竞争，改变了传统体育教学中以学生个人为奖励对象、以个人成绩为奖励标准的做法，充分调动和激发了每个学生参与学习的主动性和学习兴趣。同时使学生优势互补，形成良好的人际关系，促进学生个性特长健全发展，使学生在各自的小组学习中尽己所能，组内成员之间形成互助与合作的学习氛围。这种以小组总成绩作为评价和奖励依据的方式，改变了传统班级教学中学生成员间以竞争为主的交往方式，有助于培养学生的合作精神和团队意识的观念，形成更积极的人际关系，养成更健康的心理状态。

三、体育教学中应用小组合学习的价值

（一）让体育学习者的责任意识感更加具体

近年来学生的社会责任意识不容乐观，出现了诸如个人责任感、角色责任感、集体荣誉感、国家概念、社会意识不足，这些原因的出现离不开学校教育的缺失，所以从学校教育的任务出发，培养学生的合作意识就是在培养学生的社会责任意识。这一任务符合国家与社会对人才的需求标准。

体育课堂和其他科目的课堂相比，学习的活动范围更大，空间更广，组织方式更多，而在高校体育课堂中运用小组合作学习不仅是知识结构的探讨和交流，还是身体机能相融合的肢体触碰。小组内的每一个成员既要自己学会知识技能，还要亲力亲为地去保护帮助同伴，组内的任何一个同学如果出现疏忽或者推卸，那么在体育课中就可能出现整个小组的任务无法完成，并可能造成一定的安全事故。学生在体验动作完成的同时，体现的还有情感体验，责任意识的体现，并且这种体现更加强烈与具体。所以，目前中学体育不仅承担着学生身体锻炼的意识，还肩负着生命安全教育意识，以及团队间的责任意识。

（二）让体育学习者的互助依赖性更加突出

学生之间的互助依赖是小组合作学习的特征之一，这一特征在高校体育学习过程中演绎得更加显著。巴金曾说"她相信人应该彼此相爱，互助地、和平地生活着"。社会是一个大家庭，学校亦是如此，我们每个人都是其中的一分子。团结、互助、友爱是人生必不可少的道德品质。我们拥有这种优秀品质，并且有机地结合起来，担当起建设祖国的重任，社会才能和谐发展。很多学生因为家庭背景的不同，往往在平时的学习过程中，很少去帮助身边的同学，都是以自我为中心。学校教育的任务

不只是为了教授学生应当掌握的知识，更重要的是要教会学生很多处事观念。而在高校体育教学中，通过小组合作学习，不但能让学生很好地掌握课堂知识，更能让学生在开心的学习环境中，体会到帮助他人的乐趣。比如在练习体操项目中，为了安全考虑，可分为三人一组，当一个人在做练习动作时，其他两个人在一边进行安全保护。在比如在集体跳绳过程中，如果缺少了摇绳的同学，整个项目也无法进行。

（三）让体育学习者的合作与竞争同时存在

一般而言，合作与竞争是相互对立的两个概念，但在体育教学中，合作在多数情况下是与竞争同时存在的，在集体或对抗性项目中，每一个学生在小组中进行的合作是为了对抗其他小组，合作与竞争的这种同时存在的形式，在某种程度上强化了合作的意义与合作的最终效果。同时，从情感方面也加强了学生的责任意识。从另外一个角度来说，对抗性项目的练习是学生在体育学习活动中的"另类"合作。没有了竞争，小组合作学习在体育课堂中的意义也就淡化和减弱了。小组合作学习强化的是小组内的帮扶与互助，它消除了人与人之间的个体化竞争，是把竞争转变为两个或者是几个小组之间的良性竞争，使得学生可以在一个相对和谐与健康的学习氛围中互相研究探讨。这样的学习方式对培养学生的合作与竞争意识大有益处，同时还能增强学生的集体荣誉感和责任感。进而在心理上形成一种健康的合作竞争意识。

（四）让体育教师由教学权威向教学引导转变

传统体育教学模式下的师生关系强调的是师严道尊，讲究的是"严师出高徒"，学生处于被动状态。这种师生关系，容易使学生在学习过程中学习主体意识的缺失。一种先进的教学模式应该是：有助于学生主体地位发挥，并且个性特点能够得到充分发展的教学形式。现代学校教育教学最根本的理念要求学生能够实现各方面能力全面健康发展。"平等、和谐、互助"应成为建立新型师生关系的新的理念。由此而形成的师生关系中，体育教师由传统教学下的权威者转变为学生的伙伴、"挚友"。在体育教学中不断的通过与学生的交流，实现这一新型的、先进的、科学合理的教学模式的建立与发展。

（五）让体育学习者由被动服从向主动参与转变

对于大学生来说，他们有着旺盛的精力，有着对新鲜事物浓郁的兴趣，还有强烈的好奇心，丰富的联想能力。每个学生都有各自独特的思维，对同一事物持有着各自奇异的想法。传统的体育教学中，老师承担着主体作用，而且要求学生做到整齐划一，学生的学习效果不是特别的明显。因此合理利用小组合作学习，充分发挥学生的主体作用，对提高体育教学课堂质量很有帮助。而要实现这一目的，就要改变传统"我教你学"的课堂教学形式，给学生创造更多能够合作学习的条件，创造更加开放的学习氛围。让学生经常性地通过小组讨论和交流，互相学习比较。正所谓"横看成岭侧成峰，远近高低各不同"，只有通过不断的交流，从而进行比较，有比较才有鉴别，有鉴别才能做出正确的选择，而正确的选择又是走向成功的基础。在此过程中，教师只承担组织与指导作用，把课堂交给学生自己，由"让我学"向着"我要学"转变。比如在传统的实心球教学中，都是教师先讲解学习的内容以及动作要领，并且做标准动作示范，然后让学生不断地做练习，老师再对个别错误的学生进行指导，整个课堂显得没有活力。在小组合作学习条件下，老师只讲解了动作要领，做个标准动作的示范，其余的时间交给了小组自己，并且在课堂结束前对每组学生进行考查、比较。这样每个小组的学生都会很认真的对待，而且提出自己认为最合理的练习方法。积极性被完全调动了起来，以前表现不好的学生也能够在这一项目中脱颖而出，得到大家的鼓励与赞赏，对他以后其他项目的学习也起到了促进作用。

（六）让体育教学过程由注重教法向重视学法转变

学会科学的学习方法非常重要。在体育教学过程中应用小组合作学习，促使学生不再被动地服从，而是主动去参与。在这样的教学理念指导下，学生会主动地对知识进行研究学习以实现能力的提升。在这个过程中，体育教师要以教学的引导者、组织者的身份，教会学生学习的方法。主要作用也不再是对知识、技能的简单讲授和示范上，而是体现在对教学过程进行周密、科学的设计和对学习活动精心组织上。这样的改变是体育教师对教学育人这一责任的践行，也是新模式构建发展的必要条件。

四、高校体育教学中合作活动学习的方式

合作活动学习就是以合作为学习生命的存在形式、以活动为学习生命的优化形式的多样合作与多样活动融合创生的教学实施方式。在高校体育教学中实施合作活动学习，就是要建立一个完整的教学过程，形成一种新的教学实施形式，包括学习目标具体化、学习内容结构化、学习过程协作化、学习环境生态化和学习结果反馈化五个方面。其操作体系的核心，是以学生基于交往的内外活动为主。

（一）学习目标具体化——设定合作基调

学习目标具体化，是指在学习活动开始前就应预设并明确活动结束时可能产生的结果或行为。而在体育教学的合作活动学习中，体育教师和大学生这两类主体应该在活动开始前，设计明确的知识目标、技能目标、情感目标等教学目标，且要明确设定体育活动的合作基调。体育教学的过程和结果与普通文化课的教学有很大区别，体现在教学环节的连续性、课堂活动的主体参与性以及教学效果的实时反馈化。

高校体育教学要实现两种任务，即促进大学生的身体发展和促进其心理发展的双重任务。在此基础上，编制高校体育教学中的五领域学习目标。

1.运动参与目标

积极参与各种体育活动并基本形成自觉锻炼的习惯，基本形成终身体育的意识，能够编制可行的个人锻炼计划，具有一定的体育文化欣赏能力。无论是课堂内的体育活动，还是课堂外以学生为主体组织的各类体育活动，除了要实现上述基本目标之外，还应使学有余力的学生和有某些运动特长的学生的锻炼习惯、健身运动计划、体育文化素养和观赏水平进一步得到提升。

在运动参与目标的指导下，课堂内外的各项活动均应围绕着培养和

激发大学生的参与意识和主体意识来展开，而且这类活动要以主动参与合作型的集体活动为基调。因此，应突出参与合作活动的目标并加以详细说明，形成体育教学活动化、合作化的模式。

2.运动技能目标

熟练掌握两项以上健身运动的基本方法和技能；能科学地进行体育锻炼，提高自己的运动能力；掌握常见运动创伤的处置方法。在此基础上，同样要使学有余力的学生和有某些运动特长的学生积极提高其运动技术水平、发展运动才能、参加有挑战性的体育活动如野外拓展活动、运动竞赛等。

要使大学生明确运动技能的形成并不能只靠自己来完成，而是要通过与其他主体的交流、互动与密切合作才能实现。运动的魅力来自其主体之间、主体与客体之间的交往。因此，高校体育教学的运动技能目标中应突出通过合作发展运动技能的特点。

3.身体健康目标

能测试和评价体质健康状况，掌握有效提高身体素质、全面发展体能的知识与方法；能合理选择人体需要的健康营养食品；养成良好的行为习惯，形成健康的生活方式；具有健康的体魄。

4.心理健康目标

根据自己的能力设置体育学习目标；自觉通过体育活动改善心理状态、克服心理障碍，养成积极乐观的生活态度；运用适宜的方法调节自己的情绪；在运动中体验运动的乐趣和成功的感觉。

体育活动、体育锻炼除了对人身体素质的提高和发展之外，最重要的贡献在于其对人的心理因素的影响。高校体育教师有责任引导大学生提高其对运动的热爱，使大学生形成对生活的积极乐观的态度，提升大学生不畏艰难险阻的顽强意志品质，通过运动来释放和调节自身的各种压力，通过彼此之间的交流与合作提升大学生对社会群体生活的适应，让大学生们体验到运动的魅力并养成自觉自愿地锻炼的习惯，使之成为其生命的组成部分和存在形式。

5.社会适应目标

表现出良好的体育道德和合作精神；正确处理竞争与合作的关系。大学生在结束学习生涯之后所面对的社会生活，充满着激烈的竞争，而同时却也只有良好的主体间合作才能使结果最优化、利益最大化。因此，通过体育活动，让大学生明白竞争是活动的重要形式，它可以激发各主体的主动性、调动各自的积极性和强烈的求胜欲望，有利于最大限度地激发主体的潜能、提高学习与工作的效率，有利于促使主体在竞争与比较中客观地进行自我评价，发现自己的局限性并加以改进和提升，能为各项活动增添乐趣。而合作是活动的基本形态，只有各主体间发生良性的合作，才能使得活动整体呈现出良好的态势，促使团队集体价值的实现。

总之，教学目标决定着教学内容的选择和各个内容模块的分量，决定着教学评价的方式。

（二）学习内容结构化——以任务为导向

以任务为导向，即在体育教学中建立问题解决模式，使学生从做中学，保证大学生拥有与利用丰富的学习机会，以真正获得学习经验。问题解决模式是多种具体教学方式的集合体，包含着以问题为定向、以探究为过程、以解决为目的的共同特征。以任务为导向的学习还包括学生走出课堂、走出教学场域，走向校园、走向社会、回归生活世界。通过同伴活动、社区活动等其他社会活动，主动建构认知结构，完善大学生的心理适应能力、提高心理健康水平，塑造整体人格。

未来，高校体育教学的重要转变就在于改变大学生的学习内容和学习方式，真正使大学生的体育锻炼以活动为主要形式、以任务/问题解决为主要内容。结构化指的是课堂内和课堂外均要形成大学生解决问题的活动方式和内容。

（三）学习过程协作化——掌握合作技能

要使整个学习过程在基于活动的合作中进行，建立高校体育学习共同体。教师是体育活动的"观察者""激发者""促进者""协调者""辅导者"等角色，而学生是学习的主人，可以决定学习的内容、学习的方式、学习的环境等，师生之间是民主、平等和合作的关系。通过师生之间、生生之间建立良好的合作，促使大学生发展其运动参与性、运动技能、身体素质、心理健康和社会适应性。

（四）学习环境生态化——走向生活世界

合作活动学习要为高校体育学习共同体创设一个生态化的体育学习环境。在这个生态化的学习环境中，要能够为大学生提供足够的"学习化"的课程资源。在高校体育活动中，大学生的学习面临着两种基本的关系：与自身的内在关系和与社会的外在关系。与自身的内在关系是指大学生应对内建构独特的自我经验，与社会的外在关系是指大学生在合作活动中建构社会经验。因此合作活动学习的生态化环境就有两种相互关联的基本形式：内生的自我环境和外在的文化环境。自我环境包括神经生理基础和心理人格结构与特质，外在的文化环境包括作为"个"与"类"的人以及作为文化的物。

在打通知识世界和生活世界的过程中，使大学生实现心理健康目标，即能根据自己的能力设置体育学习目标；自觉自愿地通过体育活动改善心理状态、克服心理障碍，养成积极乐观的生活态度；运用适宜的方法调节自己的情绪；在运动中体验运动的乐趣和成功的感觉。还要实现社会适应目标，包括表现出良好的体育道德和合作精神、正确处理竞争与合作的关系。

（五）学习结果反馈化——提高活动质量

在合作活动学习中，教师担负着"观察者"的职责，在学生的合作活动中仔细观察、适时介入、整体监控，以帮助学生实现顺畅的交流与合作。体育教师应随时发现大学生在活动中的困难和问题，并指导他们找到相关信息，减轻或消除活动中的消极因素，展示要完成的任务范例，示范怎样实现小组目标。

五、高校体育教学中合作学习活动教学环境的构建

（一）合理利用所拥有的场地和器材

在课中不能是我们有多大场地就用多大场地，有多少器材就用多少器材，那样容易让课堂失控，教师无法组织学生进行合理有效的练习。应该根据班级人数、学生对动作的熟练程度、教师的组织方式合理安排和利用场地器材。

（二）提供给足够合作的时间和空间

既然要在高校体育教学中合理利用小组合作学习，就不能流于形式，随便一分组让学生自己去练习，那样不但课堂效率不高，学生对体育课也会逐渐失去兴趣，会觉得课堂平淡无味。想要合理有效开展下去就不能怕浪费时间，在最初实施过程中就应该花时间去组织课堂，让学生与学生之间磨合，学生与教师之间磨合，在磨合中不断发现问题、解决问题，形成一个良好的合作体系。学生在合作学习过程中，教师要留给每个小组独立的合作空间，让学生在小组合作中自由发挥，教师可以同学生一起参与，但不要用语言随意打断学生的学习过程，而是在学生一段学习结束后，再对其进行各方面的点评。所以作为教师，就应该在课堂允许的前提下，给学生提供足够的时间和空间，让学生在合作过程中淋漓尽致地发挥自己的水平，展现自己在小组中的作用。

（三）建立师生平等和谐的课堂氛围

俗话说："教学有乐，教学相长"，教师和学生平时就应该成为朋友，可以做学生的知心人，倾听学生的心理，了解他们，关注他们，把对他们的这种态度一直延续到课堂中，融入到学生这个大班集体中，学生就真的会把教师当作集体里的一部分。在师生融洽和谐的气氛中，教师可以尽情地施展自己的才能和组织管理能力。学生可以在这种宽松愉悦、平等互助的环境中与同伴互助学习，增加协作能力，最终达到师生之间的互助学习。

教师想与学生建立一种合作互动的关系，就要真诚平等地对待每一

个学生。教师要掌握各种教学手段和方法，利用各种途径获取大量的现代体育信息和丰富的教育理论知识，了解当代学生的爱好和心理需求，这样才能激发学生的兴趣，得到响应并产生共鸣。更要努力营造轻松、愉悦、和谐的课堂教学气氛，以自己亲切和蔼、充满爱意的语音激励学生的学习动机，使学生体验到体育学习进步与成功的快乐，体验到与同学合作的愉悦和战胜困难的信心。

（四）激发学生小组合作学习的兴趣

兴趣是学生最好的老师，学习的兴趣是学生主动创新、积极参与的推动力。从教师的角度出发，唤起学生强烈的求知欲和课堂兴趣是教学成功的关键。教师应该做到以下几点：首先，现代教师应该与时俱进，不断更新观念，从自身做起，对新鲜的、好的教学方法不断尝试，体会其中的乐趣，从而感染学生；其次，在最初的小组合作学习中，教师应该由浅入深，逐渐把学生带入小组合作学习的情境中，让学生在情境中感知并喜爱上这种教学方法；最后，在小组合作学习过程中，教师多运用一些鼓励性、启发性的语言，尤其是在学困生方面应多给予关注和帮助，把学困生的兴趣激发出来，整个课堂就"活"了起来。

六、高校体育教学中合作活动学习评价体系的构建

要构建高校体育教学的合作活动学习评价体系，下面从评价主体、评价标准和评价形式几个方面展开论述。

（一）体育教学评价的主体多元化

高校体育教学的评价主体有专家评价、教师同行评价、教师自评和学生评价等。一般而言，体育教学评价活动可以采用一种评价方式，也可以是几种形式的组合，其中传统的体育教学以教师自评为主。但在合作活动学习中，评价主体不再只是教师，而是从传统教授式课堂中教师主体向学生主体的转移。实行学生主体参与合作活动学习的评价，包括两个方面：一是学生参与评价标准的制定与确立，即体现创新性的合作性的活动目标；二是开展自我评价与同伴评价，主要评价同伴在活动过

程中是否学会学习、学会合作。由外部的教师评价转向内部的自身评价，学生脱离了对外部反馈的依赖性，变得更为独立、更有责任感。

（二）体育教学评价标准的整合性

从评价标准上讲，高校体育教学中的合作活动学习应坚持评价标准的整合性，即以学生的群体表现为基础，群体表现与个人表现相结合，运动能力与合作技巧相统一。

由于每个学生的运动技能水平和优势运动项目的差异性，对个人表现进行评价要求评价标准也相应实现差异性和个别化。同样地，不同群体是由不同的独特的个体所组成的，也有其差异性和独特性。因此，对每个合作的群体表现和个体表现进行评价时，都应选取一个合适的标准。最近发展区的理念可以成为我们的指导理念。学生的发展有两种水平：一是现有水平；二是通过活动可能达到的发展水平，即潜力。在通过创设一定的教学活动情境和内容后，学生可以很顺畅地达到这一发展水平值时，那么，把这一可能的发展水平值与现有水平值之间的这个区域叫作最近发展区。因此在体育教学中，应该着眼于第一位大学生运动水平的最近发展区，为他们提供有一定挑战和难度的任务和内容，充分调动大学生的积极性、挖掘其潜能，在实现了一个最近发展区之后再向下一个最近发展区发起挑战。

（三）体育教学评价过程的多元化

合作活动学习坚持多化的评价方式，即依据评价目的、评价标准和学习情境开展形成性与总结性评价相结合、过程性和终结性评价相结合的方式。而其根本价值偏向则是形成性和过程性评估占据主导地位。高校体育教学应明确教学的目标绝不仅仅是学生基础知识和运动技能的获得，也绝不仅仅是在每次课结束时或者学期结束时，对学生的最终表现进行打分。而是要考查学生在整个运动过程中是否能积极参与、是否能主动地自觉自愿地发起并组织体育活动、是否能在活动过程中与其他主体间进行良好的沟通与合作、是否能对自己和他人的活动水平和活动方式进行良好的监控和指导、是否体验到运动带给他们的快乐和成功的体验。因此，在高校体育教学评价活动中，应偏向于采用形成性评价和过程性评价，考察每一位大学生的个性化的发展和变化。

（四）体育教学评价内容的多元化

高校体育教学评价应从以下几个方面对大学生的体育活动表现进行全面的评价：运动参与度、运动技能的提升、身体健康的改善、心理健康的发展和社会适应程度。应重视包括体能与运动技能、认知、学习态度与行为、交往与合作精神、情意表现等方面的评价。评价中应淡化甄别、选拔功能，强化激励、发展功能，把学生的进步幅度纳入评价内容。

第四章　高校体育教学环境优化

第一节　体育教学环境的分类与构成

一、体育教学环境的概念

体育教学环境作为一种特殊的、相对微观的教学环境。许多学者试图对体育教学环境给一个明确的定义，但是到目前为止，一直没有达成一致的意见。本文借用哲学观点即环境是与某一中心或主体相对的客体。对体育教学环境的概念给予界定，体育教学环境的主体是体育教师和学生，因此，体育教学环境就可以定义为：与体育教师、学生相对的体育教学中客体的综合。关于体育教学环境的定义有广义、狭义之分。从广义上说，体育教学环境包括社会制度、体育法律法规、科学技术、家庭条件等，这些因素是与体育教师、学生相对的客体，一定程度上制约着体育教学活动的成效。而从狭义上看，体育教学活动中与体育教师、学生相对的客体的综合，这也是本文所要研究的内容即狭义的体育教学环境。

二、体育教学环境的分类

我们看出国内关于体育教学环境的分类研究不计其数，本文只是将具有代表性的观点进行统计。从总体上看，学者们的分类方法各有各的优点和缺点，但是到目前没有一个统一的分类标准。场思维是一种整体观，它着眼于事物的整体格局，整体观是场思维的基本观点之一，整体实际上是蕴含于场之中的，蕴含于相互作用之中的。体育教学环境是一个复杂的系统，是体育教学系统的要素之一，所以体育教学环境的建设也是体育教学系统改革的重要内容。任何体育教学活动都不能脱离一定的体育教学环境而独立地存在。体育教学环境以各种形态表现出来，有物质的和精神的，有形的和无形的，自然的和社会的，宏观的或微观的等形态表现出来。从哲学的角度出发将体育教学环境定义为：在体育教学中，与体育教师、学生相对客体的综合。

本书根据各种体育教学环境要素所具有的物质性和非物质性，将体育教学环境分为硬环境和软环境两个方面。

从辩证唯物主义观点看，体育教学环境也是物质和意识的统一体，即硬件环境和软件环境复杂的统一体，但是体育教学活动是生命与生命的交流，因此把体育教学活动的主体纳入到体育教学软件环境之中。

体育教学中人的要素对硬件、软件体育教学环境产生适应、改造的作用，而硬件、软件的体育教学环境也会对体育教学环境中的人产生影响。即根据人类活动论，人能对硬件的体育教学环境产生适应，还能对体育教学中的硬件环境进行改造，从而使改造的体育教学硬件环境更加能适应体育教学，能更好地为体育教学服务。因为体育教学硬件环境是体育教学的物质基础，它能对体育教学内容、体育教学方法、体育教学组织的选择等起到限制作用。而作为体育教学环境中人能动的适应、改造体育教学环境。通过能动性的人适应、改造体育教学硬件环境，使其能更好地为体育教学服务。而体育教学硬件环境的改变，进而会影响体育教学环境中的人，体育教学环境中的人根据体育教学硬件环境的变化，选择适用的体育教学内容、方法等。同时，体育教学环境中人的活动发生了变化，必然引起体育教学软件环境发生改变。而体育教学软件环境与体育教学硬件环境相比，相对地比较抽象、没有那么的具体，没那么的好测量等，但是体育教学软件环境对体育教学的影响是无处不在的。人作为体育教学环境中最活跃的因素，他是体育教学软件环境的载体，许多的体育教学软件环境都是通过体育教学环境中能动的人才得以体现。而反过来体育教学软件环境发生改变也会影响人的活动。总之，两者之间存在着相互影响、相互作用的关系。

三、体育教学环境的构成

体育教学环境是多个因素的构成体。因为体育教学环境的主体是体育教师和学生，而体育教师与学生在体育教学中互为客体，根据本文的定义，体育教师和学生也就属于体育教学环境的范畴之内。且体育教学是体育教师、学生的活动，离开了体育教师和学生，体育教学就不存在，足见体育教师和学生的重要性。人作为体育教学环境中最活跃的因素，他是体育教学软件环境的载体，许多的体育教学软件环境都是通过体育教学环境中能动的人才得以体现。而反过来体育教学软件环境发生改变也会影响人的活动。总之，两者之间存在着相互影响、相互作用的关系。

（一）物质环境

1.体育教学设施环境

体育教学设施环境主要由体育场馆、健身器材、教学器材、理论学习设施四部分组成。体育场馆由体育馆和各种体育场地（篮球场、排球场、足球场、田径场等）组成，体育场馆的合理布置与建设应该考虑学校的整体情况，在建设的过程中还应该考虑场馆内各设施的合理布局与安全卫生情况，使其环境更符合学生运动时的需要。体育健身器材是指学校体育健身设施类似于社会上健身房里面的健身设施，学校体育健身设施的完善也可在一定程度上吸引学生进行体育锻炼，丰富学生的课余生活，增强学生体质，使体育活动更加丰富多彩。体育教学器材主要是指体操垫、单杠、乒乓球、网球、起跑器、铅球等，这些器材是在体育教学过程中必不可少的，对完成学生的体育学习和教师的教学起着非常重要的作用。理论学习设施主要包括课桌椅、图书资料、多媒体等，是学校体育学习过程中理论学习环境中必不可少。

2.体育教学自然环境

奥托戴克认为："教学活动是在具有一定基础的自然环境中开展的，这个环境可能在一些十分重要的方面限定和制约着学生的学习和方向发展。学习环境这个平台被搭建起来时，在这个舞台上将要进行的各种学习活动已经被部分决定了。"体育教学自然环境主要是指学生在体育学习过程中周围的空气质量、光线强度、噪声、颜色配置、环境绿化率、温度、湿度及体育场馆卫生情况等。良好的体育学习自然环境可提高学生学习的积极性，有助于教师课堂教学，提高学生学习效率。相反，如果学生体育学习的自然环境较差，例如：学习环境中的体感温度过高，则会影响师生的心情，降低教师教学效果和学生学习效率。

根据辽宁省自身的地理位置和气候环境特点进行分析，辽宁省位于东北三省的最南面，临海多山，寒冷时间较长，风较大，辽宁省东部比较湿润西部干燥，降雨量比较集中，光照充足，四季季节更替比较分明。学校在进行教学环境建设时应考虑本地区的气候特点并结合自身基本情况打造更加舒适的学生学习环境。

（二）社会心理环境

1.体育教师专业素质

体育教师端正的教学态度和扎实的教学功底会对学生的体育学习产生潜移默化的影响，体育教师专业素质对学生形成良好的体育运动态度，养成积极进行体育锻炼的习惯具有非常重要的作用。

2.学生体育学习个人素质

学生体育学习个人素质主要分为：学生体育学习的态度、动机、自信度和主动性四个部分。学生进行体育学习时良好的个人素质更能够促进学生体育学习的自信度和主动性。

3.体育教学时空环境

在学校教学活动中，对学生和老师上课与作息时间进行合理的分配，在班级上课时，尤其是外堂课的教学采用小班制的班级规模，合理安排学生每天的理论学习和实践课学习的体育课时数和教师每天教学的体育课时数，这样对学生与老师的生理和心理都有很大帮助。另外，学生的学习是需要一定空间活动的，在理论课堂上学生个人所得空间对于学生更好地进行学习的影响可能较小，但在室外活动学习的过程中学生个人所占空间对于学生更好地进行体育学习所占的比重就要大很多了。空间环境的合理布局也会对师生的心理造成一定的影响。

4.体育教学中的人际交流

体育教学中的人际交流主要包括三个方面，一是教师之间的交流；二是体育教师和学生之间的交流；三是学生和学生之间交流。这三个方面所包含的关系又相互交融，如果各环节交流不好，会进一步决定着体育课堂教学气氛的好坏，影响了教师判断本次课学生学习掌握情况，影响学生学习的积极主动性和教师教学的热情，如此反复循环，影响教学效果和学生学习效果。反之，各环节都交流得特别融洽，师生关系融洽，学生间互帮互助，教师关心学生，学生尊敬、热爱老师，当学生对老师的热爱达到一定程度时，会产生情感迁移现象，即由爱老师进而爱他所教的学科，对他所教的学科产生兴趣，达到事半功倍的效果，这正如《学记》所指出的"亲其师，而信其道"。

体育教学环境、体育硬件环境、体育软件环境、体育教师、学生的关系图如图4-1所示。

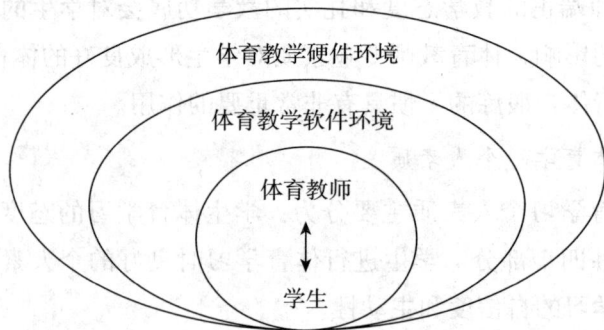

图4-1 体育教学环境、体育硬件环境、体育软件环境、体育教师、学生的关系图

如图4-1所示，体育教学环境包括体育教学软件环境和体育教学硬件环境，体育教师和学生是体育教学软件环境中的主体，体育教师和学

生在体育教学过程中互为他人环境。总之体育教学环境各种因素是交织在一起的，而且会随着情境的不断变化而发生改变。依据系统论的观点，我们得出启示：系统中各个部分对系统产生的作用是非均衡的，即各部分不是平均用力，而只有系统中的各部分都起到积极作用时，系统才达到最佳状态。体育教学环境也是一个庞大的系统，体育教学环境如何主要是由该系统中各要素之间的相互作用决定，而不是某一部分如何作用。

（三）制度环境

1.学校体育教学制度

学校体育教学制度是体育教学过程中必不可少的组成部分。体育教学信息制度、考核制度、组织制度、奖励制度的存在可更好规范体育教学活动顺利开展，激励学生体育学习的积极性，使教学活动更加规范化。在信息制度中，除了包括对各种活动的信息发放和发放形式的要求，还应该包括学校体育信息制度应遵从国家所下达的关于学校教育的方针政策。考核制度主要是指在考试过程中的考核方式。组织制度主要是指在开展一场活动时从前期的准备部分到活动的开始以及结束部分各环节的组织协调。奖励制度主要是指科研情况，比赛情况以及学习情况等为学院或学校作出贡献的奖励措施。

2.学校体育管理制度

学校体育管理制度主要包括：体育器材设施、体育课程安全、教师业务学习管理制度三个部分。学校体育管理制度依据学校体育自身特点和管理条例规定，在教学过程中起到规范、组织、监督的作用。通过内在提升使整个学习氛围更加有序化和高效化，例如，教师业务学习管理制度中，定期给教师开展业务学习，可以使教师更好地与时俱进提高课堂教学效果。学校各项活动的高速运行也在一定程度上依靠管理制度，因此学校体育管理制度的存在是有必要的。

第二节　体育教学环境的功能与作用

任何体育教学活动都必须在一定的体育教学环境下进行，脱离了体育教学环境，体育教学活动也就不复存在了。普通高校体育教学环境作为一种特殊的教学环境，是由一个多因素构成的复杂系统。"普通高校体育教学环境"相对体育教学环境而言，是个别与一般的关系，或者是体育教学环境在普通高校中特定的存在方式。

无论何时何地，任何一所学校，只有从自身实际出发，充分强调体育教学环境主体尤其是体育教师、体育管理者、学生的积极性，倡导积极的价值观念和行为规范，塑造出新质态的体育教学环境。体育教学环境的可塑性不是随心所欲的，而是要受学校物质条件的制约，也受体育教师、学生思想、行为等的制约，受青少年身心发展规律的制约，也受教育规律等多方面因素的制约。

学校作为培养人才及教书育人的主要阵地，体育教学活动及相关教学环境的建设必须符合学校的相关规定，具体包括国家所制定的教育方针及具体的教育任务要求，同时还需要考虑到教育环境对学生学习的推动作用，有利于构建良好的学习氛围，避免对学生的学习产生干扰。此外，考虑到体育学科教学的相关特点，有关教育环境的创设需要关注硬件设施的达标情况。因此，规范性是高校体育教学环境的主要特征。体育教学环境建设的核心目的是支撑体育学科教学工作的进行，这使得高校体育教学环境表现出教育性特征。具体而言，体育教师可以通过体育教学环境中包含的各类器械设备的应用，实现体育教学目标，引导学生掌握相应的体育运动技能技巧。此外，借助教学环境，能够从精神层面对学生进行培养，如学生对于团结协作、努力拼搏精神的学习，实现学生心理层次的教育。

体育学科教育环境的建立需要师生的共同努力，同时还要结合体育学科的相关特点及高校的实际情况进行建设，这也就体现出体育教学环境的可塑性特征，通过塑造体育教学环境的方式促进学生的发展。

一、高校体育教学环境的功能

普通高校体育教学环境通过自身功能不断地对体育教学活动、个体发展等所产生影响。因此，我们认为良好的普通高校体育教学环境具有以下功能：

（一）导向功能

普通高校体育教学环境通过自身作用，引导学生接受一定的价值观、行为准则，以保证他们向着社会所期望的方向发展，即体育教学环境的导向功能。普通高校体育教学环境依据国家的教育方针、学校的培养目标设计的专门的育人场所，它从一定程度上体现了社会主流文化的精神、价值取向以及国家对年轻一代成长发展的期望。学校内部的各种环境因素也体现着这些要求和期望，导引着学生的思想，规范着学生的行为，塑造着学生的个性。普通高校体育教学环境的导向功能在学生的社会化中发挥着重大的作用。

（二）激励功能

普通高校良好的体育教学环境可以对师生员工的工作热情、动机起到激励作用，能有效地提高其工作的积极性，能有力地推进学校教育、教学工作的开展，进而提高体育教学工作的质量。

（三）健康功能

普通高校体育教学环境能对师生的身心健康产生重大的影响。良好的体育教学环境能调动学生参与体育锻炼的积极性，进而提高身体健康水平；良好的体育教学环境可以培养学生良好的心理，因此，对学生来说，体育教学环境是他们身心健康发展的必要保障。普通高校体育教学软件环境中良好的人际关系等，也会对学生的心理健康产生明显的影响。

（四）凝聚功能

普通高校体育教学环境以自身特有的影响力，将不同地理区域、社会阶层、家庭背景的青年学生聚合在一起，在环境中他们不断实现自我，并产生归属感和认同感。体育教学硬件环境为学生的聚集提供了物质条件，而体育教师、学生作为体育教学软件环境的主体，能够通过体育教师的行为及教学表现、学生的行为表现等使学生产生归属感，以逐步实现体育教学环境的凝聚功能。

（五）陶冶功能

良好的普通高校体育教学环境可以陶冶学生的情操，净化他们的心灵，使他们养成高尚的道德品质、行为习惯等。个体的思想信念、道德情操和行为习惯总在一定的社会环境中形成。普通高校体育教学环境作为青年学生生活于其中的、可知可感、具体生动的一种微观社会环境，在他们道德情感和道德行为的形成中有着其他环境不可替代的重要作用。实践证明，优雅美观、整洁文明的校园，窗明几净、生机盎然的学习环境，积极向上的班风校风，和谐良好的人际关系等，都是实现其陶冶功能的环境条件。普通高校体育教学环境对人的教育作用不是强行灌输的，而是寓教于生动形象和美好的环境中，通过有形的、无形的或物质的、精神的多种环境因素的综合作用，在耳濡目染、潜移默化中熏陶、感化学生，从而产生一种"随风潜入夜，润物细无声"的教育效应。因此，我们应该利用普通高校体育教学环境的陶冶功能进行品德教育，必将使高校的德育质量有一个大的提升。

（六）美育功能

审美是人的一种高级心理活动，人与环境之间有着直接的审美联系。实践表明，在和谐良好的教学环境中，处处隐藏着丰富的审美内涵，校园中的自然美、体育场馆的装饰美、教学中的创造美，以及师生的仪表美、情感美、语言美等等，都对学生正确审美观的形成产生重要影响。因此，良好的普通高校体育教学环境有利于培养学生正确的审美观、审美情趣，并提高他们感受、鉴赏、创造美的能力。

（七）诠释功能

所谓"诠释"是指体育教学环境中的主体不仅对体育教学环境中的

种种现象及关系进行澄清和评估，而且赋予他们种种富有体育教学环境的文化内涵，为实现体育教学环境的塑造和建设提供多种文化模式。在体育教学环境中，存在着人与人之间、人与物之间、人与文本之间的理解，需要"诠释"。伽达默尔认为，应在理解过程中将两种视界："原始的视界""现今的视界"交融在一起达到"视界融合"，从而达到一个全新的"视界"——这个新视界，既包含了这两个视界，又超越了这两个视界，给新的经验和新的理解提供了可能性。体育教学环境的本性决定了它能够对历史和现实等作出诠释，从而在社会的变化中汲取营养，并实现对历史和自身的超越。

二、体育教学环境的作用

（一）体育教学硬件环境的作用

针对现阶段普通高校体育教学环境中的硬件条件进行分析可知，组成硬件环境的主要内容有运动场地、运动器材、图书资料等，这些硬件设施是构成高校教育环境的必备内容，这些组成元素的存在确保了体育教学能够顺利展开，同时，硬件设施的投放质量也直接影响着高校的体育教学质量。从目前情况来看，在我国高校的体育环境建设方面，尤其是体育硬件设施的投放，呈现出多样性的发展趋势，各类体育设施除了满足日常体育学科的教学之外，还能够满足学生对休闲、娱乐、审美等多方面的需求，不断丰富硬件设施的投放，提高高校体育教学的质量，有利于保证高校学生享受更多方面的服务。影响硬件环境的因素除了相关器材设备的完整性之外，还包括场地布置的合理性、活动范围的空间、光线使用及空气流动性等各种因素，关系到体育学科的教学质量。良好的体育设施环境能够为广大高校学生提供锻炼身体的场所，尤其是随着体育教学环境建设的逐渐完善，其对促进学生身心健康发展的作用也逐渐显著。除此之外，体育教学环境构建的受益者不仅包括学生，还包括教师。对于大学教师而言，可以在工作之余享受到良好体育设施环境所提供的服务，缓解工作上的疲劳，得到身心上的舒展。由此可知，完善高校体育环境硬件设施的必要性。

硬件设施对于构建良好体育教育环境是必要的，有必要解决部分高校在硬件设施投放不足方面的问题。教育部门及有关高校必须提升对于硬件设施投放的重视程度，根据学生的数量及学校的规模，确定硬件设施投放的具体数量，在打造硬件环境方面，应注重室内和室外的配套。除了加大投放力度之外，还需要关注硬件环境建设的专业化，高校可以与企业进行合作，共同建设体育教学场地，并邀请专业技术人员完成有关硬件设施的维护及更换。在日常体育教学过程中，应呼吁学生注重对硬件设施的保护，避免错误使用而导致硬件设施的损坏，以此延长硬件设施的使用寿命。同时，还需要根据体育学科的教学改革工作，及时更换各类设施设备，保证体育教育硬件环境建设的与时俱进。

（二）体育教学软件环境的作用

对高校体育教学环境软件环境分析，首先要针对师资力量进行分析，师资力量直接决定了高校体育教学的质量，强大的师资力量有利于构建良好的体育教学氛围，如教师在实施体育教学过程中采用的手段及具体的教学方法等。对于高校体育教师而言，在实施体育教学过程中，为了确保体育教学质量的不断提升，需要注重自身教学方法及教学理念的不断改革和创新，同时还需要扮演体育教学过程中的引导者角色，帮助学生解决体育学习过程中的一系列问题。可见，师资力量在高校体育教学软环境中的重要地位，其具有协调体育锻炼和体育教学的作用，同时也关系到面向高校学生的体育锻炼平台的建设问题。其次，体育锻炼氛围也属于高校体育教学环境的软环境内容，通过创设氛围的方式营造有利于学生参与体育锻炼的良好平台，为高校的所有教师及学生提供能够进行体育锻炼的良好氛围。有关氛围的营造，关系到体育教学的发展和推进，同时也影响着高校学生的身心健康。

最后，高校体育教学环境软环境的组成涉及教师和学生之间沟通渠道的建立，良好的师生沟通渠道成为高校体育教学的重要内容，原因在于教师通过与学生进行良好互动和交往的方式，能够了解学生对体育学科的具体需求及喜好，并在此基础上确定具体的教学内容及教学方式，从而保证体育教学的质量。运用现代化教学设备开展体育教育环境的建设，主要目的在于提高体育教学的趣味性，从而实现体育教学手段的多样化。借助现代化教学设备实施体育教学，符合"互联网＋教育"的发展趋势。例如，在运动技能教学的过程中，可以使用图片和视频的方式让学生清晰地掌握各类动作的规范及细节内容。再如，在热身环节，可以将音乐与热身动作相结合，使学生以愉快的心情完成热身活动。现代教学设备的融入使得体育教学模式更加多变，同时也拓宽了学生对体育的认知和视野。

构建良好的体育教育环境，应注重文化氛围的建设，保证高校学生拥有更多参与体育活动的机会及形式，从而实现高校学生日常学习与体育运动之间的结合，保证学生身体素质和文化素质的同步增长，向综合性人才方向发展。例如，高校可以利用校园广播、校园报刊等平台向学生宣传体育精神及体育文化，实现文化氛围的创建；也可以发展多种形式的体育社团激发学生参与体育运动的积极性，让学生能够享受到更加开放和自由的体育锻炼环境，充分尊重学生的主体地位。教学环境对教学质量具有重要影响，因此，在开展体育教学的过程中，要关注高校教育环境的创设。该文分别从高校体育教学环境的硬环境和软环境两个层面展开分析，探讨高校体育教学环境具有的功能及特点，提出优化高校体育教学环境建设的对策，包括硬件设施设备的投放和完善、借助现代化教学设备、在高校内部构建良好的体育锻炼氛围等。随着体育教育环境的逐渐完善，高校学生参与体育锻炼的积极性将得到有效提升，高校体育教学质量也将得到提升。

三、高校体育教学环境的地位

教学环境是教学活动重要的要素之一，任何教学活动都是以一定的教学环境为依托，离开了教学环境，体育教学活动就不复存在。体育教师、学生是体育教学活动的主体，虽然这种主体有时会偏离中心值，但是他们必须以体育教学环境为舞台进行体育教学的各项活动。因此，如果缺乏体育教学环境的依托，师生的活动就不存在。然而，体育学科有其自身的特点，即体育教学环境对体育教学产生的影响更直接、更适时、更显性。因此，体育教学环境对于普通高校体育教学活动的顺利进行具有重要意义。

普通高校体育教学环境是体育教学活动中重要的客观条件，普通高校体育教学环境中的各种因素均以不同的形式渗透、参与到体育教学活动的各个环节，并且以自身特有的方式干预着体育教学活动的进程与效果，进而对体育教学活动产生潜移默化的影响。普通高校体育学科自身的特点，对体育教学环境提出更高的要求。从普通高校体育教学活动的要素构成来看，普通高校体育教学环境与普通高校体育教学活动的各个要素都发生密切联系和相互作用，其相互关系如图 4-2 所示。从图 4-2我们可以清楚地看出体育教学环境处在体育教师、学生的周围，影响着他们的行为如教师教学方法的选择、教师的评价、学生的学习行为、学生的学习目的等，除此之外，还为课程的实施、体育教师与学生之间关系的发展提供时空条件。体育教学活动的其他要素均不能脱离体育教学环境而独立存在，因此体育教学环境是教学活动的空气、阳光，即体育教学环境是体育教学活动中不可缺少的要素（见图 4-2）。

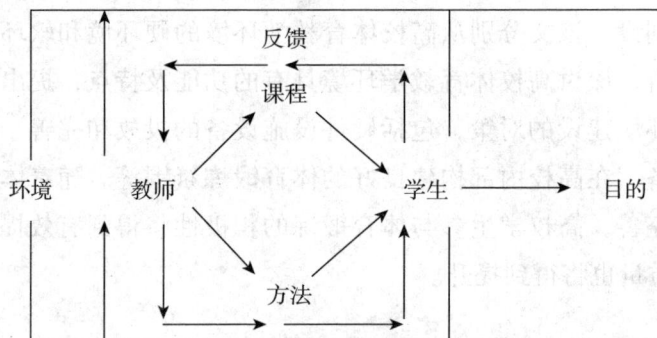

图 4-2 体育教学活动中各要素的关系

第三节　体育教学环境对体育教学的影响

　　体育教学环境，是高校体育教学活动开展不可缺少的基础条件。学校体育教学各项任务的完成，离不开一定的体育教学环境支撑。体育教学环境，在不同的地方发挥着不同的作用。体育教学课程的实施，依托于学校的各项教学环境。先进的体育基础设施、优良的体育运动学风以及专业素质高，敬业的体育教师，对高校体育教学水平的不断提升，发挥着很关键的作用。反之，则不利于高校体育教学质量的提高。

　　高校体育环境中，基础设施主要是体育场地、运动器材等。例如，学校的操场、篮球架、乒乓球台以及其他各种体育用具。这些体育场地、体育器材，在学生体育课上能够直接应用于体育教学活动。训练学生们练习排球、投篮、短跑等。如果，没有这些体育基础设施的支撑，体育教学活动，不能有效顺利地进行。

　　高校体育教学各项教学任务的执行，主要是靠专业的体育教师来推动。而教师的专业水平和职业素质高低，对其体育教学的质量和效果有着很重要的影响。现代很多大学在体育教师专业知识水平以及职业道德素质方面，都做出了明确的规定。具备专业扎实的知识，并且在教师职业道德素质方面，不存在缺陷，能够在教师工作岗位上耕耘奉献。

　　一个高校的体育教学情况如何，在一定程度上还受到校园体育运动风气的影响。如果校园内部，有着浓厚的体育运动风气，学生崇尚体育运动精神。则学生们在体育课上就会认真学习体育基本知识，并且在课后会抽出一定的时间进行体育锻炼。当然，如果校园内的体育运动氛围不足，缺乏对体育运动精神的追求，则学生们则会受到这种风气的影响，可能会将大学体育课仅作为一种消遣和娱乐，并不会投入太多的精力。

　　高校所在地的自然地理环境，也是影响体育教学的一个因素。作为一种以室外运动为主的体育教学，如果学校所处的地域环境，相对恶劣，过于寒冷，或者经常是下雨阴天，这是非常不利于体育教学活动顺利开展的。体育教学活动，如果能够在温度适宜、气候宜人的地方进行，则对学生们来说，会增加他们对室外体育运动的兴趣。

高校对体育教学的重视与否，也是影响体育教学质量的重要因素。有的高校可能因为办学经费紧张，或者其他方面的原因，在体育教学专业教师引进方面不积极，基础设施建设方面比较滞后。在这种情况下，高校的体育教学会受到制约。相反，一些高校对体育运动看得非常重要，不仅在基础设施方面建设领先，而且在学校体育运动风气方面，更是在全校范围内提倡学生们运动，鼓励学生多参与课外体育拓展训练，这就会对高校体育教学事业的发展，发挥很好的有力的牵引作用。

设施环境主要包括运动场地、运动器材、图书资料等要素。它是体育教学的物质基础，直接关系到学生学习质量。

一个好的体育设施环境可以为体育教学提供一个理想的教学互动的场所。体育教学场所内的器材设备的完整性、场地布局的合理性、装修色调的刺激性、活动空间的范围、光线的明暗、空气流动性等因素都会对学生的学习生理产生直接的影响。良好的体育设施环境可以刺激学生的学习欲望，从而达到最佳的学习效果。

调查显示（见表4-1），78.55%的学生对学校提供的场馆和器材的数量和种类表示满意。迎评促建时期，学校在场馆种类上新建设乒乓球馆、羽毛球馆、跆拳道馆、篮球场馆、排球场馆、健美操馆、体育舞蹈馆、网球场以及水上运动中心，场馆数量和面积完全符合国家要求，也完全满足学生对体育学习的需求。另外学校室内外场地免费开放，且部分室内场地在周末、节假日免费开放，场馆的利用率高。这在一定程度上满足学生课外对体育的学习需要。

表4-1　大学生对学校场地意见表

项目	是	占比 %	否	占比 %
你觉得我校场地（馆）和器材是否满足学习需要？	586	78.55	160	21.45
你觉得我校场地（馆）布局是否合理？	287	38.47	459	61.53
你觉得我校场地（馆）装修色调是否有刺激性？	315	42.25	431	57.75

续　表

项目	是	占比 %	否	占比 %
你觉得我校场地（馆）光线是否满足学习需要？	358	47.99	388	52.01
你觉得我校场地（馆）空气流动性是否良好？	85	11.39	661	88.61
你觉得我校场地（馆）质量是否满足学习需要？	96	12.87	650	87.13

　　然而对场地（馆）的布局上 61.53% 的学生觉得不合理，主要是受我校地理环境及原校区限制，新建场馆及原有场馆分布较散，且学生住宿区分校内和校外，学习区离运动场较远，所以学生平时上课和体育锻炼时会觉得很不方便。其次学生不满意学校场地（馆）空气流动性（88.61%）和质量方面（87.13%），主要有两个原因：一新建场馆未完全通风，仓促入馆学习，空气质量影响了学生的学习；二在场馆建设设计方面和监督管理方面还存在弊端。场馆设计方面多考虑外观，对空气流通性和实际教学需要未多做考虑，体育馆开设的窗户有限，馆内空气污浊、尘土和甲醛味道偏重，学生无法较长时间在馆内进行体育学习。另外在较封闭的馆内上课，回音大，学生无法很清晰听到教师的组织教学，严重影响学生的学习质量。

　　在大学生体育信息来源调查中，100% 的学生体育信息来自体育课学习，还有 71.85% 的学生选择体育课本摄取信息，然而只有 3.08% 的学生向图书馆摄取体育作息。其原因主要有两方面，其一，学校图书馆馆藏体育类书籍有限，仅限于部分项目的规则、体育与健康书籍等，信息量较小；其二，学生习惯在图书馆寻求专业方面的知识，对体育理论知识不是太重视。

一、自然环境

　　学校内的"自然环境"与天然形成的自然环境有着本质的差别，其间也有人们劳动与创造的结果，也体现着人们的教育观念和审美意识，是已经人文化的"自然环境"，它从整体上规定了学校的环境面貌。对于校内"自然环境"我们只要因地制宜、扬长避短、合理开发、充分利用就会取得异曲同工的效果。福建农林大学位于市西郊，校园占地面积 234 万平方米。学校充分利用多山多水多树的地形特点，开发水上运动中心和定向运动基地，将学生的体育学习从人工场地（馆）延伸到自然界，向自然界要场地，要项目，开发学生学习能力。在调查中显示，学生对这两个自然环境下的运动项目深感兴趣，学生学习积极性高。随着学生对户外运动兴趣的提高，学校正计划拓展户外运动项目，充分利用我校山壁的特点，开发攀岩等运动。

不同的自然生态环境，可以铸造人们的习惯、文化素养、价值取向，从而影响人们对体育的态度、观念及看法。在调查中 100% 的学生认为学校的自然环境优美，有山有水，特别是中华名特优植物园的建成，可谓校园风景秀丽。运动场馆坐落在这幽静庄肃、花园般的环境里，不仅使学生利用这种美的环境唤起对体育美的体验和向往，而且还可令学生心情舒畅、愉悦，并可陶冶情操，获得审美情感。

二、时空环境

时空环境是由学校内部的时间和空间两大因素制约的特定环境。学校作息时间安排非常紧凑，而且具有较强的规律性。科学合理地安排体育教学最佳时段成为学校体育教育实践必须重视的实际问题。从表 3 可见，学生对体育课时间安排的满意程度上，有 87.94% 的学生较满意于下午的体育课时间安排，而有 55.09% 的学生不满意上午的时间安排。分析其原因，一是因为学生对体育课重视程度不够，上午 7：50 的第一次课对大部分学生而言太早，学生大都未吃早饭，匆忙上课，故学生满意度低；二是下午的上课时间较人性化，推迟到 14：50，夏天避开了最毒辣的太阳，冬天争取到充足的午睡，因此学生满意度较高。在体育课上可以发现，上午第一次体育课上的学生精神状态不好，学生学习质量不高，而下午的体育课课堂气氛相对要好，学生积极性相对更高。

体育教学活动还必须有一定的空间环境。不同的空间组织形成和空间密度会产生不同的教学效果。在对老师的访谈中发现，学校的空间环境质量并不高。目前学校体育课上课人数较为固定，一般40人左右。但由于扩招带来学生人数猛增，单位时间上课班级也随之增加。有限的体育场馆内空间密度增加，学生的器材使用率下降，体育教师普遍感到很难收到预期的教学效果。

三、体育教学环境中的人文环境

人际环境是指教学中的人际关系状况，它是学校内部的一种特殊的社会环境。与学生学习关系最为密切的是教师与学生的关系和学生与学生之间的关系，这两种关系从不同方面直接影响着学生的精神面貌和行为方式，进而影响着学生学习的质量。如表4-2所示，广大学生对体育教师的评价还是比较好的，教学态度认真、方法得当、有强烈的事业心和敬业精神、专项技术过硬、对待学生耐心、无偏袒。大部分学生与教师相处感觉轻松，课上能与教师进行学习交流。教师为人师表，爱护和教育学生；同样学生也尊重教师。这种良好的师生关系对学生的学习影响很大，课堂师极的作用。

对大学生体育意识调查中发现，学生的体育意识已经随着社会经济的发展和进步而发生变化。学生体育意识的变化，为体育学习带来新的气象。学生将体育课学习不再单纯地看待为一种课业，而是作为一种获取体育生活的方式，为终身体育打下基础。学生认识到体育运动的重要性、必要性，产生学习的兴趣，自觉地投入到体育运动之中，从而建立起较强的参与意识。

在上面的分析中，可以知道体育教学师资队伍质量如何，对体育教学效果影响很大。所以，高校要加强体育学科教研员队伍建设，在核定编制总量内配齐体育教师，强化体育教师队伍建设，每年开展校园体育教师、教练员、裁判员的培训。通过各类外籍教师引智计划，加强校园体育教师的国际化交流，提升校园体育教师的教学与训练水平。落实好体育教师待遇问题，体育教师开展体育教学、足球训练和活动计入工作量，保证体育教师在评优评比、工资待遇、职务评聘等方面享受同等待遇。通过不断增强师资力量水平，为高校体育教学质量提供有力的保障。

高校在体育教学环境建设过程中，要认真执行国家有关高校体育发展的相关规划和发展意见。把校园体育活动的场地建设纳入到体育教育教学改革的推进程序中去，明确时间表、路线图，确保校园体育场地与器材实施满足教学、训练需要。统筹体育场地设施资源的投入、建设、管理和使用，同步推进学校足球场地在课余时间向学生开放，有条件的向社会开放以及社会足球场地设施向学校开放，形成教育与体育、学校与社会、学区与社区共建共享足球场地设施的有效机制，不断提高校内外运动场所和体育场馆的利用率。

高校在完善体育教学环境工作中，要增加体育教学活动的经费。在校园内加大对青少年校园体育运动的投入，设立校园体育运动专项资金对校园体育教学的实验和改革发展给予支持。探索建立政府支持、市场参与、多方筹措支持校园足球发展的经费投入机制。优化教育投入结构，积极创造条件，因地制宜逐步提高校园足球特色学校经费保障水平。

加强校园体育运动伤害风险管理，制定安全防范规章制度；建成区域性体育运动保险机制，在购买校方责任险的基础上，为学生建立体育运动意外伤害险，提升校园体育运动安全保障水平，解除学生、家长和学校的后顾之忧。

高校体育文化对体育教学效果的影响也是不能忽视的，一个具有良好体育文化的校园，在体育教学活动中，会将体育文化、体育精神融入其中，学生们在感受体育运动精神魅力的同时，也强健了自己的体魄。在建设体育文化方面，高校可以从如下几个方面做起：第一，举办体育运动比赛，通过组织合适的体育运动比赛，例如，班级篮球赛、长跑运动、运动会等，学生在参与比赛过程中，不断提高对体育运动价值的认识。第二，鼓励学生们坚持锻炼身体，体育教学不仅是在课上，更重要的是要让学生们养成锻炼身体的生活习惯。体育运动的最终目的，对于大学生来说，还是提高身体素质为主。第三，组织学生们观看体育比赛，欣赏精彩的体育运动节目。在这个过程中，体育文化可以更加迅速的传播，并影响更多的学生。

第四节　体育教学环境的评价与优化

体育教学环境是体育教学系统要素之一，体育教学环境的好坏，从一定程度上影响体育教学的质量。对体育教学环境进行评价的目的是通过评价体育教学环境，发现体育教学环境存在的优势、缺点；发现体育教学环境的发展与教学的一致性与否，即为体育教师、体育教学管理者提供及时、准确的反馈信息，使体育教学与体育教学环境相互协调，即我们就可以根据体育教学环境的现状适当的调整体育教学活动，或者根据体育教学的现状调整体育教学环境；发现体育教学环境中哪些要素是相对较为方便优化的等，使体育教学环境评价的具体化。同时，通过对体育教学环境进行评价，能指示评价主体或教师应该去评价什么，重视什么或忽视什么等。

一、确定普通高校体育教学环境评价指标的基本原则

普通高校体育教学环境评价指标的确立，对于高校学生体育学习无论是兴趣的养成还是上课班级氛围的提高都具有非常好的作用，因此在确定指标时一定要严格把控遵循以下几个原则。

（一）客观性原则

体育教学环境评价标准的构建是建立在一定理论研究基础之上的，以目前我国学校体育教学环境研究的现状及体育教学环境研究中存在的问题为主要内容，结合本地区自身特点，和一系列的专家访谈、问卷调查确定影响其更加优化的要素、指标等，并从系统、整体的角度全面分析各影响要素，使各组成指标更具有客观性，更切合实际地促进体育教学环境的改善，使体育教学环境的各组成要素更加优化，提高体育教学的效率。

（二）可行性原则

评价标准中的指标应结合本地区气候地理环境特点，并根据本地区

各高校自身建设的特点以及学生身心发展的特点来进行制定，制定的指标应该具有切实的可行性和可操作性。

（三）科学性原则

在进行指标的选择时应遵循教学特有的规律、尊重本地区的实际情况和学校体育教学的实际，指标的选择应符合体育学科的发展，体育教学环境评价体系内所包含的各个指标应该相互独立，以确保体育教学环境评价指标的科学性。

（四）全面性原则

在对体育教学环境各评价指标进行选择时，应该从理论基础和实践基础进行全面考虑，对初步选定的指标进行全面考察，对影响教学环境的各个方面指标有关的信息进行全面分析，最后对所选择的指标进行全面分析最终确定各个指标。

在进行评价标准建设时应该把握好以下几个方向：

第一，明晰自身环境，发挥教师作用。普通高校体育教学环境评价指标体系的构建可以帮助提高高校体育教学的实际效果。让高校体育教师能厘清其中的主要影响因素和次要影响因素，可以启发高校体育教师在自身的实际教学过程中，能灵活地权衡各级指标及其各自所包含的子项目指标在授课过程中的"排位"。这不仅能进一步发挥本研究成果的实际效用，还能促进本研究随着实践的不断检验而得到不断的改善。

第二，与时俱进，逐步完善。随着教育优先发展的重大战略决策，势必使我国高校体育教学环境得到改变，逐步实现量变到质变的演变过程。随着互联网、物联网等大时代的到来，在此大背景下，伴随着新时代所带来的一些新的问题，也将影响到高校体育教学环境所包含的种种因素。而本研究是立足于目前普通高校体育教学环境的实际，从中探究出本研究认为核心的影响因素。因此，在一定程度上可以为今后的研究者提供一定的借鉴基础，从而使该体育教学环境评价指标体系得到更深一步的研究。

第三，以此为基础，灵活选择方法。本研究运用的是层次分析法，保证了体育教学环境评价体系指标有较高的准确度，但是在做专家调查的过程中，调查结果的主观性较强，专家的年龄、身份、学历不同对体育教学环境的认识也不同。由于方法选择的不同，可能会带来评价实践效果的差异。因此，本研究可以为今后的研究者提供一个模板，并依次为跳板进行更为大范围、大抽样等的研究工作。

二、体育教学环境的评价标准

评价指标体系是评价工作的操作规程，它规定了"评价什么"。一般而言，评价指标本身对体育教学环境的优化、体育教学环境的改造等有指导作用，即评价什么指标，教师、体育教学管理者将重视什么指标。因此，指标的确定和选择十分重要，不仅要从某一方面或角度能反映体育教学环境的本质，而且选择的这些指标具有典型性、客观性，能真实地反映体育教学环境，且对体育教学环境的优化等有着举足轻重的导向作用。

根据本文对体育教学环境的定义，体育教师和学生是体育教学环境中的重要因素。因此可以借鉴课堂教学质量评价标准、有效课堂教学中体育教师、学生的评价标准，所涉及的评价指标都是围绕着教师和学生设计的。因此，本文课堂教学质量的评价标准、课堂教学有效性标准中的部分观点，根据本文研究的需要，设计成为体育教学环境的评价标准。课堂教学质量评价标准、课堂教学有效性标准可以作为评价课堂有效性的标准，也可以对体育教师有效教学行为、学生的有效学习行为进行评价。那么，依次类推，体育教学环境评价标准就具有了课堂教学有效性评价的功能，同时也能对体育教学环境进行科学的评价。

体育教学环境是体育教学系统要素中不可或缺的要素之一，对体育教学起着举足轻重的作用，因此，体育教学环境的评价是体育教学评价中的一个重要组成部分，体育教学环境评价指标体系的适用程度，从一定程度上影响体育教学。因此要确定体育教学环境的评价指标体系是相当重要的。

根据本文确定体育教学环境的思路和策略，我们设计体育教学环境评价指标体系本着简明、比较全面地反映体育教学硬件环境、体育教学软件环境的基本状况，是根据评价指标体系的设计原则而建立起来的，并能反映体育教学环境某一具体方面指标的集合。评价指标主要判断或能度量的问题是体育教学环境的主要方面，并通过其总体效应来评价体育教学环境的总体状况。在评价指标体系中，凡是涉及体育教学环境的因素尽可能在指标体系中得以体现，并给予相应的重视程度。指标体系作为一个能整体地、全面地反映体育教学环境主要方面和主要特征的体系，能够全面地反映体育教学环境的内涵，其评价指标的数量也尽可能地进行了压缩、合并等，已达到简便易于操作的目的，避免出现指标繁杂等状况（表4-2）。

表4-2　体育教学硬件环境的评价标准

要素	体育教学硬件环境的评价标准
体育场馆	能满足体育教学的需要；体育场馆条件优越，已经达到或超过《普通高等学校体育场馆设施、器材配备目录》的要求
体育器材	满足体育教学的需要；体育器材安全性高；已经达到或超过《普通高等学校体育场馆设施、器材配备目录》的要求
师生比	有合理的师生比例
班级规模	合理的班级规模
体育课时数	合理的体育课时数，以保证达到上体育课的效果

三、优化策略

（一）采取多种形式拓宽体育经费来源，加大民办高校体育经费投入

体育设施、器械、场地等体育教学硬件环境的完善情况是使得民办高校体育教学得以顺利实施的重要保障，这些是由于投入经费不足所引起的。民办高校的体育设施建设与学校、当地的经济发展水平及财政收入情况有关，因此，要想完善河南省民办高校体育教学硬件环境，改善参差不齐的现状，首先就要加大高校体育经费投入。作为地方政府来说，要坚持区域教育资源均衡发展，在对高校体育教育经费的分配过程中，努力做到均衡、合理、公平。同时鼓励院校通过创新、创业引进外资、校企结合、在节假日加大体育场馆设施、场地的商业使用率等多种形式来不断拓宽体育经费的来源筹措体育教育资金。另外，对陈旧、破损的体育器械进行维修和更新换代。提高对现有硬件体育教学环境的利用率。充分发挥师生自身的创造力和想象力，自制一些简单可行的体育器材。

（二）合理规划，优化体育设施场馆的布局，提高场馆的使用率

在场馆建设过程中，要根据学生和大众的需求来建设相应的场馆，如受众面比较广的游泳馆、网球场、健身馆等，应该首先考虑进行建设。在投资来源方面，可以吸收政府投资，另外课余将体育设施向公众开放，在提高其利用率的同时，也能缓解学校在建设资金方面的压力。学校在进行场馆的规划时，应该具有一定的前瞻性，无论是建设规模方面，还是场馆的配套设施建设方面，都要合理的考虑到未来一段时间需求量的提高。必须保证场馆建成投用之后，未来一段时间内都不过时。为了学校的体育文化建设，还应考虑到承办大型体育赛事的需求，对于硬件设施建设要考虑完善。在场馆的设施规划建设方面，还要结合河南省的气候条件来进行设计。如因为河南省雨水较多，夏天气温很高，无法开展室外体育活动的实际情况，要尽量减少这些自然条件对于体育场馆利用

率的影响。硬件设施方面，尽量通过安装中央空调等方式来解决炎热季节体育场馆的使用问题，通过良好的规划设计，增加采光、通风等功能要求，营造良好的健身及教学环境。

（三）营造良好的学校体育教学文化氛围、加大校园体育信息的传播

实现良好的信息传播。通过校园报纸、广播、网络、微信等形式对体育文化向学生进行广播和宣传，并组织形式多样的体育课外活动、竞赛，以加深学生对体育文化的认识。通过心理指导、锻炼处方及健康知识讲座等方式引导学生形成科学的体育学习观及终身学习观，全面促进其健康稳定成长。实际课程中，基于信息交流特点及实际情况，合理灵活运用信息平台，以便充分发挥其高效性。在必要的区域增设体育宣传，如学校礼堂、图书馆、运动区、教学区及生活区等地方，适当地采用视频等方式传递体育消息，激起学生的视觉需求。

（四）完善教学管理制度，成立领导小组，督促学校体育工作的有效实施

学校的相关领导理应走进体育教师队伍，关心他们的生活及教学，了解他们的心声；此外，基于知行统一及学思结合，从学生的期望值出发，科学合理评价学生的成绩，满足他们的成就感，不断兼顾两者，形成科学的管理制度。

（五）增加教师知识及技能的交流及培训机会，不断提高教师的专业素养

鉴于教师队伍存在的素养问题，应该通过以下对策得以解决：①增加教师知识及技能认知的交流及培训机会，合理引入相关领域的专家或学者，科学合理地重组教师队伍，优质配置人员及环境资源；②基于现有的科研成果及目标，融合实践型教学活动，构建相对应的教师队伍；③基于教学目标及教学效果，构建合理的激励机制，积极倡导体育教学及科研创新，提高学校体育的综合教育能力。

（六）合理引入新兴体育项目人才，科学合理地重组教师队伍，优化配置人员及环境资源

体育教学资源配置不够优化，课程安排不当，授课人员缺乏。鉴于此，可采用统一方式进行不同项目的授课，分阶段进行，避免同一项目的人员冲突问题。此外，参照大学的教学模式，学生可自由选择自己所喜爱的课程及老师，并根据此设置相应的课程及授课人员。

（七）建立和谐、友好的师生关系平台

加强师生沟通的渠道和次数，改革体育教师传统的教师为主的教学观念，使教师专制的教学观点转化为师生互动、沟通的民主观点，并增加对学生的信心。

第五章 多媒体网络技术在高校体育教学中的应用实践

第一节 多媒体技术对高校体育教学过程的影响

一、多媒体技术的概念与特点

（一）概念

多媒体技术也可以理解为就是多媒体计算机技术（Multimedia computer Technology），指的是利用计算机技术综合处理多种媒体信息，如文字（Text）、声音（Sound）、图形（Gragh）、图像（Photo）、动画（Animation）、视频（Video）等，使多种媒体信息建立逻辑联系，有机地集成在一起，成为一个具有交互性的、新型的计算机系统的技术。其中强调了多媒体技术是：①一种计算机处理技术；②一种信息处理技术；③一种人机交互技术；④是关于多种媒体和多种应用综合的技术。

多媒体是多种媒体的有机组合，通过有机地组合才具有上述特征。因此组合前的各种媒体都称为传统媒体。

多媒体是信息交流和传播媒体，从这个意义上讲，多媒体与电视、杂志等传统媒体的功能是一样的；多媒体是人——机交互媒体，这里所指的"机"，目前主要是指计算机，或者由微处理器控制的其他终端设备。因为计算机的一个重要特性是"交互性"，使用它就比较容易实现人——机交互功能。从这个意义上说，多媒体和目前大家所熟悉的模拟电视、报纸、杂志等传统媒体大不相同。

（二）特点

1.多维性

多维性是指多媒体技术具有的处理信息范围的空间扩展和放大的能力。具体来说，多维性指能为输入的信息加以变换、创作和加工，对其输出的信息增加其表现能力，丰富其显示效果。例如，用多媒体系统辅助体育教学，学生不仅可以学到文本知识，观察到静止图片，而且通过多媒体技术还可以看到老师的动作演示，加强教学效果。

2.集成性

集成性首先是指多媒体技术可将多种不同的媒体信息，如文字、声音、图像等，有机地进行同步组合，从而形成完整的多媒体信息。同时，集成性的另一层含义是指处理这些媒体信息的设备或工具的集成，包括计算机系统、存储系统、音响设备、视频设备等的集成，总之，是指将各种媒体在提供的各种设备上有机地组织在一起，实现"声、文、图、像"处理的一体化。

3.交互性

交互性是指人与人、人与机器、机器与机器间的交互，即人机对话的能力，也就是和使用者之间的沟通能力。这也是多媒体计算机系统与传统的电视机、音响等家电设备的区别。人能根据需要对多媒体系统进行控制、选择、检索和参与多媒体信息的播放和节目的组织。不再像传统的电视机那样，只能被动地接收编排好的节目。

4.数字化

数字化指的是在多媒体计算机系统中，各种媒体信息都是以数字的形式存放到计算机中并对其进行处理。多媒体技术就是建立在数字化处理的基础上的，如图形以矢量方式、图像以点阵方式、音频和视频的信号以数字编码方式存储、处理。正是数字化技术的发展，才为多媒体技术的广泛传播和应用提供了用武之地。

当然，除此之外，多媒体计算机还有一些其他的特征，一般说来，还应该包括实时性、分布性、综合性等特点。实时性是指对声音和视频信号这些与时间有关的信息，对它们的处理以及人机的交互操作、显示、检索等操作都要求实时完成。分布性是指由于多媒体数据的多样性，使它的素材分布在不同的空间和时间，它的应用也是广泛分布在不同的领域中。因此，多媒体产品的开发，不仅需要计算机专业人才，而且往往更需要视、听专业的人士参与。系统的综合性更是显而易见，它把各种媒体设备综合集成各种信息综合集成整体的作用，产生综合的效应。图、文、声、像组合在一起，不再是单兵作战。

二、多媒体技术和体育教学之间的关系

在多媒体技术没有实施之前，为了在体育教学中可以更好地突出体育中的肢体动作，其教学的手段采取的都是电化教学模式。电化模式虽然在一定程度上将声音、文字、图片和音乐等这些具体的东西表现了出来，但是在电化模式中这些功能都是独立存在的，对其的融合也是无法实现的，但是，在多媒体技术中，电化教学模式中所具有的这些不足都得以克服，为体育教学在教学质量上的提高发挥了重要的作用，也使体育教学的效果发挥得更加完美。在体育教学的过程中，采用多媒体技术不仅可以增加学生和教师之间的交流度，同时，教师可以更好地得出学生们的需求，而学生也可以对教师讲解的内容有一个更加详细的了解，这样就促进了体育教学中效率和质量的提高，体育教学的目的和教学中所组织的内容也有了更高层次的提高。在这种程度下，体育教学在科技成分中的融入，使体育教学在训练的过程中更加具有科学性，实施的教学手段也更加完善和具有实效性。

在体育教学中，多媒体技术的应用是一种全新的教学手段，不论是从纯粹性的体育理论教学来看，还是从动作技术的层次来看，多媒体技术的应用都使体育知识在传授的过程中显得更加的生动、直观与形象。在多媒体技术中所具有的这种丰富多彩的动作效果，不仅使学生的注意

力得到了提高，同时还有效地激发了学生对体育学习的兴趣，对现代体育教学中教学方式的改进也进行了有效地促进。体育活动中比较常见就是跑步、打篮球、跨栏、跳跃旋转等这些活动，这些体育活动在本身动作上的展示是比较困难的，即使教师在课堂上展示了出来学生也难以接受，而通过多媒体技术就可以将这些复杂而又难以理解的动作向同学们展示出来，为体育课堂提供了美妙的教学画面。

三、多媒体教学技术对高校体育教学的促进作用

（一）运用多媒体教学技术激发学生对体育学习的兴趣

教育心理学研究表明，学习动机中最现实、最活跃的因素是认识的兴趣，人们在满怀兴趣的状态下所学的一切，常常掌握得迅速而牢固。对于刚踏入高校的新生来说，多媒体技术是较先进、较新颖的象征，我们就运用多媒体课件对学生进行第一次体育理论课的教学，能更好地让学生深刻地认识高校体育的地位、作用、意义，改变学生在中学阶段形成的传统体育观念，激发学生自觉锻炼的热情。在体育实践课的教学中，运用多媒体教学技术作为教学的辅助手段，能激发学生学习的兴趣。如在教篮球的进攻、防守战术时，我们运用多媒体课件进行教学，能形象地展现篮球基础配合的动作要点、动作方法、移动路线等，帮助学生建立正确的动作概念，使学生快速、清晰地掌握此项技术。

（二）运用多媒体教学技术，突出教材重点、难点，优化体育课堂教学结构的安排

教师能否在体育课堂教学过程中合理地处理教材，突出教材重点、突破教材难点，是影响教学效果的重要因素。有些教材的重点、难点部分，如跨栏技术中的过栏动作，教师很难用语言描述清楚或慢速示范来表现两腿在空中的剪绞动作，而运用多媒体技术，就可清晰而生动形象地解决这一难题。既弥补了感性材料的不足，又调动了学生的视觉直观功能，帮助学生掌握技术动作的重点和难点。学生在掌握正确动作概念的基础上进行练习，利于提高运动能力、完善技术动作，此时，我们教

师应能合理地安排运动量、运动强度、间歇时间。

（三）运用多媒体教学技术可使复杂的运动技术化难为易，使学生建立清晰的动作表象

有关研究表明：人们从语言获得的知识能够记忆 15%，而利用"视觉、听觉"获得的知识可接受 65%。因此在体育教学中，"语言讲解 + 动作示范"显得尤为重要。如在俯卧式跳高教学中，过杆动作为"侧空翻 + 旋转"技术，分腿支撑跳跃山羊的第一腾空、第二腾空的一些空中技术细节，学生很难在教师的语言描述与示范中建立清晰的动作表象。而运用多媒体教学技术进行直观教学，如利用多媒体课件的二维、三维立体空间结构，全方位剖析技术难点，使各种难以理解、摸不着、看不见的技术化难为易，变得生动形象。清晰的动作表象，既便于学生理解动作、形成概念、记住结构，又能调动学生学习的积极性，提高学习效率。

（四）运用多媒体教学技术进行互动教学

多媒体和网络等技术，拓宽了学生接受知识的范围与途径，也能营造形象直观的交互式学习环境，有利于激发学习者的学习兴趣和进行协作学习，对学生认知结构的形成与发展，即促进学生对所学知识进行意义建构非常有利。我们利用这些特点，在校园网上放一些互动性的多媒体课件，如体育基本理论知识，各球类的比赛规则，篮球、足球的基本战术配合，健康、保健知识等；一些具有观赏价值的比赛内容，如健美操、跳水、舞蹈、体操比赛等，学生可以在线欣赏、观看与学习，间接地对学生进行体育与健康方面的知识教育，潜移默化地对学生进行互动教学。

（五）运用多媒体教学技术进行现代体育教学管理

体育教学中的各项管理工作，如体育课成绩管理、学生体质健康管理、校运动队管理等，以往均是人工进行统计，工作量大且烦琐，运用计算机及 ACCESS 数据库所开发的软件进行统计能大大减轻体育教师的工作负担。如期末对学生的体育成绩进行统计与分析，运用计算机软件，一个教师只需 15 分钟即可完成一个班级的成绩统计与分析，包括打印。

多媒体教学技术使学校体育的管理工作显得神速而简单。

目前，为了使体育教学的作用更加的突出，在体育教学中很多的学校都将多媒体技术引入到教学之中，其不仅有效地激发了学生对体育理论知识的掌握，同时也有效地提高了体育学生对动作技能的掌握度。多媒体式的教学模式所给学生带来的是一种活跃的气氛，在这种气氛之中，引导着每一位学生都积极地参与到体育学习之中，给学生的体育学生生涯带来了无限的精彩，而多媒体技术在现代教学体系中的作用也越来越突出，对体育教学的质量也发挥着重要的影响。

四、多媒体技术对体育教学质量的影响

（一）运用多媒体课件可以建立清晰的动作表象

在体育教育的过程中，传统的体育教学模式都是按照讲解示范模拟训练与联系的过程来实施的，学生也是通过对体育教师与动作展示中的"听""看"和"体会"来感知这些动作的全过程。这种"听""看"和"体会"的学习过程是一种被动而又机械化的，以此，学生在体育学习的过程中就无法对这些动作所具有的艺术性和规律性有一个完美的体验，进而严重影响到学生对体育知识的掌握。但是，在多媒体教学中，通过多媒体技术可以对声音、动作和图像等直接通过移动、定格、闪烁、快播与慢播以及色彩变化等，再加上教师的讲解有效的将教学中的内容发挥出来。在此基础之上，学生对动作的每一个过程和细节都可以详细的看清楚，而教师也可以通过多媒体技术将学生在运动中的各部分动作拍摄和录制下来，对学生们的动作问题通过录像和图片仔细的推敲，也可以陪同学生观看，对学生动作中的问题及时的告知，这样不仅提高了学生对动作的掌握度，还有效的地培养了学生的观察能力和分析能力，在增加学生清晰动作表象的基础上有效地增加教学的实际效果。

（二）多媒体技术可以有效地激发学生的学习兴趣

兴趣是最好的老师，同时不论是学习什么东西，只要有了兴趣其在学习中所发挥的力量都是不容忽视的。在很多成功的教学活动中，只要

学生的学习兴趣被激起，那么在后期学习的过程中学生的学习热情度都会得到有效的提高。在教学活动中，通过多媒体技术可以制作多媒体课件，而多媒体课件中所具有的生动、活泼、直观以及图文结合的特点，在其技术之中将录像、视频和录音进行了有机的结合，通过一些灵活而又多变、生动的音乐对体育教学的模式进行了开拓与创新。同时，在多媒体技术中其所具有的数据库中具有很多的信息，通过多媒体技术将这些信息在体育教学的过程中展现出来，不仅为学生创造了一种情景式的而又生动的教学模式，同时在这个模式之中，学生通过多样化和个性化的课堂教学活动，在有限的时间里获得了无限的知识，进而有效地激发了学生对体育学习的兴趣。

（三）运用多媒体技术可以有效地突出教学中的重点

体育教育是一种有行的教学过程，教师在教育的过程中往往都是通过肢体动作来展现的，但是对于那些和体育有关的健康知识，其却是通过语言来描述的。即使在这个过程中教师拿出了画板、模型等这些直观的手段，但是实际得到的效果也没有多大的改善。在多媒体课件中，通过运用其技术中的二维、三维空间，对体育教学中那些无形的理论知识可以进行全方位的解析，还可以将那些难以理解的部分进行简化，这样不仅加快了学生学习的速度，同时还有效地提高了学生学习的效率。

（四）运用多媒体技术可以有效地培养学生的创新精神

通过多媒体技术可以对体育中的一些动作进行详细的分析和研究，同时还可以将这些动作利用相关的软件技术进行分界、组合和修改，多媒体技术中所具有的这些优势和传统的多体育教学模式相比较，其在教学模式上显得更加的灵活和生动。在计算机软件中，通过相关的控制参数可以实现对动作连贯性上的编排，这样每一个动作都会具有一定的相对参数值，而在这个参数值中，定性和定量的有效结合就为体育动作在定型上的参数值进行了科学的确定。在体育教学中，将这种技术作为一个辅助性的教学模式可以使教学的目标更加的明确与清晰，通过技术层面的对比和分析，教师和学生就可以对动作中的差异进行明确，以此可以建立一个更加明确的运动表象。在体育教学的过程中，通过采用多媒体式技术，对其技术和教学的环境进行有效的分析，这样就可以对体育教学中存在的问题得到创新性地提高，进而取得良好的教学效果。

课堂教育中其主导作用的是教师，而多媒体技术的实施所依靠的依旧是教师，虽然多媒体技术的应用优化了体育课堂，但是教师在体育教学中的作用依旧是不容忽视也不可替代的。要知道，运用多媒体的目的是优化课堂，但不代表要对教师的作用进行忽视。同时，在体育课堂中对多媒体技术的使用还需要对多媒体课件自身所存在的局限性进行分析和考虑，对教学的环境设施也需要不断地完善和提高，而在现代化式的体育教学中，教育制度的不断改革也给体育教师提出了一些新的要求，体育教师在这个大教育环境下，不仅要改革教育的观念，同时还需要对多媒体技术进行研究，根据自己所在的教育环境实施不同的教学模式，这样才可以将多媒体技术与体育教学中的优势发挥出来，更好地为现代的教育事业提供自身的价值。

五、多媒体技术对高校体育教学过程的影响

教学过程是由学生的学习过程和教师的教授过程组成的统一体。体育教学过程和学生掌握知识的过程一样，存在着教师、学生、教学内容这些基本因素。体育教学活动是一项实践性很强的教与学的双边活动，教与学双方是相互依存、不可分割的。传统教学过程中，教师通过动态化的讲解与示范，向学生传授知识与技术；学生在积极的身体练习中伴之以积极的思维活动，从而达到掌握体育基础知识与技能、发展素质的目的。这种注入式教学模式不利于调动学生学习的主动性和学习潜能的发挥；教师也往往感到自己的示范力不从心，讲解不能被学生形象化的理解，达不到应有的效果。而运用多媒体技术则可大大地弥补教师在教学过程中的不足，有效地提高学生的学习积极性，加速知识的更新。

（一）多媒体技术的运用对教师的影响

利用计算机多媒体技术辅助教学，可将教师讲解与示范的内容通过

计算机多媒体技术表现出来。配之以生动形象的完整与分解技术的演示，常速、中速、快速动作的切换，图片、动画系统的交替运用等，将教师的教学思想表达出来。对教师在教学准备、组织、实施的过程中进行缩减，减少了复杂性，增加了指导的灵活性。教师从繁重的重复性的课堂教学中解放出来，有更多的时间去研究教育、教学中的种种走向问题，探索在新媒体条件下的教育教学规律，设计制作教学软件，以更好地满足不同学习者的要求。通过课件的制作，为教师提供了灵活的教学方式，可更好地发挥教师在教学中的指导作用。

（二）多媒体技术的运用对学生的影响

在传统的体育教学中，学生在教师的组织、安排和要求下进行学习。学生只能通过教师的讲解、示范获得正确的动作概念，掌握动作技术；通过教师的考核明白自己的进步。教师如何教，学生如何学，处处体现出其被动性。

多媒体技术引入体育教学过程后，改变了学生对教师的依赖性。体育知识的学习不再是被动接受，而是一个积极探索的过程。学生可根据自身情况有选择性地学习，选择不同的内容、不同的进度，从而获得学习的自由，从一个被动的学习者转变为一个自主的学习者。学生在教学过程中的主体地位得到了充分的体现。但是，这并不意味着学生学习可以完全离开学校和教师。多媒体课件是由教师设计制作的。它包含了教师的教学思想，集中了众多优秀教师的智慧与经验。

（三）多媒体技术的运用对教学内容的影响

教材体系直接反映教育目的和培养目标。教材体系的内容应具备科学性和实用性，要使学生掌握那些现代社会最需要的健身知识和技能，为增强学生体质和终身从事身体锻炼打好全面的基础。多媒体技术的运用，使体育教学内容的外在形式及内在结构发生了变化。

1.教学内容外在形式的变化

体育教学内容丰富，随着电化教学的开展，录音、录像已广泛运用于教学中。多媒体技术允许信息以文字、图像、声音和动画等多种形式表现，并能将这些多媒体信息保存、管理、加工和传输。这样，教学内容可以用最有效的方式来表现，甚至同一内容用多种信息来表现，克服了其他媒体表现单一及难以协同表现的弊端，因而可读性强。多媒体技术的运用可以制造出一种现场教学情景和气氛，使学生有身临其境的感觉，从而提高了学习的积极性，有助于发展学生的综合素质。

2. 教学内容内在结构的变化

传统的教材是以线性结构来组织学科知识结构的。知识内容的结构及其顺序都是以教为主。学生只能在教师的教授下获得正确的动作概念、原理等。学生对教师的依赖性很强。多媒体是一种以接近人类认知特点的方式来组织、展示教学内容及构建知识结构的。用这种多媒体的非线性网络结构来组织教学内容，对学生获得正确的事实概念及其结构关系具有潜在的促进作用，并有助于已有知识向新知识学习的迁移。它既注重知识的形成过程，又注重知识结构，使教学内容的统一性与灵活性得到了完善的结合，较为充分地体现了因材施教的个性化教学理念。

六、多媒体技术在体育教学中的应用及对策

（一）多媒体技术在体育教学中辅助作用的应用研究

在体育教学中，如何把握多媒体教学与传统教学两者之间的比例关系是非常重要的。虽然多媒体教学具有巨大的作用，但由于体育教学户外锻炼的特殊性，决定了多媒体技术在体育教学中只能起到辅助教学的作用。因为多媒体教学手段的实现依赖于多媒体教学平台，也就是说它需要在室内进行。而体育教学课主要是通过各种身体锻炼来进行，大部分的授课时间、授课场地是必须在户外完成的。因此，多媒体教学虽然是体育教学手段中的重要组成部分，但在使用过程中，由于各方面条件的限制只能起辅助作用。

多媒体技术在体育教学中起辅助作用，我们可以从辅助体育理论课教学和辅助体育实践课教学两个方面来进行研究。

1. 多媒体技术辅助体育理论课教学

（1）体育理论课教学的现状。目前，大部分高校体育理论课的课时较少（根据教学大纲年学时 16 左右），而教学内容较多，一般的课堂教学多采用以讲授为主的教学方法，这种教学方法是以教师为中心的立场上拟定的，它的基本过程是教师输出以文字和语言符号为主的大量教学信息，教师在讲台上结合板书不停地讲，学生在台下忙碌地记，使学生来不及想象与思考，只能是机械的、被动的学，这种"填鸭"式授课形式使学生缺乏参与意识，往往会产生教师只能从形式上完成教学任务，而给学生留下的仅仅是一些肤浅的印象或干巴巴的知识，不久就会遗忘，由于学生没有真正学会、学懂知识，于是对学习容易产生麻木，对这种陈旧、古老的教学手段感到厌烦，容易产生厌学情绪，造成教学效率低、效果差。

（2）多媒体技术辅助体育理论教学的可行性。教学是依据教学内容而具体展开的，由教师的"教"与学生的"学"彼此协同构成的双边活动，体育理论教学是在教师、学生和媒体的共同参与下，运用适当的方法，指导学生掌握体育知识，培养体育学习能力和良好思想品德的一种有目的、有计划的教育过程，整个过程可描述为教师媒体反馈学生，教与学是相辅相成的，传统的教学媒体主要是教科书、粉笔、黑板，在信息高速发展的今天，已远远不能满足现代教学的需要。因此，根据时代发展所提出的教学要求，从特定的教学关系与教学内容的实际出发，为提高教学效率和增强教学效果，在灵活地运用传统教学方法的基础上，引入多媒体技术来实施教学，使教与学的双边活动构成一种互激放大的自洽系统，是行之有效的。科学技术的迅猛发展，使许多高科技成果直接引入教育领域，各高校基本上都有多媒体教室，这为我们改革传统体育理论教学方法和手段提供了物质基础。

（3）多媒体技术辅助体育理论教学的优点。能系统地指导学生进行学习。教师用现代化的教学理论来组织安排教学内容和教学程序，能优化教学内容，使教学过程系统化、规范化，软件设计内容丰富，重点提示简明扼要，练习形式多样，操作灵活，界面友好，通过人机对话，集中注意力，高密度、大容量、生动活泼的学习内容能很好的引导学生进行学习。

　　学生可用其进行自我学习及自我评价。教师只要把教学课件制作好，就可以反复使用，学生不仅可以在课堂上学习，而且可以在课后从计算机中调出相应的知识进行自学，并利用其存贮的试题进行自我评价。

　　提高学生的学习兴趣和学习效率。学生对外界的新鲜事物具有高度的敏感性，同时在体育理论学习中需要除本体感觉外的大量感觉信息，特别是视听信息。传统教学方法是无法实现的，而多媒体技术具有的特性可以给体育教师提供强有力的帮助，对学生而言，丰富多彩，活灵活现的画面展示具有较强的吸引力，多媒体技术在演示理论的广泛性、整体性、生动性和细节性上能充分发挥其优势。可使教材中的重点、难点细节以文字、声音、图像、动画等方式从三维空间来进行描述，让学生一目了然，熟记于心。同时，多媒体教学方式还可以活跃课堂气氛，增加教与学的互融性，充分发挥学生认知系统的优势，进而提高他们的学习兴趣。

　　能更新教学观念，提高教师自身素质。教学改革要求培养复合型、创造型的人才，在教学内容上改"素材"为教材，教法多样性与实效性相结合，创造出有利于学生理解概念，掌握方法、体验乐趣和学会健身的新教学模式。多媒体技术辅助教学，能挖掘和培养学生的潜力。使学生在扩展知识的同时，具备对学习新知识的好奇心，探索欲和对事物的主动思考能力，从而促进学生素质的全面发展，这些是传统体育理论教学所难以达到的。体育教师在使用多媒体技术辅助教学时，由于其在制作课件时需准备大量的素材，使用现代化仪器设备，并在教学中熟练操作这些设备，所以对其自身素质的提高起了促进作用，其素质高低直接影响教学效果。

　　综上所述，多媒体技术辅助体育理论课教学，可使学生各种感觉器官得到刺激，短时间内最大限度地接收信息。教学内容的多媒体化，能把文字信息编码成图像加以同步识别，使教材声像俱全、图文并茂，做到清晰、易懂，学生特别容易接受，牢记于心。

　　用计算机作为教学媒体，体现教学手段的现代化，其具备多方面的教学功能，是传统教学方法无法比拟的。多媒体技术辅助教学，大大缩短了学生学习消化的时间，快速提高学习进度。

2.多媒体技术辅助体育实践课教学

由于体育教学的特点，决定了大多数的体育课是体育实践课，要求老师和同学同时参与到身体锻炼当中，而且这些身体锻炼大多是在室外进行，如何应用多媒体技术来辅助体育实践课教学是一个很重要的问题。

（1）传统体育实践课教学中存在的不利因素。在传统的体育教学中，有几个主要不利因素影响着体育实践课教学。

教师的专业特长在教学上有一定的局限性。在体育实践课教学中，学生主要通过"听""看"来感知技术动作，而"看"是学生获得信息的主要来源。这就要求教师要有很高的技术水平和示范能力，否则就很难把示范动作做得很规范，而任何一个教师都只有几个项目是特别擅长的，不可能是全能的。另外，教师在示范时，难免有失误或失败。一个失败的示范会影响教师在学生心目中的形象。因此每个体育教师在具体安排教学时，总是把自己喜欢的、擅长的内容安排得较多。长期这样，势必会影响学生的全面发展。

随着教师年龄的增长，示范动作的质量会随之下降。体育教师随着年龄的增长，完成动作的水平一定会下降。此外，随着物质条件的改善，生活水平的提高，有许多中青年教师虽然年纪不大，但已经大腹便便了，示范时有一定的困难。因此，选择教学内容时，就会回避那些难以示范、技术性强的动作，造成教学内容的单一化、简单化，最终的结果也是影响学生的全面发展。

一些高难度的技术动作教师难以示范。在体育教学中有很多腾空、高速、翻转的技术动作，教师很难把这些动作示范给学生看。学生很难在短时间内领会、把握这些高难度动作的要领，也就很难快速建立一个完整的动作印象。在课堂上，教师只能重复讲解，最终的结果是事倍功半，影响教学进度。

教学观念陈旧，教学手段单一。在传统体育实践课教学中，老师往往只停留在以往的教学经验中，甚至沿用照搬以前老教师的教学理念，观念陈旧，没有创新，不能跟上时代的要求和新的教学改革的思路；而且，教师的教学手段单一，方法欠灵活，导致课堂教学气氛沉闷，学生积极性不高，教学效果不理想。

教师的个人素质有待提高。当前的教师，在专业上或许能够胜任现代高校体育教学，可是在其他相应学科特别是人文、社会科学方面的知识匮乏，导师教师上课内容空洞，没有吸引力，而且更不能满足当前新的教学改革形式下，对新的高科技教学手段应用的需要。

（2）多媒体技术辅助体育实践课教学的方式。随着课堂教学改革的深入开展，多媒体技术在体育教学中得以广泛应用，这既能培养学生的学习兴趣，又增强了学生对具体动作的认识，使学生能在较短的时间内掌握动作技术要领，学到更多的有关知识。那么，在实际教学中如何有效地运用多媒体技术来克服以上三个影响着体育教学的不利因素呢？本文仅从以下五个方面进行论述。

灵活运用，激发兴趣。在体育实践课教学中，通过多媒体的声、光、色、形对学生的心理产生影响，满足他们旺盛的求知欲和强烈的好奇心，激发他们的学习兴趣。如：在篮球基本战术配合（传切、掩护等）的教学时，由于大多数学生对之了解甚少，因此学生在配合教师进行战术示范时表现迟钝、紧张，结果花费了很长时间也达不到预期的教学效果。我们可以用篮球游戏软件进行辅助教学，此软件可在竞赛规则允许的条件下随意设置比赛环境，可以毫不费力地将基本战术配合表现出来。

化难为易，化动为静，突出技术动作的重点和难点。在体育运动中，有许多运动技术不仅结构复杂，而且需要在瞬间完成一连串复杂的技术动作。如：田径跳跃项目的空中动作，体操支撑跳跃的连续动作，技巧的滚翻动作，单杠的回环动作等，这给教学带来很大难度。一方面，教师的示范动作受自身条件的限制，如教师对动作要领的领会程度、教师的年龄、临场身体状况、心理因素等，很多体育教师很难自如地完成动作；另一方面学生的观察角度和时机也受到一定的局限。由于动作转瞬即逝，综合难度较高，因此，学生很难把这些瞬间完成的动作看清楚，也就很难快速建立一个完整的动作表象。这必然给学生的学习带来一定的影响。利用课件演示把教师很难示范清楚的技术环节，通过慢动作、停镜、重放等教学手段结合教师的讲解和示范表现出来，这样就能够使教学内容形象化、具体化，变动为静，变快为慢，有利于学生理解比较复杂的、抽象的知识，进而抓住动作的要领，突出重点，解决难点，更快、更全地建立起动作表象，提高了学生的学习效率，缩短了教学过程。

通过正误对比，纠正错误动作。利用多媒体技术，把优秀运动员的技术录像或图片以及运动技术的难点、重点和常见的错误动作制作成课件。在上课时让学生观看，并与他们一起分析比较，提出问题，解答问题，使学生边看边听边想边讲，这样就能够使学生在练习中避免许多常见错误动作的发生。既快速掌握动作，又培养了学生的观察能力和分析能力。如在教学"鱼跃前滚翻"的时候，学生很难把握"跃"的感觉。同时，练习时容易出现屈腿和团身不紧等现象，而教师在示范时也只能一气呵成，不能分解示范。如果运用多媒体技术就简单多了，通过正误对比，增强学生的感性认识。在课堂上，利用《鱼跃前滚翻》的课件，把整个动作分解成跃起、手撑低头、团身翻、蹲立四个连贯的动作，并在每个分解动作中都加入了失败的动作和一些特别的声音，一听就知道动作正确与否。通过这样的逐步演示成功与失败的动作，加上教师的提问和学生的讨论与回答，让学生进行比较、分析，在脑海中形成正确的动作概念，并及时帮助学生纠正错误动作。

现场模拟练习。多媒体教学具有很强的交互性。教师根据体育理论知识和教学目的的要求，制作出合适的课件，可以很方便地实现人机对话。如在给学生讲解足球比赛规则中"什么是越位"这一问题时，利用多媒体技术在足球比赛的录像中有针对性地编写一些交互性练习。练习时，要求学生在"越位"和"不越位"两个按钮中选择一个。若回答正确则弹出一句赞扬的话和"解释"按钮；若回答错误则弹出一句鼓励的话和"解释"按钮。学生通过点击"解释"按钮可以看到教师详细的解释，从而及时检验自己是否正确地理解比赛规则。这种带交互性和娱乐性的练习效果非常好，使学生感到好像身临现场一样进行模拟练习，激发了学生的学习兴趣，充分调动了学生的积极性，从而化被动学习为主动学习。

器械飞行的模拟演示。通过制作具有较强控制性的模拟演示，可充分表现技术动作中某些要素与运动成绩的关系。如我们可以根据有关物理的原理模拟出投掷项目中器械的飞行轨迹，让学生正确理解空气阻力、出手角度、出手初速度（取决于力量、距离、作用时间）、出手高度（取决于运动员的身高、臂长）等因素与运动成绩的关系，得出出手初速度越快、空气阻力越小、出手高度越高（在出手角度确定的情况下）投掷的距离越远这一结论。同时，学生也能在教师引导下进一步发现各投掷项目在不同条件下的最佳出手角度等规律。

多媒体技术在体育实践课教学中的作用和优点是常规教学所不能比拟的，多媒体技术与体育实践课教学相结合，是体育教学改革中的一种新型有效的教学手段，多媒体技术辅助体育实践课教学是很值得尝试、探索和推广的。

（二）多媒体技术辅助体育教学的局限性及对策

1.多媒体技术辅助体育教学的局限性

多媒体技术应用于体育教学中，会产生很好的教学效果，可是由于很多原因，导致多媒体技术在辅助体育教学的过程中存在一些局限性。

（1）场地的限制。多媒体教学主要是在室内利用多媒体教学平台对学生进行教学，其教学设备是相对固定的，而体育教学大多数是在室外进行的，这就决定了将多媒体技术应用到体育教学当中存在一定的局限性。

（2）多媒体辅助体育教学硬件的缺乏。由于多媒体设备相对传统教具来讲比较昂贵，而且加上学校体育教学的特点，导致现在多媒体辅助教学过程中，硬件资源比较缺乏，使得教学受到一定的局限和束缚。

（3）体育教学辅助软件匮乏。体育教学辅助软件的开发是一个专业领域，需要计算机专业人员与体育教学工作者的互相协作，需要多方面知识、技术的整合。一方面，受应试教育与经济效益的影响，目前体育教学的辅助软件相当匮乏；另一方面，对一些已开发的体育教学辅助软件，由于体育教师缺乏相应的计算机知识，或缺乏学习、使用热情，未能发挥其应有的作用限制了计算机体育教学辅助软件的进一步开发。

（4）体育工作者的教学思想、教学观念陈旧，知识素养亟须提高。

计算机辅助体育教学是信息时代体育对教学提出的要求，是现代化教育技术与体育教学的结合。不能否认，目前我们的许多体育教师存在着"不学计算机，照样开飞机"的陈旧落后的教学观念。改变教师传统的教学思想、教学观念，提高教师的知识素养显得尤为重要。

2.发展多媒体辅助体育教学的对策

（1）加强多媒体辅助体育教学的实践、创新与理论研究。计算机多媒体技术辅助体育教学是新兴的教学手段，应大力开展多媒体辅助体育教学实践活动，提倡创新与开拓，在教学实践中不断探索和总结；同时，应加强计算机辅助体育教学的相关研究，指导计算机辅助体育教学更健康、更广泛地开展。

（2）加强计算机、网络硬件的投入和技术力量的提高。学校教育行政管理部门应改变教育观念，认识现代教育发展的趋势，加强网络硬件建设，为计算机辅助教学创造必要的物质基础；同时也要提高相应的技术支持力量，发挥硬件应有的作用。

（3）加强体育教学辅助软件的开发与应用，实行"两条腿"走路的方针。多媒体辅助教学软件的开发，一是走市场化之路，以软件公司为主，同时聘请体育专家、一线体育教师做顾问，开发出大的且实用性强的体育教学软件；二是走自力更生之路，以体育教师为主，借助计算机专业技术人员，通过相互协作、科学整合，研制小规模、实用性强的体育教学辅助软件，以适用于体育教学。

（4）转变体育教师教学观念，提高教师的素养。21世纪是一个信息化社会，随着现代教育技术的广泛应用，传统的教学模式、教学方法、教学手段必将发生根本变化。体育教师要积极迎接挑战，改变观念，努力提高自身素质；要克服畏难思想，努力学习，掌握现代化的体育教学方法和手段，不断适应日益变化着的信息社会。

（5）体育教师要注意多媒体的优化组合。体育实践课教学媒体选择应注意优化组合，不同内容的教学，所采用的媒体也就不同，其媒体的组合也不同。在体育教学过程中，既不能采用单一的媒体进行教学，也不能滥用媒体，造成"人灌、电灌、满堂灌"。因此，媒体的优化组合是多媒体教学的关键。

（6）正确处理现代化媒体与传统媒体的关系。现代化媒体借助先进的仪器设备，使某些技术动作以三维动态显示出来，能准确、及时地反馈教学信息，激发和培养学生的学习兴趣，对教学效果的提高起到了传统媒体所不能起到的作用。然而，现代化媒体的使用必须注意优化、适量、适时，要考虑其使用是否恰当、是否合乎科学、其效果如何等等，不可一味追求时髦、追求新异。因此，在教学过程中，应注意处理好现代化教学媒体与传统教学媒体的关系，只有两者有机结合，取长补短，优化教学过程，才能真正有效地提高教学质量。

第二节　高校体育教学中多媒体网络教学平台的应用

一、多媒体网络教学的定义与特点

（一）定义

对于多媒体网络教学的定义尚未有统一的定义，本人通过对相关文献资料的查阅和总结与专家的拜访将多媒体网络教学定义为：所谓多媒体网络教学就是充分将当今最先进的计算机网络技术和多媒体技术有机组合进行教学的一种全新的教学方式；是多媒体技术在互联网络技术支撑下的实施，将枯燥、乏味的课堂知识形象地体现在声音、图像、影视、动画中，通过计算机网络技术的运用，使得真正基于交流、讨论的教学方法的一种实现。

多媒体网络教学是远程教学的一种，根据主要媒体与信息技术的发展归类多媒体网络教学属于第三代远程教学。多媒体网络教学是现代计算机网络技术与多媒体技术发展到一定程度而诞生的产物。

多媒体网络教学作为一种全新的教学方式已经被我国教育部及相关

的部门列为 21 世纪教育改革的重要内容。我国教育部自从 1998 年颁布《21 世纪教育振兴计划》提出"现代远程教育工程"建设是六大建设的重中之重，它以我国计算机网络建设作为基础，将教育资源的建设作为核心目的是旨在教学的应用。伴随着校园网络基础设施的建设，互联网络的普及发展，多媒体技术的日益革新，加之我国教育人口的数量巨大，众多原因使得国内许多软件开发公司将开发重点也转移到了对多媒体网络教学软件的开发上，多媒体网络教学平台建设在国家与社会大环境的支持下日益完善。

（二）多媒体网络教学的优势与特点

1.多媒体网络教学的优势

多媒体网络教学的出现为人们提供了一种全新的教学模式，多媒体网络教学平台的建立为学习者搭建了一个资源丰富的知识平台，提供了更多的学习机会以及更为全面的信息资源给那些想要获取知识的人。多媒体网络教学的出现使得教学活动发生了新的转变，由原本单纯的知识"传授"转为更加重视培养学生创造精神和实践能力，同时为终身学习的体制奠定了良好的基础。多媒体网络教学的出现打破了传统教学模式中时间与空间的限制，具有很强大的时空优势，可以令学生不仅在上课时间、在教室甚至在与教师面对面的情况下进行对知识的学习与探索。多媒体网络教学的出现让教育资源的共享变为可能，通过多媒体网络教学平台可以将信息与设备的共享实现最优化，从而使得整个教学过程得以更顺利地进行，可以更好地完成教学目的。

现代互联网络的发展已经覆盖了全球，通过互联网络人们可以将世界各国的教学资源进行整合，实现全球资源的共享，与世界领先的教学同步，真正地令全球教育一体化。这样一来即使身处于教育相对落后，师资力量不足、教学资源匮乏的经济欠发达地区的人们，也可以通过多媒体网络教学平台进行最新最全面的学习，掌握最新的教学前沿。但凡有网络与电脑的地方，就可以随时随地地进行自主学习、获取最新最全面的知识。

多媒体网络教学的出现为学习者提供了个性化的学习空间，传统教学的主体总是围绕着教师、书本以及课堂三方面来进行，这样一来便阻碍了学生学习的自主能动性，使得学生的个性化学习成了空谈。多媒体网络平台的推广给现代化教学带来了全新的途径，整合了世界各地知名的高校、研究机构、图书馆来自多个权威机构的信息资料，为学习者提供了一个十分庞大资料库，使得学习者能够更好地掌握最新数据以及最新的学习材料，与此同时学习者还可以通过多媒体网络的交互技术实现双向交流，在线得到相关教育专家所提供的具有针对性的"个性化"学习指导。

多媒体网络教学中最为核心的方面还有多媒体技术在教学中的应用，正如前面多媒体网络教学的定义中所提到的，多媒体网络教学其实就是多媒体技术通过网络形式的传递与应用的一种教学技术。通过多媒体网络教学平台将文字、图像、影音、动画和其他多媒体教学软件进行有机整合与优化，通过多媒体网络教学平台可以实现对现实教学环境的模拟，这样便更有利于学生直观地进行学习，有利于学习者的理解与记忆。通过多媒体网络通信技术的交互技术，例如：网络直播讲座、电子邮件、电子公告板、即时通信软件等计算机信息技术来完成教学活动。多媒体网络的实时通信技术可以让师生之间及时进行交流，及时地进行答疑解惑，这样既保证了学生的听课质量达到了更好的教学目标，又可使学生不仅在固定的时间与教室而且任意时间与地点都可登录进行学习，多媒体网络教学平台打破了传统的课堂的束缚。

2.多媒体网络教学的特点

通过文献资料法，现将多媒体网络教学的特点总结如下。

（1）多媒体网络教学具有更为灵活的教学时间。多媒体网络教学借助现代化互联网络技术与多媒体技术打破了传统教学授课时间与场地的限制，学习者只要需要用计算机设备通过互联网络的链接与对多媒体网络教学平台的访问就可以随时随地地进行自主化学习，这样一来学习者就可以更好地合理安排自己的学习时间。

（2）多媒体网络教学的教育资源丰富。多媒体网络教学通过现代互联网技术可以很好地实现全球化的资源共享，互联网络中拥有大量而全面的教学资料，学习者可以从中选择适合自己的课程来学习，可以轻松地获取最新最全面的资料。这样便使得学习不再受到书本的限制，可以更好地开拓学生的思维。网络资源具有很强的时效性，网络教育资源信息更新及时，学生也可以实时地获取最新的教育资讯与最先进的前沿知识。

（3）多媒体网络教学具有强大的多媒体性。多媒体网络技术拥有强大的多媒体性，在教学过程中，多媒体网络教学可以应用多媒体技术与互联网络技术提供友好的平台界面，可以将教学内容通过多媒体（影像、声音、动画）方式来进行全面的展示与分析，有利于学生对教学内容的直观理解，从而加强对知识学习的掌握，使得学生能在生动形象的多媒体教学中获取知识。

（4）多媒体网络教学具有很强的交互性。在多媒体网络的实时通信技术下，学生无需与老师见面就可以实时在线与老师进行联系沟通，及时发现学习中所存在的疑问，并得以指导和解答。

（5）多媒体网络教学扩大了学术交流的范围。正如上面所提到的，在多媒体网络交互技术下学生不仅仅可以与老师进行实时交流与在线指导解答，同样也可以通过多种网络途径，譬如网络实时通信软件、电子邮件、电子论坛等方式甚至还可以通过网络摄像头与相关领域的专家学者进行"面对面"的交流探讨。这样可以更好的扩充学生的眼界拓宽学生的思维，用最新最专业的知识交流对学生进行教育培养。

二、高校体育多媒体网络教学的构成要素

体育教学作为一种教育过程，与其他的学科有着相同的地方，它们全都是教与学的双边活动，都是在教师指导下，以学习间接知识为主的有目的、有计划、有组织地实现教育、教养、发展过程。但体育教学本身也与其他学科存在着不同的地方，主要体现在体育实践教学是以师生思维活动为基础，以身体活动为主要手段来传授掌握知识、技术、技能。利用这一特点，可以借助多媒体计算机网络具备的强大的多媒体教学信息资源优势，使体育教学活动由传统的教学模式向网络教学模式不断发

展，逐步构建成一个功能完善的多媒体网络教学平台。网络体育教学模式由以下几个角色组成。

（一）体育教学目标

教学目标是任何的教学活动都离不开的，在网络上实施教学活动必须追求预期的教学结果，它是多媒体网络教学模式运行的风向标。根据现阶段我国的教育方针和学校体育的总目标，我国现阶段的体育教学目标是向学生传授体育、卫生保健知识和体育技术、技能，促进健康，增强体质，发展学生身体素质，培养学生运动能力和良好的思想品德。这一目标在多媒体网络教学中也同样具有广泛的应用价值。

（二）网络技术基础环境

网络技术基础环境是实施多媒体网络教学所必须具备的前提必要条件，因特网、广域网、局域网、高校校园网络以及各种硬件设备的性能，信息传输的条件等都制约着多媒体网络体育教学模式的展开。与传统体育教学模式相比，良好的技术环境可以使体育教学活动形式得到全方位的开展，它本身也体现了网络教学所独有的特点。

（三）"人"与"机"角色之间关系

"人"与"机"角色之间关系是多媒体网络体育教学模式的重要构成因素，"人"即教育者和学习者，"机"指多媒体设备、网络设备等技术环境，人机角色关系包括师生关系和师生与计算机网络之间的关系。在体育教学过程中，教师—计算机—学生形成了一个特殊的教学关系，在这样的教学环境中，教师、学生以计算机网络为媒介形成了新的教学模式和师生关系。与以往的教学模式——教师和学生是面对面进行教和学不同的是，教师和学生不是面对面地直接接触，教师通过网络把自己所需要讲授的知识通过网络传递给学生，而学生则通过网络学习教师发布于网上的知识。同时，由于不同地区、不同学校、不同体育教师对同一知识有各自的理解和感受，并将这些理解和感受发布于网上，这样学生在学习时可有多种选择，有利于学生对知识的理解和掌握。

三、多媒体网络教学平台在高校体育教学中的应用

（一）多媒体网络教学采用的主要学习方式

1.实时远程教学

目前，较多的普通高校网络教育学院采用实时远程教学。它通过提供一个虚拟教室，师生之间通过语音和图像进行实时交流，就如同在一个教室中一样。

2.按需点播的远程教学系统解决方案

以流视频课程为主要学习资源，学生可以通过互联网，借助浏览器，按需检索、观看视频教学资料。教学资料存储在视频服务器上，能支持多种压缩编码格式的视频文件，不同接入带宽的用户可根据实际能力选择相应的编解码格式来进行视频文件处理，该模式还可进行学习中的答疑、作业、测试、交流等教学过程。

3.以 Web 课件作为学生主要学习资源

Web 课件提供包括文字、图片、动画等多种媒体的教学资料，导航清晰、方便个性化学习方式。此模式主要为窄带、非实时的应用系统，对学生的终端要求很低，学生可以自由选择时间、地点上网，通过浏览器连接到 Web 服务器上进行各项教学活动。该模式非常适合于普及型、自学型的远程教学应用。

4.Think-Quest 网络学习模式

随着网络在教学过程中的使用日益频繁，基于网络的学习模式也是层出不穷。Think-Quest 就是近几年迅速发展起来的基于网络的、任务驱动式的学习模式；并且在国外已经得到了广泛的应用。这种学习模式给参与者提供了建立一个关于某个主题的教育网站的任务，参与者必须利用网络的和非网络的资源来充实网站的内容，并且还要运用各种网站建设工具来完成网站的构架，美化网页的形式，这本身就是一个学习的过程；另一方面，设计者们建立的网页又可以被其他的学习者所利用，作为他们学习的资源。

（二）高校体育多媒体网络教学平台的基本结构与工作原理

多媒体网络教学平台采用最新的 B/S（浏览器 / 服务器）结构，其结构图如图 5-1 所示。该结构的特点如下：客户端所应用的环境为标准化通用的 Web 浏览器，所有应用程序均存储在 Web 服务器上，需要时可直接下载；更加易于管理和维护，因客户端无需专用软件，当对网络应用进行升级时，只需更新服务器中的软件即可；这样的结构具有良好的扩展性、开放性，B/S 结构采用标准的 TCP/IP 通信协议，学校可根据自身的发展需要随时对系统进行扩展。

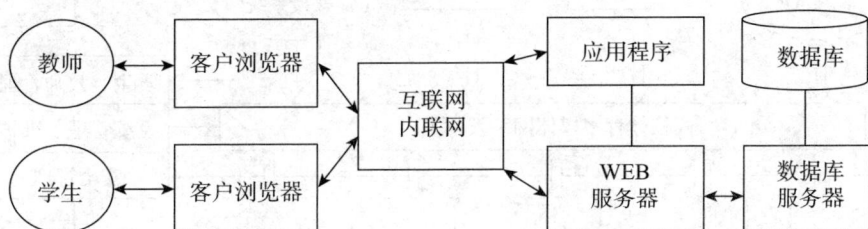

图 5-1　多媒体网络教学平台结构图

本系统的工作原理：教师与学生通过浏览器访问多媒体网络教学平台，学生使用个人计算机设备通过浏览器与服务器端相连，进行相关体育教学内容的学习、体育资源信息的查询，师生间的及时沟通、个人数据上传等操作。多媒体网络教学平台的管理者以及高校体育教师可以通过浏览器对存放在服务器端的内容进行更新与维护，并将最新的体育教学资源信息上传至服务器端，同时可与学生实现在线答疑，并可对学生做出体育运动指导。服务器由 Web 服务器和数据库服务器组成。其中 Web 服务器存放系统的各种应用模块，完成客户的应用功能，它接收客户端用户的请求，并转化为数据库请求后与数据库服务器交互，并将交互结果以 Web 页面的方式下载到浏览器中，用户即可观察到请求结果。数据库服务器存放系统所需的数据库及其管理软件，它根据 Web 服务器发来的请求进行数据库操作，并将结果传给 Web 服务器。

（三）高校体育多媒体网络教学平台的支撑环境结构

多媒体网络教学平台在高校体育教学中的推广，离不开平台环境的建设。根据《现代远程教育资源建设技术规范》中关于现代远程教育教学支撑系统，我们提出了高校体育多媒体网络教学平台的支撑环境结构图，如图 5-2 所示。

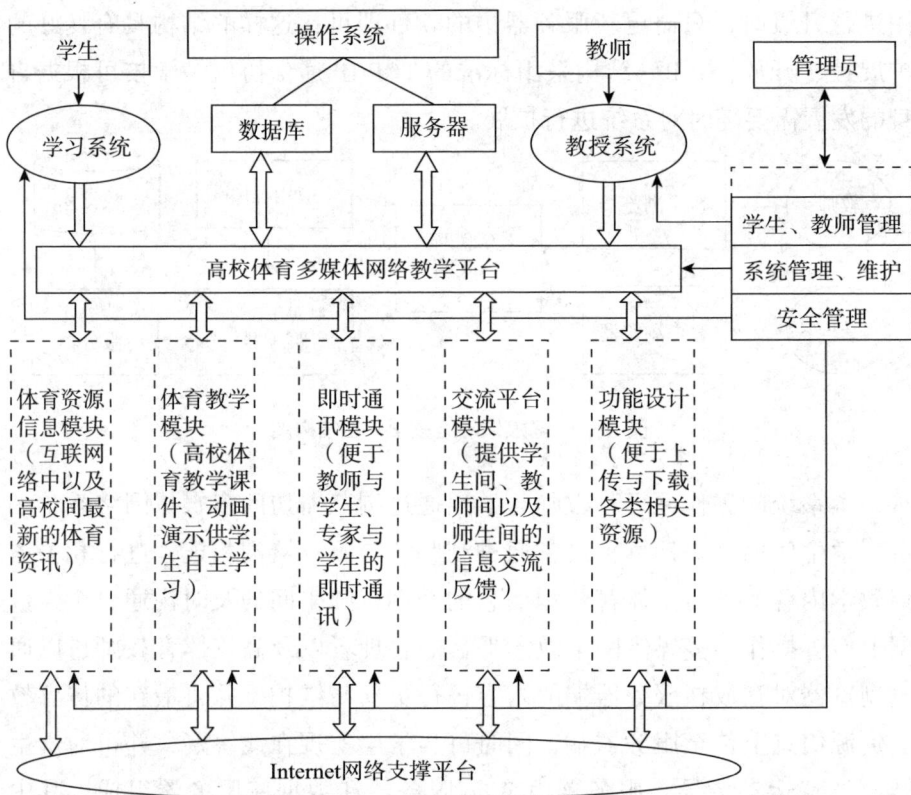

图 5-2　高校体育多媒体网络教学平台的支撑环境结构图

（四）高校体育多媒体网络教学平台中模块的应用

高校体育多媒体网络教学平台是基于互联网络开发的一种用于高校体育教学的系统集合，它既是高校在校学生进行自主化、个性化学习与交流体育知识的平台，同时也是日常高校体育教学的有效辅助功能的载体。

根据高校体育的特点设计的高校体育多媒体网络教学平台，在推广过程中应当至少具备以下模块。

1.体育资源信息模块

该模块主要作用是互联网络中最新体育信息资源的整合。通过"Computer Robot"（机器蜘蛛程序）将互联网络中各人体育资讯网站的最新体育资讯及信息资源进行检索并发布于该模块内，供学生与教师获取最新体育资讯与资源信息。高校学生及教师可以通过该模块了解相关最新的体育资讯，同时可以在线观看各种大型体育赛事的视频。

2.体育教学模块

体育教学模块是高校体育多媒体网络教学平台的核心模块，该模块所承担的主要职能是高校体育教学过程的展示与辅助。其中该模块包含课程的简介、电子教材、授课教案、多媒体网络课件、直播教学、授课录像（包含精品课程展示）、课程资源收集等子模块。通过体育教学模块，教师将授课的信息资源进行编辑上传，学生可以通过此模块进行对于体育课程的了解，进行自主化的体育学习。借助多媒体网络课件还可以对体育授课过程中所出现的难度较高的技术动作进行直观化的多媒体动画展示，以便于学生更好地理解与掌握动作要领。通过实施授课可以远程在线观看体育教学过程，其他体育教学资源相对滞后的院校也可以通过该子模块进行体育课程学习。授课录像有利于学生课后的复习与加强记忆。

3.即时通讯模块

即时通讯模块是实现教学过程中的教学信息即时沟通的主要系统，其可实现教师与学生间的即时信息沟通，及时为学生答疑解惑与在线指导。同时也是专家与体育爱好者进行指导交流的主要平台。

4.交流平台模块

该模块主要作用是通过电子公告板、论坛中心、E-mail 以及在线交流软件实现对于体育运动知识的交流与探讨。

5.功能设计模块

该模块是用于高校教师与学生上传与下载体育相关资源信息的地方。

第三节 翻转课堂引入高校体育教学的实践

一、翻转课堂基本理论分析

（一）教学模式及其构成要素

1.教学模式及其内涵

教学模式是教学理论的具体化和教育实践经验的概括总结，是教育理论与教育实践之间的一座桥梁。教学模式作为教育研究中一个引人注目的课题，是美国学者乔伊斯等人率先进行研究的。1972 年乔伊斯和伟尔在《教学模式论》一书中提出了一个定义：教学模式是构成课程、选择教材、指导教学活动的一种计划和范型。自 20 世纪 80 年代初期，我国一些学者开始对教学模式进行研究，并对教学模式的内涵进行界定。

模式的本质就是标准形式，教学模式也自然应该是教学的标准形式。理解教学模式的内涵，还需要明确教学模式各构成要素的功能和作用，这样才能更为全面地认识教学模式，不同教学要素在教学中发挥功能的大小以及教学要素之间的不同组合关系，都会影响到教学模式的表现形式，例如，当教学中强调发挥学生的能动性，教学便会表现为"以学生为中心"，当教学中对教师主导作用重视不够，教学便会表现为"放羊式"。基于以上两点，本课题把教学模式界定为：依据特定的教育、教学理论和教学要素之间的不同组合关系而建立的教学标准形式。

2.教学模式的构成要素

教学模式的构成要素分为教学理念、理论基础、教学目标、教学策略与方法、教学程序、教学实现条件和教学评价 7 个方面。理论基础是教学模式形成的前提和基础，在理论基础的影响下，教师会形成一定的教育教学理念并会影响到后续的教学过程。教学目标确立会受到教学理念的影响，为了实现教学目标，需要制定教学策略，优选出相应的教学方法并确立教学程序，教学程序是完成各类教学目标的具体实施步骤，教学的实现条件是达到预设教学目标的各种条件的总和，教学评价是对教学目标达成情况和教学过程的评估。各要素之间的关系，如图5-3所示。

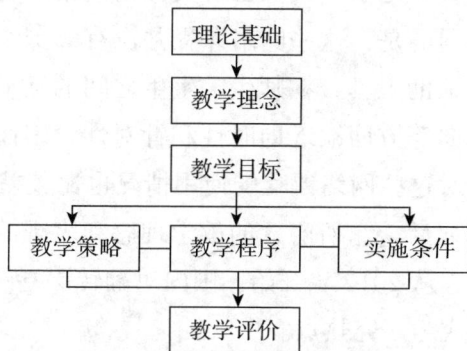

```
          ┌──────────┐
          │ 理论基础 │
          └──────────┘
                │
          ┌──────────┐
          │ 教学理念 │
          └──────────┘
                │
          ┌──────────┐
          │ 教学目标 │
          └──────────┘
                │
 ┌────────┐ ┌──────────┐ ┌────────┐
 │教学策略│─│ 教学程序 │─│实施条件│
 └────────┘ └──────────┘ └────────┘
                │
          ┌──────────┐
          │ 教学评价 │
          └──────────┘
```

图5-3　教学模式的构成要素及各要素之间的关系

（二）翻转课堂的内涵与发展

1.翻转课堂的内涵

翻转课堂（flipped classroom）也叫颠倒课堂、课堂翻转、翻转学习等。国外以萨尔曼·可汗（Salman Khan）对翻转课堂的解释最具代表性：很多中学生晚上在家看可汗学院的数学教学视频，第二天回到教室做作业，遇到问题时向老师和同学请教，这种与传统的老师白天在教室上课，学生晚上回家做作业的方式正好相反的课堂模式我们称之为翻转课堂。

笔者将翻转课堂界定为：以能力培养为目标，以信息化网络平台和实际课堂为中介，以分组学习为基础，注重课前知识、技能学习，课中、课后知识与技能内化和应用的个性化教学范式。以能力培养为目标，实现了教育教学与我国当前人才培养要求之间的契合；以信息化网络平台和实际课堂为中介，体现了信息化教育技术在翻转课堂中的重要性，同时也说明了翻转课堂的实施离不开实际课堂；以分组学习为基础，体现了翻转课堂注重协作学习的特点；注重课前自主学习，课中、课后知识与技能的内化与应用，既指明了翻转课堂的课堂结构和实施步骤，又体现了翻转课堂对认知规律的遵循；以个性化教学为范式，体现了翻转课堂对学生个体差异性的充分尊重。

2.翻转课堂的发展

翻转课堂引入我国之前，我国已有类似的网络课程，例如各级各类的精品课程，所不同的是，这些网络课程并没有颠倒学生学和教师教的顺序，只是教学的辅助工具，在师生、生生之间的互动和交流、在线测试与评价、问题导向等方面缺乏即时性和针对性，因而并没有真正实现个性化教学，学生对这些网络课程的使用情况也比较差。2011 年，在翻转课堂被引入我国之后，它所隐含的教学理念和表现的教学形态逐渐引起了教育界的兴趣，从 2012 年开始，国内对翻转课堂的探索和研究逐渐开展起来，并逐渐成为研究热点。

国内开展翻转课堂实践较早的是在中学，例如重庆的聚奎中学，山东聊城茌平县的杜郎口中学、华东师范大学二附中等，聚奎中学的张渝江老师因为较早开展翻转课堂教学而被称为"中国翻转课堂第一人"。2013 年开始，在国家教育部门大力倡导慕课（MOOC）的背景下，依托视频开展教学的翻转课堂也迅速引起了全国教育界的关注，各类理论研究和实践研究层出不穷并持续至今。2013 年 9 月，"华东师大慕课中心"成立，同年 11 月，为了实现"被动学习"向"主动学习"的转变，上海的 50 多所中小学在数学、物理、化学、地理等学科试点微视频课程教学，学生在家就能随时观看优秀老师上课，这为翻转课堂推广提供了便利条件。我国部分学校的相关课程已经开展翻转课堂教学实验，例如清华大学附中、华东师大二附中、重庆聚奎中学、北京大学、清华大学、华东师范大学、河南理工大学、河南师范大学等。北京大学数字化学习研究中心的廖静敏、范逸洲、汪琼等人在中国大学 MOOC 平台"翻转课堂教学法"课程的基础上，展开了一项在线问卷调查，结果显示，翻转课堂在国内的发展处于初期阶段，参与此次调查的对象涉及了大部分省份及直辖市，国内的一些教师已经开始了教学实践，大部分教师给予翻转课堂积极的评价，同时也面临着很多障碍，需要经验、技术、资源等方面的支持。

总体来看，翻转课堂在我国发展迅速，它所蕴含的教学理念对推进我国教学改革的进程具有重要意义，从 2012 年开始逐渐成为我国教育教学研究的热点并持续至今。翻转课堂的研究成果不断出现，进行翻转课堂教学实践的学校和学科越来越多。在我国深陷教育教学效果低下困境的今天，在深化教育教学改革的背景下，翻转课堂这种颠覆传统教学的教学模式还会被人们继续关注和探索。

二、高校体育教学中"翻转课堂"教学模式的可行性

（一）翻转课堂实施的必要性

随着现代化信息技术的快速发展，传统的体育教学模式已不能适应新的"互联网+"体育教学模式的发展，我国高校的体育教师逐渐开始结合信息技术改进体育教学方法，以此提高教学质量。最早由国外诞生的翻转课堂教学作为一种新教学模式逐渐被高校体育教师运用。起初大多数体育教师主要采用音频教学，通过利用 PPT 讲解结合录制视频得以实现，之后又发展到将录制好的视频发送到网上平台，学生通过网上平台进行学习。解决了学生课后复习无教师指导，也为缺课同学提供了方便。随着信息技术的不断提升，加上教师们的不断探索和反复教学实践，对翻转课堂教学逐步又进行了创新和改进，使学生可以随时通过手机 APP、PD 等多种方式观看视频进行学习。增加了课前预习、课中讨论、课后复习，课后讨论、评价，网上提交作业，师生之间互相讨论等，解决了教学时数不足，课后无人辅导等诸多问题，随之也受到了越来越多的教师和学生的关注。

（二）高校体育教学中应用"翻转课堂"教学模式的必要性

高校体育课程是技术性较强的科目，利用翻转课堂，课前由教师发放任务由学生自主通过观看视频对课堂内容进行预习，了解重点、难点，

使学生带着问题进行课堂学习。课中教师通过学生的练习情况，及时了解到学生存在的不足，有针对性地进行个别指导和讲解，对于学生已经掌握的内容可以少讲甚至不讲，这样可以在有限的课堂时间讲授学生无法解决的问题。课后教师可以针对课堂上学生掌握不牢固的知识点设置课后作业环节，可以通过微视频、动画、PPT 等形式上传学习资料，课后设置在线学习评价和学习交流，提高学生的学习自主性和学习兴趣，以此提高校体育教学的实施效果。

在我国大部分高校存在体育课时数少、体育器材缺乏等问题，运动技术的形成需要有量的积累才能实现质的突变。信息技术的迅速普及是翻转课堂教学模式的重要条件，而青年学生对新事物理解和运用能力都比较强，并且具有较强的逻辑思维能力和自学能力，这些都是高校翻转课堂得以实现的重要因素。

（三）高校体育教学中翻转课堂可以重塑学生的人生观和体育发展观

高校体育教学中实施"翻转课堂"教学模式对塑造学生的人生观和体育发展观具有重要的作用，在体育教学中教师通过设定不同层次的学习目标，满足不同体育水平的学生进行学习锻炼，做到尊重每个学生的需求，是以人为本的理念充分体现。

与此同时，教师在传授运动技能的过程中，也要对其进行人生观和体育发展观的培养，通过体育训练使学生成为身心健康、性格坚强、意志坚定，更加热爱体育运动，养成终身锻炼的习惯。因此通过体育教学不仅使学生得到技能的掌握和身体的健康，同时也成为对社会、对国家有用的体育人才。

三、翻转课堂教学模式在高校体育舞蹈教学中的应用实践

翻转课堂的实质在于翻转，首先是学习场所的翻转，学生学习的场所从传统教室移动到任何可以通过教学视频学习的场所。同学们可以随时随地自主进行学习，根据本身的习惯特点和学习进度进行暂停、循环

播放，有能力的可以多学深学，有困难的可以和同学老师交流探讨，实现个性化学习。其次是教学流程的翻转，即由先教后学转变为先学后教。在信息技术的支撑下，学生在课下通过微课"教师"的知识讲授，自主学习独立探索形成明晰的动作表象，初步掌握技术动作。在课上通过真实"教师"的指导和小组合作探究，实现知识的吸收和内化，使技术技能更加协调完善。除此之外还有教学关系之翻转，教师从课程内容讲授者转变为帮助和引导者，课堂上的时间将不是充满老师的讲授，而更多的是师生、生生的交互性行为。这样一来同学们可以得到更多的个别指导，消除教学统一化和个性化的矛盾。师生交流沟通的增加，也有助于培养良好的关系。最后是教学效果的翻转，同学由被动地接受学习翻转为自主和合作学习，在每节课上都在发现、探究、解决问题，这样的过程使学生思维活跃、兴趣高涨（表5-1）。

表5-1　两种教学模式的构成要素比对

项目	传统课堂	翻转课堂
教师	课程内容的传授者	学生学习的促进者和指导者
学生	被动接受的观众	主动探究学习的参与者
课堂内容	知识讲授	知识内化
技术应用	内容展示	自主学习＋合作学习
教学形式	示范讲解＋课后练习	课前学习＋合作探究＋课后答疑
教学流程	课上知识讲授＋课后知识内化	课下知识讲授＋课上知识内化
教学评价	传统考试评分	多元化综合评价
教学媒体	黑板、教材	教学视频、多媒体资料、教材
学习场所	课堂	随时随地

通过要素比对，我们发现翻转课堂除了对于上述学习场所、教学流程、师生角色、教学效果的改变外，还在技术应用方面增加了自主学习和合作探究的环节；教学评价相比于之前更加多元化，更具发展性；教学媒体顺应信息时代特征，使用更加生动直观的教学资源，学生更易形

成清晰的动作表象，加深贯彻了直观性教学原则。综合而言，翻转课堂作为一种新兴产物，最大的改变是改变了知识传授和知识内化的时间和顺序，在课上学生通过独自探索、互助探究，能够更好地完成知识巩固与内化，掌握技术技能。翻转课堂还有一个重要特点为在其中学生是以活动为中心，而老师只起引导作用。这一特点完美契合了我国素质教育的教育观。

（一）翻转课堂与体育舞蹈课程的兼容性分析

1.翻转课堂与体育舞蹈都具有实践性

体育舞蹈是有着严格的规范性的一项体育运动项目，而相关的运动技能的形成需要泛化、分化和巩固三个阶段。所以体育舞蹈也需要不断的实践，才能完全掌握这项技能。翻转课堂已经有了较为成熟的理论基础，但是任何好的教学模式也必须通过实践才能验证其好坏，所以翻转课堂需要运用于实际教学当中，不断地在课堂上实践、探究、创新。因此体育舞蹈教学中运用翻转课堂教学模式，而且在运动学习之初使用，使学生对项目了解更深入，让理论落地，让知识技能更加巩固。

2.翻转课堂与体育舞蹈都需要学生的自主性

学习体育舞蹈的是按照顺序和步骤逐渐进步、逐渐巩固深化的过程。在学习过程中应该使学生主动接受知识，提升技术技能。在翻转课堂中，课前需要通过微课等教学资源进行自主学习，独立发现自身学习的疑难杂症并尝试解决，教师在此过程中只充当引导帮助的角色。所以两者都需要学习自主性，教学过程中应大力发掘和引导学生的兴趣，培养自主学习的能力。

3.体育舞蹈教学与信息技术的不可分割性

在当今社会，知识传递几乎都要依靠信息技术的支撑。在互联网上，越来越多的舞蹈以视频的形式被传递被喜爱，在体育舞蹈教学中，讲解示范只是知识传递的一种形式，但教师也时常需要视频课件等信息技术的支持，学生通过视频可以建立直观生动的动作表象，对于掌握技能非常有利。而翻转课堂在没有信息技术地情况下也无法实现。信息技术使课前微课等教学资源能够方便快捷地传送给学生，学生通过网络进行学习，跟同学教师进行交流，也更加方便。所以知识的传递与信息技术不可分割，体育舞蹈教学和翻转课堂教学模式都需要依托信息技术才能更好地实现。

总的来说，翻转课堂教学模式与体育舞蹈的教学和学习有许多共通点。翻转课堂是传统教学模式改革并再加工，针对同学们的自主学习能力培养以及综合素质提高都显有疗效。经分析两者是相容的，所以将翻转课堂教学模式应用于高校体育舞蹈教学中，同学们自主学习，教师合理规划课堂活动，对于体育舞蹈教学及学习非常有利。

（二）关于翻转课堂教学模式在高校体育舞蹈课堂实施的教学设计

1.翻转课堂教学模式在高校体育舞蹈课堂实施的指导思想

课程指导思想是教学设计和教学实施的核心理念，是整个课程的灵魂，对于教学模式的各个要素的设计实施都起着至关重要的作用。对于高校来说，体育舞蹈是实现健康第一思想以及素质教育的重要存在。所以翻转课堂教学模式下高校体育舞蹈的有关指导思想，将兼顾当前体育课程指导思想和翻转课堂目的。

坚持"健康第一"的指导思想，提高当代大学生身体素质，引导学生正确认识体育舞蹈的健身、健心及社会性功能；坚持"快乐体育"的指导思想，激发学生学习自觉性及积极性，让其在快乐中学习，从学习中获得快乐；坚持"终身体育"的指导思想，从体育舞蹈课程中进行身体和心理的健康教育，深化大学生的锻炼意识，使体育舞蹈成为终身体育的手段；坚持"因材施教"的指导思想，关注学生的个体差异，积极采用不同方式和措施进行针对性教育，使每位同学都得到最好的发展；坚持"学生主体，教师主导"的指导思想，课堂中坚持以学生为本，老师应该多帮助及引导转变为学习的帮助者和能力的培养者，并且注重培养学生的综合素质。

翻转课堂下的体育舞蹈课程指导思想更好地呼应了素质教育的要求，

明晰教育教学的指导思想，贯彻落实于教学实际中，优化教学，使学生更好地立足于社会，服务于社会。

2. 教学目标的设计

教学目标是教学过程中教师、家长希望学生达到的成绩和结果。而教学目标的确定，不仅要钻研教学大纲分析教材，还要分析学生的特征，如先前经验、学习能力、学习习惯、学习态度等。高校体育舞蹈教学目标为掌握理论、技术以及技能，通过训练增强体质、全面发展、培养良好审美、发展个性。翻转课堂转变知识讲授及知识内化的时间，充分培养了同学们的自主学习、独立探索和团队合作能力等。翻转课堂下的体育舞蹈课程教学目标，既要实现传统教学目标，同时也要兼顾翻转课堂模式具备的优势。所以教学目标为通过课前微课等学习资源的自学和教师课堂答疑解惑，掌握基本技术技能，重点提高自主学习能力，发展创造性思维，并拥有终身体育的观念。新课标倡导从三维阐述教学目标，根据翻转课堂的特点，翻转课堂教学模式下的高校体育舞蹈课堂的教学目标也应从这三方面进行论述。例如本研究的教学实验内容是恰恰舞。

翻转课堂最大的特色就是教学流程的翻转，将课上与课下的学习过程颠倒，以达到学生知识的内化和能力的提高。在设计体育舞蹈翻转课堂的教学流程时，首先要深入学习目前国内外已存在的较为成熟的翻转课堂教学流程设计，其次再结合体育舞蹈课程特点和自身的体悟。笔者将其划分为课下时间和课上时间，从两方面对教学流程进行设计和阐述。

课下的教学活动包括备课和实施两个阶段。一切设计都应以教学目标为导向，所以首先明确教学目标，明确方向。翻转课堂下体育舞蹈教学目标要使学生熟练掌握基本技术技能，更要使学生学会学习，培养舞蹈学科自学以及合作探究能力，提升舞蹈素养和审美能力。然后分析课程内容和教材，确定重难点，体育舞蹈课程包含摩登舞和拉丁舞，一般分为理论教学、基本步伐教学及组合教学，在教学时应重视突出舞蹈的内在精华和基本功的反复练习，难点在于身体的运用。在分析学生的实际水平及身心发展等特征后，因材施教。最后整合学习资源，挑选最适合教学方法。之后就进入到微课的创建阶段，微课内容可以是教师自行撰写脚本摄像录制，也可以收集相关素材剪辑创建。但微课必定要根据学生特征、教学目标、学科特点等制作，且要符合微课的设计原则。随后通过微信群组发布微课，发放的时间一般在课前两至三天，这样学生有时间进行自主学习，在自学过程中遇到的疑难杂症，可以在群组中进行反馈和交流。

学生通过自主学习已经不同程度上完成了知识的学习，课上的时间充分起来，所以课上教学活动的安排至关重要。为督促自主学习，充分了解学习程度，课上首先进行学习成果的展示，教师以此为基点创设学习情景，将统一的问题进行深度讲解，根据教师讲解学生独立探索练习。之后分成小组，进行协作探究学习，小组学习的美妙之处就在于学生间的交互性行为增多，融洽关系培养团结协作精神。此时教师进行流动的个性化指导，小组有共同问题时还可以以此为单位进行小型讲座。实现了教学的统一化与个性化。体育舞蹈是一个具有艺术性和观赏性的项目，适当的成果展示可以增加学生的兴趣，锻炼学生的表现力。在课堂的末端，教师评价，小组评价，自我评价相结合，提出表扬的同时指出问题，增强学习的信心和力量。

3. 教学内容的设计

教学内容是学习的核心，其确定要依据教学目标、课程特点和学生特征进行设计。在进行翻转课堂下体育舞蹈教学内容设计时，应注重教育性和趣味性相统一、身体素质和技术技能的统一。在本研究的教学实验中，学生为高校学生具有一定的自主学习能力和自我管理能力，从调查问卷显示绝大部分学生没有舞蹈经历，教学内容应注重基础性、娱乐性和趣味性，所以综合以上教学内容的特点，根据高校学生的特征，社会需求和学科需要，进行整理归纳，拟定体育舞蹈拉丁舞体系中的恰恰为教学内容并在具体教学实践中实施验证，从理论知识、基本站姿、基本步伐以及基本步伐组合循序渐进进行教学。

在翻转课堂中，教学内容根据流程分为微课内容及课堂内容。为了更好落实教学目标，我们需要深入剖析教学内容，比如哪些内容需要探究式教学方式，哪些内容需要直接的讲授，何种内容适合采用何种教学策略是应该思考的问题。通常难度系数较低或中等的内容比较适合自学，可以将之归类到课前微课教学内容之中，例如体育舞蹈基本站姿和基本步伐的讲解。同时，在进行微课等课前学习资源的整合时，应遵循简洁性、基础性、学科导向性、易传播性、趣味性的原则。因为选修课程的学生舞蹈起点低，所以难度系数较大的内容比较适合教师讲解和群体学习，例如体育舞蹈花样组合的学习。

根据教学目标清晰将内容进行归类，本文的教学内容理论知识、基本站姿、基本步伐、恰恰组合 1 归类为微课教学内容；基本步伐的身体运用、双人配合、舞蹈创编部分归类为课堂教学内容，以此培养学生创造性思维和学习能力。

4.教学评价的设计

教学评价是对于教师的教和学生的学进行评价的活动，具有调节、诊断、激励等作用。从当前教学实际来看，传统的教学评价有许多弊端，如主体单一，内容浅显，方法不科学等。所以提出翻转课堂教学评价的标准时，从评价主体出发，要做到多元化；从评价方法出发，要尽量新颖化；从评价内容出发，要具有多样性，考虑到几方面：学生学习的主动性；学生知识内化程度；学生团队协作的能力；师生和生生之间的有效互动；学生的积极的情感体验等。

（1）学生的学的教学评价。由于翻转课堂的实施包括课前、课中和课后三个环节，为了使评价与过程一致，所以制定课前教学评价、课中教学评价以及课后教学评价。

课前评价首先是学生自主学习微课等教学视频并完成附带习题，在课堂起始通过全体或小组展示评定是否基本掌握微课内容，以此进行诊断性评价。其次为学习能力及学习习惯的评价，主体为老师。在本次翻转课堂应用于体育舞蹈课堂的教学实验中，在课堂起始首先进行微课自学动作的全体展示，教师根据动作掌握程度进行评价。

课中教学评价主要针对课堂表现、学习态度及进步程度等使用定性评价，主体为老师、同伴、自己；针对基本技术技能的掌握等使用定量评价，包括基本技术技能展示测试、纸笔测验、身体素质评定。在本次翻转课堂应用于体育舞蹈课堂的教学实验中，学生在合作探究后以组为单位进行课堂展示，在课堂末端进行组间互评，推选出表现最优异的小组和个人后，随后教师以多采用激励性、发展性评价为原则进行总结评价。

　　课后教学评价一般使用终结性评价，于课尾或期末对学生整个学期的学习成果如实评价。在本次翻转课堂应用于体育舞蹈课堂的教学实验中，在16周课程技术后，由三位体育舞蹈专项特邀评委老师进行技术技能考核。而最终成绩录入，应重结果，更重过程，对学生进行综合性评定，使其不止学到基本技术知识，更形成了终身体育的意识。

　　（2）教师的教的评价。对教师的评价主体可以为同行、学生及自我等实现。主要分为课前课堂资源整合评价和课堂组织情况评价。课前阶段，翻转课堂主要依靠网络平台进行教学，所以对教师教的评价主要是对教学平台建设和教学视频质量的评价。课中阶段，课堂上非常多时间用于自主探究及合作探究。所以对于老师教的评价主要围绕课堂活动的组织，指导过程的因材施教，课堂时间的把控等。

　　在本次翻转课堂应用于体育舞蹈课堂的教学实验中，对教师教的评价主要由指导教授以及学生通过调查问卷的形式体现

四、翻转课堂实引入高校体育教学的建议

（一）注重学生自主学习能力的培养

　　自主学习作为一种有效的学习方式和相对稳定可迁移的学习能力，有利于提高学生的学习成绩，也是实现终身学习和毕生发展的前提和基础，特别是对学生自主学习能力要求较高的翻转课堂教学模式，培养和提高学生的自主学习能力显得尤为必要。英国教育家齐莫曼认为，系统地培养学生自主学习能力应从四个方面着手：对学习的内在动机性因素进行干预，激发学生的内在动机；注重学习策略教学，教给学生充足的认知策略；促进学生的元认知发展；培养学生主动营造或利用有利于学习的社会和物质环境的能力。由此可知，采取干预措施、激发学生的学

习兴趣是培养学生自主学习体育课程的第一，在此基础上，体育教师还需给学生提供学习体育课程的策略指导，并教会学生体育课程学习过程中进行观察、模仿、记录、自我评价的基本方法，以及与其他学生沟通交流的基本技巧等。体育教师在实施翻转课堂的过程中还应采取一定的措施来促使学生主动学习体育课程。例如，将学生的登录次数和时长与期末考评成绩挂钩，在课中对学生的课前学习情况进行检查，并作为评价日常学习情况的依据，对没有按要求完成课前学习任务的学生进行及时督促等，这些都是促使学生在课前完成在线学习、培养学生自主学习能力的有效措施。

高校体育教学翻转课堂教学的实施，要求教师充分分析学生的特点，针对不同年级，不同层次，不同身体条件，在了解学情的前题下选定好教学内容，制订好教学计划，设计好教学环节，有计划的结合网上学习和现场教学，因材施教，针对不同学生的特点采用灵活的教学方法，吸引学生的学习兴趣，引发学生的自主学习能力，保证翻转课堂教学的有效开展。

课前先通过调查了解学情，在翻转课堂教学的设计上结合学生的特点，紧扣学生的需求，有针对性地开发学生真正感兴趣的体育教学内容。学生感兴趣的才是他们愿意去学的，才会配合完成相应的网上学习任务，掌握学习重难点，明确学习目标，树立正确的学习态度。

课程实施中，教师要采用新颖的教学方法吸引学生积极参与到课堂互动中，引导学生参与课堂自练、同学互练、分组讨论、技能展示等。给学生提供展示个人运动能力的机会，充分发挥学生的学习主动性，通过微视频拍摄，利用信息技术设计延迟观看效应，让学生自己可以及时了解自己练习的效果，发现不足，及时纠错，使学生尽快掌握动作技术的要领，提高学习热情，增强学生继续学习的信心。

课程结束后可以通过多种形式及时了解学生的学习效果，可以通过QQ群、微信群、课程平台等对学生进行跟踪，与学生进行互动。针对个别不愿运动的学生可以通过 APP 软件进行有效监督，运用定位功能解决学生主动性差，提醒学生完成练习任务。课后教师还要引导学生制订学习计划，培养学生养成终身体育的习惯，学会对学习内容进行总结、反思，及时发现自己的不足。与此同时，教师可以通过平台统计出学生在学习中遇到的共性问题，及时调整教学方法手段，不断改进教学方案和教学设计。

最后需要提出的是教师的课后点评总结也是非常重要的环节，教师可以通过网络平台对学生的学习情况给予及时反馈，统计好学生的数据，对于完成作业效果好的要给予肯定，教师的评价能够调动学生的学习兴趣，激发学生学习的积极性，如此和学生进行反复沟通，使学生动作技术不断进步，进而提高教学质量，除此之外教师还要对学生练习中出现的错误动作给予纠正。并且根据平台反馈的数据进行认真分析，不断更新和调整教学计划，同时对教学设计、教学 PPT 和教学视频进行完善和修改。

（二）提高体育教师的能力和素养，注重翻转课堂团队建设

无论何种教育教学改革，教师始终是改革成败的核心与关键[①]。翻转课堂是一个完整的教学系统，而让这一系统功能得以发挥的正是体育教师。在线体育教学平台的建设和使用、课中体育教学的组织和管理、课后对体育教学的反思和完善，对学生课前、课中以及课后学习的策划、设计与指导等，这些都是体育教师的工作内容，这不仅要求体育教师具备一定的计算机水平和资源整合能力，而且还对体育教师的教学水平、沟通能力等提出了较高要求。以在线体育教学平台的建设和使用为例，体育教师在每次课之前都要录制、整合出高质量的视频，同时还要准备一些与体育课程内容相关的其他教学资源以拓展学生的视野、满足学生的需求；既要持续更新在线测试的内容，同时又要对学生的作答情况进行评价；既要组织学生进行在线讨论问题，又要发布通知通告；既要通过在线交流解决学生学习中遇到的问题，还要对学生在线学习的情况进行督导，等等，所有的这些工作都对翻转课堂的实施效果有着重要的影

---

① 王志蔚，张彩云，王红玫，等．近年来高校教学团队建设研究述略 [J]．内蒙古大学学报（教育科学版），2010, 23（1）：32-36.

响。可见，从传统体育课堂转变为翻转课堂，体育教师在能力和素养方面必须做出适应性提高。

教学改革的实施者是教师，加强高校体育教师的基本素养，体育教师应具有渊博的知识、较深的理论基础、高尚的情操和专业的实践教学能力，懂得教育学、心理学知识、运动人体科学等知识，加强对体育教师综合素质的培养，平时要注重高校体育教师在专业技能培训，职业教育培训和学习，对外交流等方面对体育教师进行有效的教育活动，特别针对翻转课堂的开展，着重提高体育教师信息化教学能力。使体育教师掌握平台操作、录制视频、剪辑视频、翻转课堂教学设计等。资源的收集和上传、微视频的制作都需要教师不断学习信息化技术，加深对知识的理解和运用能力，充分发挥高校体育教师的自主学习能力，尽快能够熟练运用信息技术来进行翻转课堂的实施，只有这样教师才能游刃有余地在体育教学中开展翻转课堂，塑造学生健全的人格，培养对社会有用的体育人才。

教学能力的提升对高校体育教学翻转课堂的开展起着决定性的作用，目前高校体育教师的教学工作量比较大，仅靠一个老师单独完成翻转课堂教学是比较困难的，因此可以发挥团队的力量解决这一难题。团队每个教师各有所长，有的擅长计算机技术、有的擅长方案设计、有的专业技术能力强，可以集思广益，共同突破因个人能力不足导致的翻转课堂实施困难，互相学习，取长补短，分工合作。团队教师可能采用共同设计教学大纲、设计教学方案、研讨教学内容，有针对性地对基本条件进行分析，制订有效的教学设计，解决翻转课堂实施过程中出现的各种问题。这种形式既可以保证翻转课堂的有效开展，同时也可以提高团队中每位教师的教学能力。

翻转课堂模式下的体育教学工作更为繁多，由于体育教师的时间、精力和能力是有限的，单靠一人的力量很难保质保量地完成教学工作，为了让翻转课堂的实施效果有所保障，建立教学团队就显得尤为必要。2007 年以来，高校教学质量与教学改革工程问题的研究重心，已从"精品课程"转移到"教学团队"上来建立翻转课堂教学团队，既可以让体育教师从繁重的工作中解脱出来，又可以通过教学团队成员之间的分工合作，共同推进体育教学工作的开展，促进体育教学质量的提升。

（三）完善普通高校信息化教学环境

高校体育教学翻转课堂教学的实施需要信息化教学基础条件的保障，课程平台的搭建尤为重要，在平台上主要实现教学内容建设、作业布置、师生交流、在线测试、课程评价与答疑，课后对学生的学习监控、教学成果展示等，这就要求高校要重视教学资源的配备，首先要保证拥有高配置的服务器，畅通的校园网络，一定比例的电脑。其次要保证教室信号畅通，同时在学生的宿舍和操场、体育馆都能够全面覆盖，网课平台的功能要全面并且容易操作，可以通过手机端和电脑端都能够观看视频，只有保证了信息化教学的基本建设才能有效开展高校体育翻转课堂教学。

以信息化带动教学现代化已经成为高等教育发展的必然趋势，如何以信息技术与教育技术为基础，在普通高校中构建系统、高效和实用的信息化教学环境，成为我们教育技术工作者需要深入探索的课题之一[①]。翻转课堂正式以信息技术和教育技术为基础、以信息网络和多媒体终端为载体、以资源共享和在线指导为特征的新型信息化教学模式，它的有效实施必须以完善的信息化教学环境为基础。在智能手机和计算机较为普及的大学校园，为了充分发挥这些信息终端在信息化教学中的作用，推动以翻转课堂为代表的各种信息化教学模式的顺利实施，建立完善的网络环境就显得非常必要。

（四）加强翻转课堂在高校公共体育教学中的理论与实践研究

翻转课堂从 2011 年传入我国，到目前为止仅仅经历了不到五年的时间，关于如何将翻转课堂引入体育教学的探讨更是处于起步阶段，无论是理论研究还是实践经验都较为匮乏，这就使翻转课堂引入体育教学之中困难重重。为了推动高校公共体育教学信息化的发展和我国高校公共

---

① 李敏，段渭军，陈世进，等.高校信息化教学环境的建设与探索——以西北工业大学为例[J].现代教育技术,2008,18(12):122-124.

体育教学改革的进程，探索和完善翻转课堂在我国高校体育教学中的理论体系和实施标准具有重要意义。构建一套适用于我国高校体育教学的翻转课堂理论体系和实施标准不是一件一蹴而就的事情，有赖于体育教育工作者对前人理论研究和教学实践的深入总结，更离不开自身在高校公共体育教学实践中的不断探索，这必将是一个艰难而漫长的过程。

（五）注重体育教学的安全防范

身体直接参与、体力与智力活动相结合、身体承受一定的运动负荷是体育教学的基本特征，不同的体育项目又有各自的特点，各种体育项目都或多或少存在着运动损伤的风险，因而安全防范始终是体育教学需要重视的问题。翻转课堂模式下的体育教学，学生课前依据体育教学视频等教学资源，理解体育动作要领并反复进行动作模仿，以此达到初步掌握技术动作的目的，这种自主学习的形式缺少了体育教师对学生的监督与管理，出现运动损伤的概率存在增加的可能。因此，为保证翻转课堂的正常开展，体育教师需要做好课前体育学习的安全防范工作。体育教师要充分考虑到教学内容中潜在的运动损伤风险，注重培养学生的安全意识和自我防护能力。体育教师可以通过在线交流平台或者上传的体育教学资源，明确提出可能存在的运动损伤风险及防护办法以避免发生运动损伤。

（六）避免翻转课堂的异化

翻转课堂不是对传统体育教学缺陷的缝缝补补，而是在理念、教学结构、实施方法等方面进行了革命性改变。在高校体育教学中实施翻转课堂，需要体育教师深入研究翻转课堂基本理论，正确认识翻转课堂的价值和实施条件、实施方法等，以提高课堂实效为根本目的，结合体育学科的基本特征和学生的身心特点开展翻转课堂实践，切忌追求形式而忽视体育教学效果，从而避免翻转课堂的异化。

体育作为教育的重要组成部分，在高校教育教学中有着不可替代的作用，随着我国教育事业的不断发展和信息技术普遍被教学使用，在高校体育课堂中利用翻转课堂教学模式，改变了传统体育教学方式，大大提高了教学质量，以体育教师为主导，学生为主体，充分发挥学生的自主学习能力，调动学生的运动兴趣和学习的动力，提高了学习效率。学生通过课前预习动作技术，提前了解课堂学习内容，使课堂教师可以有更多的时间对重难点和错误动作进行指导和纠正，提高了教学效果。当然在翻转课堂实施的过程中还有很多困难，如教师的基本素养，学生自主学习能力，和学校信息化教学基本条件等还存在不足。可以通过加强学校信息化教学条件建设，提高体育教师的基本素养，系统化地培养高校学生自主学习的能力，正确的体育观和人生观。培养对国家对社会有用的实用型的体育技能型人才，为我国的体育教育事业和全民健身服务。

第六章 现代高校体育教学的创新发展策略

第一节 高校体育教学和运动训练的协调发展

当前高校在教学改革的过程中，越来越重视体育教学，并且针对体育教学的模式进行了深入的探讨。在体育教学和运动训练协调发展的过程中，出现了一些不同的观点，一些高校认为运动训练是发展竞技体育的任务，对于高校来说，通过体育教学促进学生的体育素养，促进学生身体发展和身体健康是主要的任务，只需要做好体育教学即可。但也有一些高校认为，运动训练和体育教学之间有着密切的关系，体育运动训练和体育教学协调发展才能使学生更好地参与到体育学习中，进一步促进自身的全面发展。因此，针对这些问题进行深入的探讨，对高校体育教学的发展有着十分重要的现实意义。

一、高校体育教学与运动训练之间的差异性及相互性

（一）高校体育教学与运动训练之间的差异性

运动训练的核心是运动员为了提高竞技体育能力和运动成绩，在教练的指导下，通过有组织的体育运动训练，提高自身的运动水平和身体机能，更好地提高体育比赛的成绩。运动训练有着不同于其他健身方式的特点。首先，主要体现在运动对象的特殊性，运动训练适用的对象主

要是运动员群体，相较于体育教学和健身群体来说，该群体规模较小，但运动能力和身体素质较强。其次，运动训练具有高强度的运动负荷，进行运动训练的最终目的是最大限度地挖掘运动员的运动能力，因此经常通过高强度、长时间和大量的运动，使运动员的身体机能达到更高层次上的平衡。最后，运动训练具有操作手段专业化的特点，针对运动员制定的科学化和专业化的训练方法极大地影响着运动员的体育成绩。①除此之外，对运动员的评价效果具有较强的实践性，通过对实战技术、身体机能等各方面的要素进行评价，通过竞赛成绩进行最终评定，这些方面的特点都体现出了运动训练，与体育教学之间的不同。

（二）高校体育教学与运动训练之间的相互性

体育教学和运动训练之间虽然有着差异性，但两者之间同属于体育运动，也存在着一定的相互性，而两者之间的相互性是促进高校体育教学与运动训练协调发展的基础。具体来说，两者之间的交互性主要体现在内容的交集上。一般来说，体育教学和运动训练都属于体育运动范畴，两者都遵循相应的体育理论，两者之间的最终目标都是为了实现体育运动，为了完成既定的任务而开设一系列训练，两者之间具有相似的最终目标。体育教学和体育运动之间有着明确的规定，例如都需要在运动场地上进行开展，都需要体育器材的支撑，都需要师资力量作为保障。这说明体育教学和运动训练之间具有较强的交互性，能够实现体育教学和运动训练之间的协调发展。

二、高校体育教学与运动训练协调发展的现状

在高校体育教学改革的过程中，将体育教学和运动训练协调发展，是体育教育教学改革的新方向，但从改革实践来看，高校体育教学与运动训练协调发展的过程中还存在着一些问题，只有对这些问题进行深入的分析，才能提出有效的策略促进高校体育教学与运动训练的协调发展。具体来说，高校体育教学出现的问题主要体现在以下几个方面。

---

① 于俊振.探究高校体育教学和运动训练的协调发展[J].陕西教育，2019(2):23-24.

（一）体育教育的观念较差

现阶段，一些高校在进行体育教育教学改革的过程中，未能根据体育教育教学的发展树立相应的体育教育意识，未能认识到体育教育对当代大学生成才的重要作用。由于未能树立正确的认知，导致一些高校领导思维较为僵化，没有与时俱进地更新体育教育观念，导致体育教育和运动训练协调发展失去基础。除此之外，也有一些高校在教学过程中没有重视体育教学的重要性。体育教学的最终目标是促进学生身心健康与学生的全面发展，因此在教学过程中，各教育部门都应当积极配合体育教师的工作，但从实际情况来看，大多数教育部门认为体育教育是体育教师的工作，与自身无关，导致体育教学难以有效开展。

（二）师资力量不足

在促进体育教学和运动训练协调发展的过程中，运动训练具有一定的专业性，体育教学也具有一定的复杂性，两者之间都要求理论和实践并重，并且涉及的内容较为广泛，这要求教师具备极强的教育能力。但从实际情况来看，在体育教学和运动训练协调发展的过程中，师资力量未能跟上实践要求，一些学校在指导学生进行运动训练的过程中，倾向于聘请退役运动员进行专业的训练指导，虽然这一类的体育教师具有较强的专业技能，但教育教学能力相对欠缺。[①]反之，在进行体育教学的过程中，大多数教师注重对学生理论知识的教学，欠缺实践能力的指导，会导致学生的体育运动训练难以深入实际。两方面的共同缺陷，导致体育教学和运动训练难以实现协调发展的目标。

（三）缺乏体育教育和体育运动协调发展的基础

实现体育教学和体育运动协调发展需要相应的基础，除了体育教育观念较差，师资力量不足之外，教学资源不足，以及缺乏安全教育，都影响了体育教学和体育运动协调发展。进行体育运动训练的过程中需要专业的器材和专业的场地，只有构建完善的教育教学设施，才能更好地

---

① 张国俊.简述高校体育教学与运动训练的协调发展[J].体育世界，2018(6):1-2.

进行体育运动训练和教学，但一些高校的体育教育设施和场地缺乏维护，影响了学生的运动训练效果。另一方面，在体育教学和体育运动的过程中，应当关注学生的运动安全问题，从实际情况来看，一些高校未能形成健全的教育机制，一些教师的专业素养相对较差，未能在体育教学过程中对学生进行有效的安全教育，导致学生在运动过程中容易出现一系列的安全隐患，影响了体育教学和运动训练的实效性，甚至对学生的安全健康成长造成不利影响。

三、高校体育教学和运动训练协调发展的路径选择

总体上来说，在进行高校体育教学和运动训练协调发展的过程中，不仅要转变上述的缺点，为高校体育教学和运动训练协调发展奠定坚实基础，同时，还要探讨高校体育教学和运动训练协调发展的新路径，这样才能更好地采取二者之长，使学生进行有效的体育运动训练，使学生在体育运动的过程中更好地促进自身的全面发展，体现体育课程对学生成长的意义。[①]具体来说，高校体育教学和运动训练协调发展过程中，可以通过以下路径实现。

（一）树立协调发展的理念

在日常的教学工作中，如果想让体育教学和运动训练协调发展，首先要传播协调发展的理念，让协调发展的理念深入人心，是做好体育教学和运动训练的前提工作，这种理念，不但要在教师群体传播，更要在学生群体传播。

作为高校的体育教育工作者，既是体育教学的组织策划者，又是高校体育教学的直接实施者，尤其在教学的过程中，更要见缝插针，引导学生重视协调发展的理念。此外，学生是一个不可忽视的群体，他们是体育教学的最大受益者。

通过对体育教学和运动训练的交互性进行分析，能够发现，体育教

---

① 李献军.高校体育教学和运动训练的协调发展[J].商丘职业技术学院学报，2017(8):106-109.

学和运动训练之间具有相辅相成的关系，因此，在促进协调发展的过程中首先要树立相应的理念，才能更好地指导体育教学和运动训练的协调发展。教师在教学过程中首先要发挥自身的引导作用，不断更新自身的教育理念，创新教育方法和训练方式，才能培养学生的体育运动习惯和锻炼的意识。这要求体育教师具备体育教学和运动训练协调发展的理念，结合该理念设计教学内容，保证有效的教学工作。而学生作为学习的主体，要正确认识体育学习和运动训练关系，遵循教师的指导，才能在体育运动的过程中，将体育课程中的理论知识应用于实践中，更好地促进自身的体育技能发展，促使自身树立正确的体育运动观念，使身心各方面协调发展。

（二）强化师资队伍

加强师资队伍建设的过程中遵循体育教学与运动训练协调发展的理念，积极引进具有综合素质的高学历体育专业人才，加强各体育教师之间的联系与沟通，通过有效的教学研讨等方式使教师在相互交流的过程中经验共通，这样才能更好地进行有效的教学。同时还要对已有的教师进行专业的培训，强化其教育理论和专业能力，通过教育教学讲座和校际的沟通与交流，强化教师对体育教学和运动训练之间关系的认知，才能更好地实现体育教学与运动训练之间的协调发展。[①] 除此之外，还应当深化教学改革的内容。在教学过程中通过体育教学和运动训练的两方面作用，转变学生的体育运动观念，帮助学生树立终身体育的意识，使学生了解健康生活的重要意义，并且充分尊重学生的主体地位，这样才能使课程结构的设置更加科学合理，促使学生积极参与到体育运动之中，才能有效提高体育教学和运动训练协调发展的实效性。

在学生眼中，教师所起到的作用，就是传道、授业、解惑。但是，在一些职业院校，个别体育教育工作者虽然专业水平很高，但是学历水平不高，受困于学历的纷扰，知识丰富，却无法经过畅通的渠道传授给学生，出现这种情况的时候，就需要高校行动起来，采取一些有力措施，

---

① 李雅茹.高校体育教学和运动训练的协调发展 [J].当代体育科技，2019(9):37-38.

克服学历问题所带来的弊端。通过一系列措施，提高教育工作者的水平，建设一支有实力的师资队伍，做好了保障工作，体育教学和运动训练，就可以很好地融入一体。

首先，高校应适当地引进高学历的体育人才，这些人才，不但有运动训练和体育教学相结合的能力，还具有很强的技术水平，有丰富的比赛经验。当然，如果学校有能力、有机会聘请一些退役运动员，或者邀请一些现役运动员来客串、讲座、指导，这将极大地促进学生参加体育运动的积极性。

其次，学校应当鼓励体育教育工作者不断走出去，通过自我充电，不断提升专业知识水平，提升学历水平，通过参加社会上组织的各种进修、会议、讲座、学习、函授等活动，提升自身的素质，综合能力得到有效的提升，在开展教学工作的时候，才能得到学生的认可和尊重。

（三）加强体育设施的投入

体育教学和运动训练都需要专业的场地和相应的设备进行教学或训练，因此，在促进高校体育教学与运动训练协调发展的过程中，要加大设施设备的投入以便取得良好的教学与训练效果。在投入设施设备的过程中，资金是影响设施设备投入的关键因素，因此，在体育设施设备投入的过程中，要通过有效的途径解决资金问题。[①]一方面，高校应当成立专项资金用于体育设施设备，并且确保专项资金的使用落到实处，通过资金预算和详细的资金规划，使资金使用发挥最大价值。另一方面，高校还要通过争取国家资金或者与体育企业进行合作争取资金来源，这样能够有效解决体育场地和设施设备投入过程中资金不足的问题。在体育设施设备更新和体育场地建设投入之后，还要建立有效的设施设备维护制度，通过有效的维护，延长设施设备和场地的使用寿命，这样才能够使体育设施设备及体育场地更好地服务于体育教学和运动训练。

综上所述，在高校体育教育教学改革的过程中，促进体育教学和运

---

① 马书军.分析高校体育教学和运动训练的协调发展[J].当代体育科技，2019(1):38-40.

动训练的协调发展，具有十分重要的意义。两者之间的相互性，为体育教学和运动训练的协调发展提供了理论依据。在实际体育教学和运动训练协调发展过程中，通过对现状进行分析，能够明确体育教学和运动训练协调发展过程中出现的问题，在此基础上进行深入分析并且提出相应的解决策略，探讨促进体育教学和运动训练协调发展的新路径，才能有效提高体育教学和运动训练协调发展的实效性，使学生通过体育课程的教学和运动训练，提高自身的体育运动技能，丰富体育运动理论知识，进而有效促进自身的全面发展。①

（四）丰富体育教学内容，优化教学手段

身为高校的体育教育工作者，在设置教学内容的过程中，除了按照教学大纲的要求，学生的学习兴趣、自身素质也是重要的参考依据，在设置教学内容时，一定要鼓励学生，崇尚健康阳光的体育教学理念，不蛮干，不赌气，不盲从。此外，还要通过当前的运动热门、时令节气，组织安排不同的体育教学活动，提高大学生的学习兴趣，引导他们主动学习，接受老师的安排，圆满完成教学任务。

当然，除了常见的跑、跳、投等传统体育项目，身为高校的体育教育工作者，也可以因地制宜，根据学校的运动场地和运动器材的配备，有选择地开展篮球、羽毛球、足球、网球、台球、空竹等运动项目。当然，如果班级内女生较多，还可以开设瑜伽课、健美操、交际舞等项目，结合学生的学习兴趣，实现全面发展的最终目标。

在日常的教学过程中，部分教师往往把教学的重点放在教上，"填鸭式"地满堂灌，忽视了学生参加实践的激情和渴望。长此以往，就会出现个别学生虽然非常热衷参加体育运动和训练，但是在体育课堂上提不起兴趣，甚至有厌学、逃课的现象发生，这就需要教育工作者在日常的教学过程中，改变教学方法，优化教学手段，通过安排一些有趣的环节，

---

① 宣婴.高校体育教育教学管理的现状及措施分析[J].创新科技导报，2015(2):208-209.

设计一些有挑战性的游戏，激发学生参与的热情。[①] 只有这样，体育课才不会成为老师的独角戏。

此外，无论是课堂上，或者课外时间，体育教师不能搞"一言堂"，应该鼓励学生参与进来。通过交流，了解学生内心的真实想法，以及对体育教学的愿望和诉求。学生找到了存在感和认同感，在课外时间，就会主动投身训练，不但身体素质能够得到有效提升，人文素养也有显著进步，教师只需鼓励学生参与教学，就会有良好的效果。

第二节　深化体育教学改革　培养终身体育意识

随着社会的发展，大众生活质量逐渐提升，人们对身体健康也愈发重视，国家提倡的终身体育思想亦被大众广泛认可。高校体育教学在终身体育中具有承上启下的重要作用，是衔接家庭教育与社会教育的桥梁，对终身体育意识培养具有促进作用。高校体育教学作为培养学生终身体育意识的关键阶段，在学校教育中学生终身体育意识培养情况，对其体育价值观与自主锻炼能力将会产生直接影响。与此同时，大学生正处于身心发育的重要阶段，高校应在该阶段引导学生明确终身体育意识，培养学生体育运动的热情和兴趣，使学生养成运动习惯[②]，为进入社会后的生活与工作奠定基础。所以，合理与科学地培养大学生终身体育意识，促进高校体育教学改革，对强化学生身体素质，提高国民体质水平有实际意义。

一、高校体育教学改革与大学生终身体育意识培养存在的关联

我国高素质人才培养中，高校作为主要场所，在学生进入高校学习以后，可以有效丰富自身专业知识和技能，并提升文化素养和能力。而

① 孙晋海.我国高校体育学科发展战略研究 [D].苏州：苏州大学，2015.

② 杨守刚.基于个性化人才培养音乐类高校体育课程教学改革研究 [J].科技资讯，2020,18（10):69-70.

且在高校中，学生对体育课程的学习也能增强自身身体素质状况，达到身体和大脑共同发展的目的。据实践研究和分析得知，合理有效的高校体育课程教学，可以推动学生德智体美劳全面发展。进一步来说，有效的体育课程教学可以提高大学生的身体素质状况，并给学生课余文化生活增添乐趣，使当代大学生在运动锻炼中能够培养终身体育意识，将更多的时间用于提高自身的能力素质，减少对不良信息的摄入，防止不良文化和错误思想给大学生的思想观念带来侵蚀，使其时刻保持清醒的头脑、良好的习惯，提升自我的高尚情操和精神境界，帮助他们完成德育知识学习的目标。高校体育教学的改革，对大学生终身体育意识的培养具有很大优势，可以使学生在课堂学习中打好身体基础，而且开展有效的专业学习，也能给学生的终身体育意识发展奠定基础。现代大学生是祖国未来的建设者和接班人，不仅应该承担更多艰巨的义务和责任，还要拥有多样化的文化知识内涵以及强健的体魄，才能更好地面对未来来自就业、生活、成长的压力与挑战，肩负起社会责任。大学生终身体育意识的培养离不开较好的教育方式和教育内容，只有通过体育教学才能将学生体育锻炼和学习的培养工作落实，使学生可以在学习的过程中养成坚强、积极向上的人格魅力，并且更有利于发展学生乐观积极的人生态度，增强学生拼搏意识和审美能力。总之，体育教学改革和大学生终身体育意识培养之间具有很大的关系，通过二者的协调发展和进步，能给学生的学习和发展奠定良好基础。在对有关学者的研究数据分析中得知，大学阶段学生养成的个性气质或者个人习惯会给学生的一生带来很大影响，大学阶段提升体育教育力度，引导学生形成良好作息、运动锻炼习惯，也可以培养学生坚持锻炼、合理作息的有效意识。终身体育可以贯穿一个人一生的成长和发展过程，通过终身体育的开展，也可以让大学生带动国民身体素质提升，逐渐增强国家综合国力。新形势背景下，学校运用有效的体育运动课程对学生进行终身体育意识的培养，能够为学生的将来和发展带来更多可能性，逐渐将学生培养成具有终身体育学习意识的复合型人才，不断将高校体育在育人和实现学生全面发展等方面的培育作用发挥出来。

二、终身体育意识对高校体育教学改革的重要性

（一）有助于培养更多体育人才

无论是对学生还是其他人来说，身体健康是发展的所谓高质量人才，指的是具备夯实的专业理论知识与实践能力，同时具备健康体魄与顽强意志等优秀品质的人才。后者作为最重要的一点，若想实现该目标，需要学校在体育教学中不断融入终身体育理念，使体育精神渗透大学生群体生活的各个方面，培养其终身体育意识。一方面，强化校园体育文化构建，深化学生群体体育精神方面的熏陶和感染[①]。另一方面，重视实践教学，使学生群体切身参加到体育教育活动中，体验体育运动的特殊魅力，从而更加积极主动地参与集体性体育运动，强化团队合作能力以及集体荣誉感。身体健康是个体发展的载体和根基，即便个体具有深厚的知识储备，亦要具备强健的体魄作为支撑，从而以更好的自己为社会和国家服务，最大限度实现个体人生与社会价值。

（二）有助于生成特色体育理论

中国特色社会主义理论的生成是持续探究、持续优化以及持续自省的实践过程。自中华人民共和国成立开始到改革开放之后，中国始终在探究适宜中国国情的社会主义发展之路，并在实践过程中不断推敲和验证，建成了相对完善的社会主义理论体系。而随着国家不断发展和进步，教育体制改革伴随主体制度变革的持续更新和深化，高校体育教学相关制度的创新改革亦在持续发展。通过不断实践，证明终身体育意识是契合中国特色社会主义不断发展的主流态势，其从以往体育知识讲解向体育观念、体育思想意识传播方向转变，深层次地融合了高校体育教学与社会体育教学，从根本上体现了体育教学需要落实的核心目标，即培养大学生终身体育意识，促进高校体育教学改革。

---

① 马晓媛. 高校体育教学中培养大学生终身体育意识的必要性和优化策略 [J]. 财富时代，2020（6）：89-90.

三、高校体育教学改革与大学生终身体育意识培养对策

（一）强化体育教学乐趣，提升体育运动参与意识

要将终身体育思想作为高校体育教学改革的指导思想，在此基础上，教师在实际的教学工作中要重视学生终身体育意识的培养，进而提高终身体育能力以及终身体育习惯的养成。同时还要培养学生对体育活动的兴趣，增强学生自主锻炼的意识。在大学阶段促成学生树立起强烈的终身体育意识，为日后终身体育的实施奠定坚实的基础。

高校体育教学缺乏趣味性是限制大学生终身体育意识形成的主要因素，以终身体育意识培养为依托的体育教学改革，应强化体育教学趣味性，调动学生参加体育运动的热情，为培养学生终身体育理念和意识打下基础。例如，在开展篮球教学和训练过程中，教师应在学生掌握基本篮球技能之后，针对喜爱这项运动且对该运动具有较强兴趣的学生进行分组，开展组间篮球对抗赛。以此为各个层次的大学生组织针对性训练项目，在充分尊重学生差异性的同时彰显其主体地位，满足大学生对体育运动项目乐趣的要求。学生作为高校体育教学的主体，体育教师应借助强化课程教学趣味性的方法，使学生明确体育运动的重要价值，了解参与体育锻炼项目既可以强身健体，也可以实现心理健康发展。强化体育教学趣味性，可以让学生从内心深处爱上体育锻炼，从而提升体育运动参与意识，为培养终身体育意识夯实基础。

（二）基于体育热点项目，充分渗透终身体育意识

在高校体育教学改革实践中，体育教师应及时更新课程内容，引进体育热点项目，借助体育热点项目，加强学生对体育运动的参与兴趣。现如今体育热点项目的竞赛体系已经较为完善，这对培养大学生对体育项目的参与兴趣，让学生长时间进行该项运动具有积极影响。体育教师可以呼吁学生组建羽毛球和篮球社团，渗透体育俱乐部的新型教育模式，组织其与本地体育俱乐部进行联谊活动，让他们在学习体育项目时获得专业性指导，从而不断发展大学生终身体育意识。在体育教育实践中，

教师要摒弃部分竞赛专用动作与技术的教学，在改善项目动作教学的同时，把实用性与普遍性的运动动作传授给学生群体，切实降低体育运动项目教学与训练难度，有效提升学生群体运动体验感，从而提高大学生体育运动的持久性。比如，篮球作为热点运动项目，深受社会大众推崇和喜爱，由此，社区与高校可针对篮球运动项目建设运动场地。高校体育教学中，教师可以带领热爱篮球运动的大学生展开竞赛，借助体育竞技加强学生体育运动参与积极性。而在课后阶段，体育教师也可引导学生分组进行自主锻炼。借助课堂训练与课下运动融合的教育模式，全方位培养大学生终身体育意识，让学生可以养成积极的运动习惯，进而让体育运动切实成为大学生群体现实生活不可或缺的组成部分。

（三）创设体育文化环境，提高终身体育长远效益

校园文化作为高校校园人文精神的集中表现，在体育教育中具有无形的熏陶作用，与此同时，校园文化意识实现是终身体育长远效益的核心所在。高校体育教学改革中，若想有效培养大学生终身体育意识，学校方面要完善基础设施构建，健全体育赛事相关组织建设，借助组织活力性较强的体育项目运动，吸引大学生广泛参加体育锻炼活动。高校要将立德树人任务落到实处，在推进体育教学改革过程中积极创设校园体育文化环境，借助课堂教育以及课后实践活动的有机融合，让大学生在掌握体育运动专业技能与方法的同时，进行体育锻炼，从而实现愉悦身心的教育目标。大学生经过课堂体育锻炼与课后实践运动相融合的针对性强化训练，通过学习、复习和巩固，能够加强体育锻炼的参与意志，培养其终身体育意识。

（四）构建体育活动小组，优化终身体育活动形式

在将体育课程教学目标作用发挥出来，促进高校体育教学工作改革的过程中，其学校应该高度重视学生终身体育意识培养的价值，并合理结合高校特色体育课程教学方式，对学生终身体育意识的高度进行优化，并尊重学生的个体差异性。学生可以在课堂学习中，获得更多与终身体育发展和学习有关的技术技能，让学生结合自身的兴趣爱好，推动个人

能力和学习习惯的有效形成。教师可以构建学生体育活动的小组，优化终身体育活动形式。并结合活动课程化要求，精心谋划每年秋季的运动会、励志趣味运动会，要求学生组成多个体育课外活动社团，从而在学习和活动开展的过程中更好地融入其中，比如田径队、篮球队、啦啦操队和羽毽社等。在有关学校体育活动和比赛项目的开展中，各个小组可以明确自身的活动时间、地点，然后具有针对性地设计活动计划，通过活动和比赛不断提升学生的体质，进一步巩固学生身心健康，帮助学生在掌握体育基本知识的基础上，提升体育运动技能和体育学习习惯。

综上所述，终身体育意识是高校体育教学改革工作的主要方向与重要依托。终身体育意识能够把体育锻炼融入大学生生活与学习的全过程中，并把体育锻炼渗透到大学生现实生活中。终身体育意识的培育，并非短期内便可完成，需要通过长时间培养与实践才能实现，这就需要各高校加强大学生终身体育意识的培养。

要进一步推进高校体育教学改革，提高高校体育教学的水平，其符合终身体育教育的需要，就必须提高体育教师的整体水平。优秀的教师是学生学好知识、树立正确观念的重要因素。良好的师生关系有助于教学的顺利开展和进行，还能够保证教学效率的提高。在体育教学中，良好的师生关系显得尤为重要，师生之间主动沟通交流，共同参与体育实践活动可以有效激发学生参加体育锻炼的兴趣。

高校体育教学改革是一项系统而复杂的工程，应从培养大学生终身体育意识入手，充分调动学生对体育锻炼的兴趣，培养体育锻炼的习惯和能力，让学生在运动中有所收益和满足，从而提高高校学生终身体育意识。

第三节　加强高校间体育教学信息资源的共享

伴随大数据时代及信息科学技术发展，多媒体网络教学技术广泛应用于高等教育领域。现代教育技术发展促进教学内容与方法创新，给教育注入活力，也给高校体育教学带来机遇与挑战。2012年教育部颁布《教育信息化十年发展规划（2011—2020年）》明确提出"注重信息技术与教育全面深度融合，实现优质教育资源广泛共享，以信息化引领教育理念和教育模式的创新。"面对机遇与挑战，以计算机、信息资源与网络传播为核心的现代教育技术提高体育教学质量与效益，实现高校体育教学信息资源开发与共享成为高校体育教学信息化建设必然。因此，推进现代教育技术与高校体育教学理念、模式融合，增强现代信息技术与教育方式在高校体育教学及训练中应用，依托信息技术构建信息化高校体育教学、科研、训练环境，成为高校体育教学改革重点。

学者从网络课程及资源库建设角度，分析体育课程网络资源库建设必要性及可行性，并提出完善办法；从体育教学网站建设考量，通过网站开放性与交互性扩大体育教学信息资源受众面。但随着网络教学信息资源发展及科技创新，技术性问题已基本解决。网络学习环境虽为高校学生提供丰富体育教学资源，但资源开发机制与整合问题突出。

一、高校体育教学信息资源建设必要性

（一）有利于教学模式多样化

现代新型体育教学模式：传授知识—培养能力—培养创新能力，即将传授体育基本知识与技能、培养能力、提高素质、发展特长作为有机整体。高校体育教学信息资源建设与利用，重视学生差异，为学生提供个性化体育教学资源服务，满足不同性别、身体素质学生需求。通过"网络体育教学模式"实现体育教师与学生、学生与学生多向互动，拓展教学空间与时间。学生可根据自身特点与爱好选择运动项目及学习内容、学习与练习时间，满足学习差异性要求。多媒体、网络等现代教育技术具有自主学习、主动探索、合作交流等优势，有利于多种体育教学模式的实施。现代体育教学理念强调以学生为中心，充分发挥学生特长，网络体育教学模式符合"以人为本"教育理念。

（二）提高高校体育教学与运动训练质量

随着体育信息资源建设发展，根据高校体育教学与科学研究需要，逐步形成具有高校特色的体育教学信息资源体系。通过整合、利用这些资源，教师可实现自我提高与体育教学训练方法改进，学生可巩固体育基本知识及运动技能。因此，体育教学信息资源开发与利用弥补传统体育教学模式不足，在学习体育基本知识、技能及战术演练、配合时，利用多媒体、网络等技术通过定格、重播高难动作等方式讲解，更加科学、直观、形象，使学生清晰观察到每一瞬间动作技术细节，为掌握技能创造良好条件，有利于提高教学质量和训练水平。

二、高校体育教学信息资源建设及共享机制构建

（一）加强高校信息现代化建设

我国高等教育信息化发展面临挑战，教育信息化基础设施覆盖不足，缺乏优质教学信息资源，资源共享水平较低，开发体制单一，市场力量参与不足，共建共享机制不完善。因此，高校及主管部门要重点关注信息现代化软、硬件建设，为实现体育学科与信息技术结合奠定基础，提高高校信息化水平。同时，在资源开发建设与共享中，必须将学生置于首位，满足学生需求是高校体育教学信息资源开发建设的重要目标。在开发建设过程中重视学生个体差异，提供个性化服务，满足不同身体素质、不同性别学生体育锻炼与技能学习需求。

（二）整合体育教学信息资源

互联网传播具有广泛性与公开性，可便捷获取体育信息资源。尤其在一些高校师资、经费、网络资源不足的情况下，必须通过整合网络体育教学资源提升体育教学、科研、训练竞争力。因此，高校体育部门应协同专家有目的搜索、删选与整理，根据本校实际情况与特点，避免低水平重复建设，提供高质量、高水平体育教学信息资源，促进高校体育信息化可持续发展，满足体育教学、科研及训练需求。针对目前信息资

源整合混乱现象，主管部门应设立体育信息管理职能机构，领导与协调全系统网络共享及体育教学信息资源建设规划，将信息分类、有序提供给用户，在收集、分类、加工、提炼等环节保证信息质量，并整合高校体育教学信息资源，规范标准、统一要求，避免不兼容现象，为高校体育教学信息资源库互联互通、资源共享奠定基础。

（三）构建高校体育教学信息资源库

高校体育教师可利用网络资源，根据教学大纲要求与实际教学需要，以体育课程教学改革为导向，开发制作本专业教学应用软件，承担建设网络教学资源库任务，如多媒体素材库、多媒体课件、视频点播系统、网络课程库、教学案例库及试题库等，不断补充与更新。

高校体育教学信息资源库为高校体育信息化教学提供教学支持，帮助学生掌握体育基本知识、技能，由数字化体育媒体、知识点素材及示范性教学多媒体等构成，是高校体育信息化教学支持系统。高校体育教学信息资源库定位与功能基本框架结构，见图6-1。

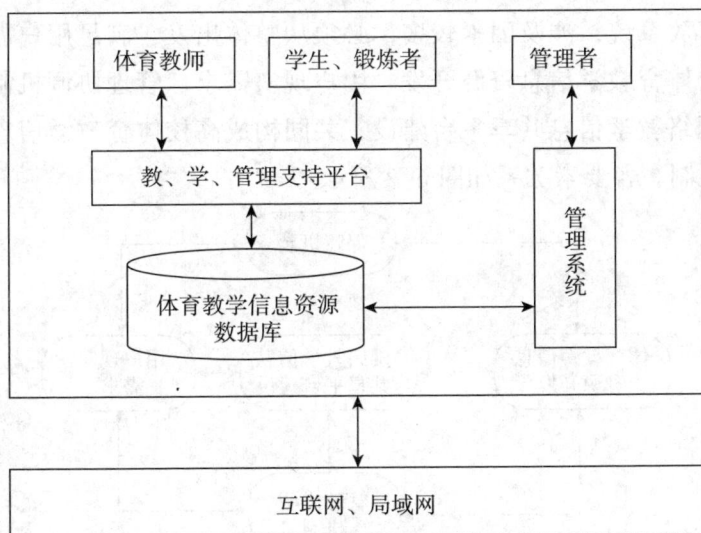

图6-1 高校体育教育信息资源库基本框架结构

（四）提升高校体育教师信息素养

提高高校体育教师信息素质与能力，是实现高校体育教学信息化必经之路，也是体育教学、科研、训练及教学创新基础。因此，应通过职前培养、在职培训、有效评价等方法提升教师信息素养。首先，在高校体育师范教育过程中，增设信息资源、理论、方法及技术等课程。其次，提高教师信息素养，开展多层次且有针对性培训，不断提高教师信息技术应用能力。最后，加强信息技术教师与体育教师合作、交流。

（五）构建高校体育教学信息资源共享机制

实现高校间体育教学信息资源共享与数据库互联互通，必须构建共享机制。建立互惠互利的市场运营机制，通过共享系统内各要素相互协调，形成一定的组织架构，在体育院校配合下开发体育教学信息资源，坚持"自由、开放和共享"理念，综合运用市场机制、政府协调与保障机制，建立科学、合理的高校网络体育教学资源共享机制，最终实现优势互补、合作共赢。高校体育教学信息资源共享机制是一个涉及多学科、复杂、开放系统，涉及因素较多，必须从整体出发，满足用户需求。因此，高校体育教学信息资源开发、用户现实需求、管理协调机制、保障机制及网络教学信息共享平台建设，共同构成高校体育教学信息资源共享运行机制。各要素关系如图 6-2 所示。

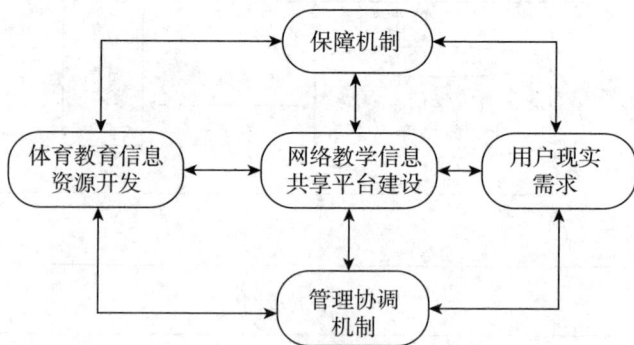

图 6-2　高校体育教学信息资源共享运行机制要素

（六）开发高校体育教学信息资源共享平台

建设体育教学信息资源共享平台实现学生在线学习、教师在线教学主要途径。高校体育教学信息资源共享平台是实现一定区域内高校体育教学信息资源共建、共享的开放式平台，促进区域内体育教学信息资源统一管理，使现代教育技术与体育教学结合，是统一管理区域内高校体育教学信息资源，实现区域性资源共享综合信息平台。平台要集成体育教学信息资源与应用系统，平台接口要标准与规范，具有网络化、智能化及多媒体化特点，方便实用、易操作，并具备扩展性、统一性、安全性、交互性及双向性。教师、学生可浏览获取平台信息，实现体育教学信息资源共享。

高校体育教学信息资源开发与共享仍存在诸多问题与障碍，应积极拓展信息来源渠道，科学合理开发并优化整合体育教学信息资源与载体，建立共享环境与机制。在信息获取与传播过程中，利用信息与网络技术成果，将静态体育教学模式变为动态全方位多媒体网络模式，提高高校体育教学信息资源库扩散率与使用率，优化整合资源内容，注重新媒体、网络平台等信息传播途径建设，建立高效、完善的共享运行机制，推进高校体育教学信息化发展。

参考文献

一、专著类

[1] 陈翠然.高校体育改革与发展 [M].重庆：重庆大学出版社,1996.

[2] 陈玉琨,田爱丽.慕课与翻转课堂导论 [M].上海：华东师范大学出版社,
2014.

[3] 樊临虎.体育教学论 [M].北京：人民体育出版社,2002.

[4] 李大友.多媒体技术及其应用 [M].北京：清华大学出版社,2001.

[5] 曲宗湖,杨文轩.现代社会与学校体育 [M].北京：人民体育出版社,
1999.

[6] 邵伟德.体育教学模式论 [M].北京,北京体育大学出版社,2005.

[7] 张桂青.大学生体育文化与技能实践 [M].北京：人民邮电出版社,2017.

[8] 张力为.体育运动心理学研究进展 [M].北京：高等教育出版社,2000.

[9] 张忠华.教育学原理 [M].北京：世界图书出版公司,2012.

[10] 赵晓玲,程瑾,蒋嘉陵.大学体育与健康教程 [M].重庆：重庆大学出版
社,2018.

[11] 庄燕滨.多媒体技术及应用研究 [M].北京：电子工业出版社,2000.

二、期刊论文类

[12] 安强."互联网 +"视域下高校体育教学混合学习模式探讨 [J].当代体
育科技,2021,11（30）：104-107.

[13] 安强.高校体育教学信息化应用现状及制约因素研究 [J].当代体育科

技，2021，11（34）：165–168.

[14] 白新蕾，高家尧.核心素养视域下高校体育教学内容准入研究[J].体育科技，2021，42（06）：149–151.

[15] 曾雪珍.基于多元智能评价模型的高校体育教学创新体系构建[J].齐齐哈尔大学学报（哲学社会科学版），2021（05）：177–181.

[16] 常瑞宏.人文教育在高校体育教学中的运用研究[J].当代体育科技，2021，11（22）：83–85.

[17] 陈鹏，滕育松，杨硕文.新媒体对高校体育教学的影响及提升策略[J].当代体育科技，2021，11（15）：138–141.

[18] 陈鹏生.心理健康教育在高校体育教学中的渗透分析[J].陕西教育（高教），2021（06）：37–38.

[19] 戴志燕.高校体育教学内容休闲化发展趋势及其实施路径探讨[J].南京体育学院学报，2021，20（10）：72–74.

[20] 杜林阳.新媒体信息时代下新型高校体育教学改革路径初探[J].中国新通信，2021，23（19）：223–224.

[21] 方芳.课程信息化下的高校体育教学质量提升之路[J].教育教学论坛，2021（27）：89–92.

[22] 房辉.MOOC（慕课）模式在高校体育教学中的运用探讨[J].当代体育科技，2021，11（20）：128–130.

[23] 冯云.体育社会学视角下高校体育教学的改革实践[J].衡水学院学报，2021，23（04）：36–41.

[24] 黄凯轩.高校体育教学信息化建设问题及对策研究[J].科技风，2021（17）：86–87.

[25] 姜宇航，孙宇.网络时代高校体育教学的改革创新[J].赤峰学院学报（自然科学版），2021，37（09）：76–78.

[26] 姜喆.高校体育教学中引入微课的必要性及实施策略[J].财富时代，2021（05）：169–170.

[27] 李丽.我国普通高校体育教学环境研究[J].当代体育科技，2021，11（28）：90–92.

[28] 李文娟. 高校体育教学与大学生核心素养的发展策略探析 [J]. 当代体育科技, 2021, 11（31）：90-92.

[29] 李永刚. 高校体育教学创新体系的创建探索 [J]. 当代体育科技, 2021, 11（17）：92-94.

[30] 刘飞. 探究运动健身类 APP 在高校体育教学中的运用 [J]. 当代体育科技, 2021, 11（27）：1-3.

[31] 吕晓龙. 试论高校体育教学的困境和出路 [J]. 田径, 2021（12）：70-71.

[32] 孟思宇, 石磊. 高校体育教学中翻转课堂教学模式的应用 [J]. 当代体育科技, 2021, 11（18）：102-104.

[33] 牛亮星. 传统体育元素引入高校体育教学的实践路径思考 [J]. 江西电力职业技术学院学报, 2021, 34（08）：99-100.

[34] 钱应华. 微信平台在高校体育教学中的应用研究 [J]. 运动精品, 2021, 40（08）：33-34.

[35] 沈丙妮. 沂蒙精神融入高校体育教学的策略研究 [J]. 当代体育科技, 2021, 11（24）：220-222.

[36] 石磊. 现阶段高校体育教学存在的问题及应对措施 [J]. 当代体育科技, 2021, 11（19）：119-121.

[37] 石磊. 新时期高校体育教学中思政教育的渗透 [J]. 当代体育科技, 2021, 11（17）：101-103.

[38] 苏绍会. "三全育人"视阈下高校体育教学实现路径分析——评《体育课程与教学论》[J]. 热带作物学报, 2021, 42（06）：1899-1900.

[39] 苏仪宣. 高校体育教学方法创新路径研究 [J]. 内蒙古财经大学学报, 2021, 19（04）：61-63.

[40] 汤洋. 民办高校体育教学的改革现状与模式构建 [J]. 科学咨询（科技·管理）, 2021（09）：109-110.

[41] 唐艳青. 高校体育教学模式创新路径研究 [J]. 现代交际, 2021（17）：176-178.

[42] 王道平. "互联网 +"背景下高校体育教学创新发展研究 [J]. 当代体育

科技，2021, 11（16）：107-109.

[43] 王迪. 新体育运动项目在建筑类高校体育教学中的推进 [J]. 工业建筑，2021, 51（10）：238.

[44] 王浩骅，罗光浩，易军. 终身体育锻炼思想融入高校体育教学的研究 [J]. 科学咨询（教育科研），2021（08）：39-40.

[45] 王倩，刘彬，胡文文. 高校体育竞赛联动教学模式探讨——评《新时代高校体育教学的多维研究与运动教育模式探索》[J]. 热带作物学报，2021, 42（07）：2201.

[46] 王云鹏，付重阳，李文卿. 强体、铸品、立德：多目标导向下的高校体育教学体系重构 [J]. 青少年体育，2021（11）：28-29.

[47] 吴铎. "互联网+"视域下微视频在高校体育教学中的应用研究 [J]. 青少年体育，2021（10）：86-87.

[48] 吴茫茫. 高校体育教学与传统文化教育的有机结合 [J]. 当代体育科技，2021, 11（19）：131-133.

[49] 邢晓冬，王文燕，桂云. 运动教育模式在高校体育教学中的引入与构建——评《新时代大学体育与健康教程》[J]. 热带作物学报，2021, 42（07）：2150.

[50] 徐成波. 高校体育情景融合教学模式创新研究——评《高校体育教学创新方法论》[J]. 中国高校科技，2021（08）：111.

[51] 荀盛龙. 高校体育教学内容结构创新与实践研究 [J]. 食品研究与开发，2021, 42（23）：251.

[52] 杨欢. 高校体育教学中实施分层教学模式创新——评《高校体育教学创新方法论》[J]. 热带作物学报，2021, 42（07）：2154.

[53] 杨静云. "O2O 教育模式"背景下高校体育教学实践的新探索 [J]. 青少年体育，2021（07）：119-120.

[54] 杨明. 通识教育视角下高校体育教学设计研究 [J]. 吉林农业科技学院学报，2021, 30（03）：118-121.

[55] 于强. 社会人文环境对高校体育教学的影响——评《高校公共体育教学环境研究》[J]. 环境工程，2021, 39（07）：229.

[56] 张海靖 . 健康中国战略背景下高校体育教学评价体系优化研究 [J]. 湖南邮电职业技术学院学报 , 2021, 20（03）: 55-58.

[57] 张强 . 让高校体育教学方法走进茶叶企业职工日常锻炼 [J]. 福建茶叶 , 2021, 43（06）: 234-235.

[58] 张泽 . 高校体育教学管理发展困境及前景展望 [J]. 长春师范大学学报 , 2021, 40（08）: 116-117.

[59] 张壮壮 . 体育游戏在高校体育教学中的应用实践 [J]. 当代体育科技 , 2021, 11（28）: 101-103.

[60] 赵红丽 , 张武 , 周倩 . 思想政治教育在高校体育教学中的有效渗透研究 [J]. 运动精品 , 2021, 40（10）: 16-17.

[61] 赵微微 . 互联网时代下高校体育教学模式探索 [J]. 黑龙江科学 , 2021, 12（19）: 82-83.

[62] 赵文楠 . 高校体育教学中学生体育素养和职业能力培养的相关探讨 [J]. 湖北开放职业学院学报 , 2021, 34（13）: 144-145.

[63] 甄玉 , 杨宣旺 . 供给侧改革视角下高校体育教学优化供给的内在需求与路径导向 [J]. 大学 , 2021（50）: 139-142.

[64] 郑佳喜 . 高校体育教学中体育器材的合理运用路径分析 [J]. 当代体育科技 , 2021, 11（24）: 63-65.

[65] 郑忠 . "健康中国" 背景下高校体育教学内容改革探索 [J]. 江西电力职业技术学院学报 , 2021, 34（11）: 130-131+134.

[66] 钟齐鹤 . 微课在高校体育教学中的设计与实践 [J]. 江西电力职业技术学院学报 , 2021, 34（08）: 112-113.

[67] 周宁 . 高校体育教学与校园足球发展研究——评《高校体育教学理论探索与实务研究》[J]. 中国高校科技 , 2021（06）: 106.

[68] 朱伟 . 健康行为视角下高校体育教学的改革与实施——评《高校体育教学改革新思路》[J]. 热带作物学报 , 2021, 42（06）: 1811-1812.

[69] 左茜颖 . "互联网 +" 背景下高校体育教学混合学习模式探讨——评《高校体育教学新论》[J]. 热带作物学报 , 2021, 42（06）: 1810.